이름 없는 순례자

이름 없는 순례자

2015년 4월 22일 교회 인가
2015년 6월 29일 초판 1쇄 펴냄
2021년 11월 21일 개정 초판 1쇄 펴냄
2025년 7월 18일 개정 초판 5쇄 펴냄

옮긴이 · 최익철, 강태용
펴낸이 · 정순택
펴낸곳 · 가톨릭출판사
편집 겸 인쇄인 · 김대영
편집 · 김지현, 강서윤, 김지영, 박다솜
디자인 · 이경숙, 강해인, 정호진
마케팅 · 임찬양, 안효진, 황희진, 노가영

본사 · 서울특별시 중구 중림로 27
등록 · 1958. 1. 16. 제2-314호
전자우편 · edit@catholicbook.kr
전화 · 1544-1886(대표 번호)
지로번호 · 3000997

ISBN 978-89-321-1804-8 04230
ISBN 978-89-321-1798-0 (세트)

값 18,000원

성경 ⓒ 한국천주교중앙협의회, 2005

이 책의 한국어 출판권은 (재)천주교서울대교구 가톨릭출판사에 있습니다.
저작권법에 의해 한국 내에서 보호를 받는 저작물이므로 무단 전재와 무단 복제를 금합니다.

가톨릭의 모든 도서와 성물, 디지털 콘텐츠를 '**가톨릭북플러스**'에서 만나 보실 수 있습니다.
https://www.catholicbookplus.kr | (02)6365-1888(구입 문의)

Récits d'un
pèlerin russe

catholic classic

영적 깨달음을 구하는
순례자의 이야기

이름 없는 순례자

최익철 · 강태용 옮김

가톨릭출판사

추천의 말

가톨릭 클래식 시리즈 발행을 반기며

　동서양을 불문하고 오랜 세월 동안 시대를 초월하여 널리 애독되는 걸작들이 있습니다. 이른바 '고전'이라는 책들인데, 이런 책들은 잠깐 반짝하며 사람들의 관심거리가 되었다가 사라지는 베스트셀러와는 전혀 격이 다릅니다. 인류 사상사의 보고이자, 그 안에 삶의 길이 있으니 말입니다. 옛것을 알아야 새것도 제대로 알 수 있기에, 고전을 읽으면 생각의 폭이 무한히 넓어진다는 사실은 새삼 언급할 필요도 없을 것입니다.

　그리스도교 전통에도 당연히 '고전'이 있습니다. 가톨릭출판사에서 최근 현대인의 감성에 맞는 문체로 개정하여 펴낸 《준주성범》, 《신심 생활 입문》, 《성녀 소화 데레사 자서전》 등과 같은 책들이 바로 소중한 그리스도교 고전들이지요.

이런 '고전'들은 마치 이른 새벽 깊은 산속 옹달샘의 맑은 물과도 같이, 정신적, 물리적 공해에 찌들어 살아가는 우리 영혼의 목마름을 해소해 줄 생명수와도 같습니다. 그래서 시간이 지나고 사람들이 스러져 가도 이런 고전은 처음 모습 그대로 남아 후세와 그 후세의 사람들에게 변하지 않는 그윽한 지식의 향기를 선물해 줍니다.

따라서 경쟁이 치열해지고 사람들과의 관계가 각박해질수록 이런 고전들로부터 우리 마음을 다스리고 또 풍요롭게 해 줄 영적 양식을 구해야 할 터인데, 그럴수록 처세술이나 실용서 같은 책들이 각광받는 현실이 안타깝습니다. 우리의 미래인 청소년들 또한 미디어의 영향으로 시각적 반응은 빨라지는 데 비해 사고력은 현저하게 떨어져 가는 현실 또한 안타까움을 더해 줍니다.

이러한 안타까운 현실에서 가톨릭 클래식 시리즈가 새로운 모습으로 단장하여 사람들에게 선을 보이는 것은 무척 고무적이고 축하해야 할 일이라 하겠습니다. 이 시리즈는 황폐하고 메마른 사막과도 같은 우리 마음에 내리는 단비, 어두운 이 시대에 빛의 역할을 해 하느님께 더 가까이 다가갈 수 있는 징검다리가 되어 줄 것입니다.

흔히 고전 읽기를 딱딱하고 힘겨운 일로 여기는데, 사실 고전 읽기는 아주 재미있는 일이라 말하고 싶습니다. 재미란 어떤 일을 하면서 나름대로 기쁨을 찾는 일인데, 큰소리로 깔깔 웃지 않아도 한동안 얼굴에 미소를 머금게 하는 깊디깊은 지혜가 바로 고전 읽기에 있기 때문입니다. 이런 고전은 몇 백 년을 이어져 온 영원한 깨달음의 길을 보여 주는 책들이니까요. 이 고전의 길을 따라 신앙생활을 하는 동안 하느님과 떼려야 뗄 수 없는 관계로 맺어진 자신을 발견하게 될 것입니다.

하느님께로 나아가는 가장 이상적인 길들을 보여 줄 가톨릭 클래식 시리즈에는 굳이 읽어야만 하는 어떤 순서가 있는 것은 아닙니다. 하지만 저는 《신심 생활 입문》을 가장 먼저 읽으라고 권해 드리고 싶습니다. 얀센주의의 영향력이 강하여 엄격한 고행을 최고의 신심 생활로 여기던 때, 프란치스코 살레시오 성인은 완덕은 고행으로 이루어지는 것이 아니라 하느님의 거룩하신 뜻을 따르고 그분께 일치함으로써 이루어진다는, 당시로는 전혀 다른 가르침을 폈습니다. 이 가르침은 당대나 후대에 큰 영향을 주었으며, 오늘을 사는 우리에게까지도 생생하고 설득력이 있어서 공감을 불러일으킬 뿐만 아니라 큰 감동으로 다가옵니다.

다음으로는, 수도 생활을 원하여 수도원에 입회하려거나

이미 수도 생활을 하고 계시는 수도자분들, 사제를 지망하여 가톨릭대학에서 신학을 공부하는 우리 신학생들이나 사제들, 나아가 세상에서 평신도 사도직을 수행하시면서 보다 깊은 영성 생활로 나아가려는 우리 형제자매님들께 《준주성범》을 권해 드립니다.

또한 우리 모두 사랑하는 《성녀 소화 데레사 자서전》은 남녀노소를 불문하고 모두에게 다 감동을 주는 책이지만, 특히 자라나는 청소년에게 꼭 권해 드리고 싶습니다. 이 자서전은 우리를 위한 하느님의 사랑이 얼마나 크고 아름다운지, 우리가 그분으로부터 얼마만큼 큰 사랑을 받고 있으며, '선교'라는 그리스도교의 지상 사명을 우리가 어떻게 일상에서 아주 작은 일들을 통해서 수행해 낼 수 있는지 깨닫게 해 줄 것입니다.

혹시 바쁜 일상 속에 파묻혀 신앙인의 생활에서 멀어지고 있지는 않으신가요?

오랜 시간 이어져 온 영성적 깨달음과 마음의 평화를 선사할 가톨릭 클래식 시리즈로 하느님께 나아가는 가장 가까운 길을 안내받아 매일매일 깨달음을 얻어 가는 경험을 누리시기를 바랍니다.

진정 이 책들은 우리 마음의 눈, 영혼의 눈을 통해서 옛 성현들이 지녔던 믿음과 희망과 사랑을 체험하고 우리 내면세계를 들여다보게 해 줄 것입니다. 그렇게 자신을 반성하고, 그간 살아온 과거를 되돌아봄으로써 그 속에서 아주 무겁고도 진지한, 우리에게 깊은 깨달음을 주는 그런 즐거움을 느끼게 될 것입니다. 이러한 즐거움이야말로 참된 즐거움입니다. 여러분 모두 가톨릭 클래식 시리즈를 통해 이런 참즐거움을 만끽하시길 바랍니다.

염수정(안드레아) 추기경

차 례

추천의 말 | 가톨릭 클래식 시리즈 발행을 반기며 · 5

제1부

제1장　끊임없는 기도에 대한 열망
　　　기도에 대한 의문 · 17
　　　기도의 가르침을 받기 위한 여정 · 19
　　　드디어 찾은 기도 방법 · 24
　　　흔들리는 기도 · 32
　　　기도의 실천 · 35
　　　끊임없이 기도한 결과 · 40

제2장　순례하며 무르익는 기도
　　　기도에 따른 변화 · 44
　　　강도에게 빼앗긴 소중함 · 48

되찾은 기쁨 · 52

부대장의 이야기 · 55

기도의 기적 · 61

고요함에서 깨우치는 진리 · 65

하느님께서 산지기를 통해 베푸신 은총 · 67

산지기의 이야기 · 71

기적을 통한 스승님의 가르침 · 77

이성, 감각, 지각에서 드러나는 기도의 효험 · 80

늑대를 이긴 묵주 · 85

기적에 대한 시비 · 89

거절할 수 없는 신부님의 부탁 · 95

다시 순례를 떠나기 위한 갈등 · 99

뜻밖의 곤욕 · 101

기적을 통한 스승님의 두 번째 가르침 · 106

또다시 닥쳐온 시련 · 108

움직이지 않는 다리 · 110

부활에 대한 확신과 치유 · 112

판사의 오해 · 114

판사 부인의 고통 · 120

이르쿠츠크에서 만난 상인 · 124

제3장 　새로운 순례의 시작

　　　신부님과의 만남 · 128

　　　순례자의 과거: 성장 · 129

　　　순례자의 과거: 이별 · 132

　　　순례자의 과거: 기도의 첫 체험 · 135

　　　순례의 길동무 · 137

　　　신부님과의 마지막 대화 · 141

　　　어느 가족의 환대 · 143

　　　성당에서 만난 아이들 · 144

　　　극진한 대접 · 146

　　　가족들과의 만남 · 149

　　　주인과의 즐거운 대화 · 153

　　　영적 독서에 대한 나눔 · 155

　　　내심 기도의 탐구 · 159

　　　부인의 따뜻한 친절 · 161

　　　늙은 부랑자의 속죄 · 165

　　　늙은 부랑자의 유언 · 169

　　　조그만 사랑으로 얻은 보람 · 171

　　　식탁에서의 독서 · 173

　　　맹인 노인의 기도 · 177

　　　맹인 노인과 내심 기도 · 181

더욱 깊어지는 영적 수련 · 184

여인숙에서 생긴 일 · 189

마음 깊이 느낀 불행 · 191

뜻밖의 해후 · 194

성당에서의 체험 · 195

신부님의 고충 · 197

할머니의 내심 기도 · 199

예수 기도의 힘 · 202

제2부

제1장 다시 시작된 순례

돌아온 순례자 · 213

갈 길을 잃은 순례 · 214

이해할 수 없는 사건들 · 216

이름에 얽힌 놀라운 기적 · 222

길 위에서 기도하는 젊은이 · 240

키예프에서의 고해성사 · 246

겸손으로 인도하는 고해성사 · 249

포차예프를 향해서 · 258

그리스에서 온 수사 신부 · 261

길에서 만난 군인 · 269

　　　또 하나의 큰 가르침 · 281

제2장　체험과 은총을 나눈 시간

　　　시작하며 · 294

　　　순례 동반자의 체험담 · 295

　　　끊임없는 기도에서 드러난 구원의 신비 · 302

　　　기도와 환경 · 317

　　　기도의 힘 · 330

　　　마지막 대담 · 343

부록

주 · 365

색인 · 372

제1부

제1장

끊임없는 기도에 대한 열망

기도에 대한 의문

일찍이 저는 하느님의 도우심으로 신앙에 눈을 뜨고 신자가 되었지만, 예나 지금이나 다를 것이 없는 하느님 앞에 큰 죄인입니다. 그리고 의지할 곳 없이 떠돌아다니며 근근이 목숨만 이어 가는 서글프고 외로운 나그네입니다. 제가 지금 가진 것이라고는 어깨에 둘러멘 자루 속에 든 말라빠진 빵 조각들과 《성경》 한 권뿐입니다. 이것이 제가 가진 전 재산입니다. 그러나 가진 것이 없어도 순례의 길을 쉰 적은 한 번도 없었습니다.

그러던 어느 날, 삼위일체 대축일을 맞아 어느 성당에 들어가 교우들과 함께 아침 기도에 참여했습니다. 이때 성경을 펴서, 바오로 사도의 '테살로니카 신자들에게 보낸 첫째 서간'을 읽었습니다. 그중에서도 "끊임없이 기도하십시오."(1테살 5,17)라는 구절이 제 마음을 사로잡았습니다. 그런데 갑자기 인생을 살다 보면 숱한 일로 바쁜데 어떻게 항상 기도할 수 있을까 하는 의문이 생겼습니다. 이 의문을 풀고자 성경의 여기저기를 찾아보았더니 금방 본 성경 구절과 또 다른 성경 구절들이 눈에 띄었습니다. "늘 성령 안에서 온갖 기도와 간구를 올려 간청하십시오."(에페 6,18), "간청과 기도와 전구와 감사를 드리라고 권고합니다."(1티모 2,1) 그러나 이 말씀들을 아무리 묵상해 봐도, 어떻게 해야 끊임없는 기도 생활에 도달할 수 있는지 알 수가 없었습니다.

'어떻게 해야 하나? 어디서 이 의문을 풀어 줄 사람을 만날 수 있을까?' 하고 곰곰이 생각한 끝에, 유명한 신부님들이 설교하는 성당에 가면 제가 알고 싶은 문제를 풀 수 있을 것 같아 또다시 길을 나섰습니다.

순례의 길에 나선 이후로 기도에 대한 훌륭한 강론을 많이 들어 봤지만, 대부분의 강론들은 기도에 대한 일반적인 가르침에 지나지 않았습니다. 즉 기도란 무엇인가, 기도는 왜 해야 되는가, 기도의 효과는 무엇인가에 관해 이야기할 뿐, 어떻게 하는 기도가 참된 기도인지에 대해서는 이야기해 주지 않았습니다.

어느 날에는 마음으로, 또 영구적으로 기도해야 한다는 강론을 들은 적이 있었습니다. 하지만 그때에도 어떻게 해야 그런 기도를 할 수 있는지에 대해서는 하나도 들을 수 없었습니다.

그 후에도 기도에 관한 강론을 수없이 들어 왔지만, 줄곧 제가 듣고자 했던 내용은 들을 수 없었습니다. 그리하여 결국 강론을 들으러 찾아가기보다, 하느님의 도우심으로 직접 이 의문을 풀어 보리라 생각했습니다. 그러면서 이 의문을 풀어 줄 수 있는 경험 많고, 박식한 분을 찾아 나서기로 했습니다.

기도의 가르침을 받기 위한 여정

저는 오랫동안 지혜의 길잡이를 찾아 헤맸습니다. 성경도 잘 알고 영성 지도의 경험도 풍부한 지혜로운 길잡이가 어디에 있을까 하고 열심히 알아보았습니다.

그러던 어느 날, 어떤 마을에 오래전부터 영생을 꼭 얻고야 말겠다는 결의에 찬 사람이 살고 있다는 소식을 들었습니다. 그는 집 안에 경당을 만들어 놓고, 그곳에서 두문불출하면서 끊임없이 하느님께 기도드리거나 영적 독서를 한다는 것이었습니다. 저는 단숨에 그 마을로 달려가 곧장 그가 산다는 집을 찾아갔습니다. 마침내 그를 만난 저는 앞으로 나아가 정중히 인사했습니다. 그러자 그는 손에 든 책을 덮고, 저를 향해 자세를 고쳐 앉았습니다.

"보아하니 길 가는 나그네 같은데, 무슨 일로 여기까지 찾아왔습니까?"

"저는 하느님의 진리를 찾아 헤매는 나그네입니다. 선생님께서 신심이 깊고 지혜로우시다는 말을 들었습니다. 그래서 '끊임없이 기도하십시오.'라는 바오로 사도의 말씀이 무슨 뜻인지, 또 어떻게 해야 끊임없이 기도할 수 있는지 알고 싶어서 왔습니다. 저에게 가르쳐 주십시오. 저는 그것만을 바랄 뿐입니다."

그는 한참 동안 말이 없다가 이윽고 저를 똑바로 쳐다보며 이렇게 말했습니다.

"바오로 사도의 그 말씀은 마음으로 하는 끊임없는 기도를 뜻합니다. 또한 마음으로 하는 끊임없는 기도란, 하느님께 자신을 드리기 위한 인간의 쉼 없는 정신적인 노력을 말합니다. 이 은혜로운 노력을 성공하려면 끊임없이 기도하는 법을 가르쳐 주시기를 주님께 자꾸 청해야 합니다. 더 많이, 더 열심히 기도하세요. 그러면 어떻게 해서 끊임없이 기도할 수 있는지 알게 될 것입니다. 오랜 시일이 걸린다 해도 끊임없이 깨어서 계속 기도해야 합니다."

여기까지 말한 그는 제게 먹을 것을 주었고, 가다가 먹을 음식까지 따로 싸 주었습니다. 그러고는 저를 떠나보냈습니다. 그러나 저는 그의 가르침으로도 기도의 참뜻을 깨치지 못했습니다. 결국 아무런 소득 없이 그 집을 나와 다시 길을 걸었습니다.

저는 다시 험난하고 긴 나그넷길을 걸으며 줄곧 그가 했던 말을 생각하고 되새겨 보았습니다만, 도무지 이해할 수가 없었습니다. 그러나 저는 '끊임없는 기도'의 뜻이 무엇인지 알고 싶었고, 그 뜻을 알고 싶은 간절한 마음에 밤마다 뜬눈으로 지새우기 일쑤였습니다. 저는 풀리지 않는 의문을 품은 채 계속 걸었습니다.

그 거리가 무려 210킬로미터. 그러다 어느 작은 도시에 이르러 한 식당에 들렀습니다. 그런데 식당에서, 그 도시에 있는 수도원의 원장 신부님이 열심이고 친절하여 순례자들을 잘 대접해 준다는 말을 듣고, 곧장 그리로 찾아갔습니다. 수도원에서 만난 원장 신부님은 저를 따뜻하게 맞아 주고 음식까지 대접해 주었습니다.

"원장 신부님, 저는 어떻게 하면 영생을 얻을 수 있는지가 알고 싶습니다."

저의 질문을 들은 원장 신부님은 저를 측은한 눈빛으로 보며 이렇게 말했습니다.

"어떻게 하면 영생을 얻을 수 있는지 물으셨습니까? 영생을 얻고 싶다면 계명대로만 살고, 또한 하느님께 열심히 기도하십시오. 그러면 형제님은 틀림없이 구원을 얻게 될 것입니다."

"감사합니다. 그런데 기도는 끊임없이 해야 한다고 들었는데 어떻게 해야 그럴 수 있는지 모르겠습니다. 사실 끊임없이 기도한다는 그 말 자체도 모르겠습니다. 제발 가르쳐 주십시오."

하소연에 가까운 저의 말을 들은 신부님은 자신이 없는 듯 대답했습니다.

"유감스럽지만 그 점은 저도 자신이 없고 어떻게 설명해야 잘 알아들을 수 있을지도 모르겠습니다. 아 참, 여기 그에 대해 잘 설명한 구절이 있습니다. 이 구절은 드미트리 성인[1]의 《내적 인간에 대한 교훈》이란 책에서 발췌한 것입니다. 자, 여기를 읽어 보세요."

저는 원장 신부님이 권한 구절을 읽기 시작했습니다. 거기에는 이렇게 쓰여 있었습니다.

"끊임없이 기도해야 한다고 한 바오로 사도의 말씀은 생각을 다해서 하는 기도를 말하는 것으로, 언제나 하느님에 대한 생각에 잠겨 기도하는 것이다."

저는 이 부분을 읽고 이런 의문이 생겼습니다.

'어떻게 잡념 없이 하느님께만 잠겨서 끊임없이 기도할 수 있을까?'

저는 책을 덮고 원장 신부님을 바라보며 다시 여쭈었습니다.

"어떻게 아무 잡념 없이 하느님께만 잠겨서 끊임없이 기도할 수 있는지 가르쳐 주십시오."

"여기 쓰인 이 말씀 역시 하느님의 가르치심 없이는 알아듣기 힘들지요. 하지만 계속 그 말씀을 알아들으려 노력한다면 언젠가는 참뜻을 알게 될 것입니다."

원장 신부님은 그 이상의 설명은 해 주지 않았습니다.

저는 그날 밤은 그 수도원에서 지새웠습니다. 그리고 다음 날 아침, 친절하게 대해 주신 데 감사드리며 또다시 정처 없는 발걸음을 옮겨야만 했습니다. 저는 여전히 풀리지 않은 의문 때문에 답답하고 서글픈 마음을 달래기 위해 성경을 읽으며 걸어갔습니다. 이렇게 닷새 동안 계속 걸었습니다. 몸도 마음도 매우 피곤했습니다.

드디어 찾은 기도 방법

그러던 어느 날 저녁 무렵에 한 노인을 만났습니다. 그 노인은 저에게 자신을 수도자라고 소개한 후, 몇몇 형제들과 함께 여기서 멀지 않은 곳에서 살고 있다고 했습니다. 그러면서 자기가 있는 곳으로 같이 가기를 거듭 권했습니다.

"제가 있는 곳에 함께 가시지요? 순례자를 위한 음식과 객실이 준비되어 있습니다."

그러나 저는 그곳에 갈 마음이 전혀 없었으므로 이렇게 대답했습니다.

"저는 머물 곳을 찾는 것이 아니라 영적 교훈이 있는 곳을 찾고 있습니다. 음식도 필요 없습니다. 음식이야 이 자루에도 많이 들어 있습니다."

"그 영적 교훈이란 무엇을 뜻합니까? 혹시 그에 대해 알고 싶어서 그러는 것이라면 더더욱 저와 함께 가시는 것이 좋겠습니다. 제가 있는 곳에는 하느님의 말씀과 교부들의 가르침에 따라 영적 지도를 해 주는 스승님이 계십니다. 그분은 당신을 영생의 길로 이끌어 줄 것입니다."

이 말을 들은 저는 기쁜 마음으로 스승님이 거처하신다는 은둔처로 갔습니다. 그분은 저를 정중히 맞아 주셨습니다. 그래서 저는 깍듯이 예를 올리고 나서 그분에게 이곳을 찾아온 목적을 말씀드렸습니다.

"스승님, 스승님께 한 가지 여쭙고 싶어서 찾아왔습니다. 언젠가 기도 시간에 '끊임없이 기도하십시오.'라는 바오로 사도의 말씀을 읽었습니다. 이 말씀이 제 마음을 사로잡은 지가 벌써 1년이 넘었는데, 그동안 그 말씀이 무슨 뜻인지 몰라 고민해 왔습니다. 물론 그사이에 제 나름대로 성경도 읽어 보고 저명한 분의 강론도 들어 보았으나, 아직도 그 말씀의 참뜻을 깨치지 못했습니다.

언제, 어디서나, 자나 깨나, 일하는 동안에도 끊임없이 기도해야 한다는 이 말씀의 참뜻이 무엇입니까? '나는 잠들었지만 내 마음은 깨어 있었지요.'(아가 5,2)라는 성경 구절에도 무척 놀라, 어떻게 그런 기도를 할 수 있는지 꼭 알아야겠다는 간절한 마음이 들었습니다. 그 말씀이 항상 제 머리에서 사라지지 않았습니다. 여러 성당을 찾아다니며 들은 기도에 관한 강론들은 기도하는 데 필요한 준비라든가 기도의 효과에 관해서는 말하면서, 끊임없이 기도하는 것이 어떤 것이고, 또 어떻게 하는 것인지에 대해 말해 주지 않았습니다.

스승님, 어떻게 하면 잠자는 동안에도 깨어서 기도할 수 있는지, 끊임없는 기도에 대해 가르쳐 주십시오."

이 간절한 소망을 듣고, 스승님은 십자 성호를 그으며 말씀하셨습니다.

"형제님, 우선 기도에 대해 깊은 탐구심을 갖게 해 주신 하느님께 감사하세요. 그리고 하느님이 부르셨으니 형제님의 마음과 하느님의 말씀이 일치되도록 그분께서 안내해 주실 거라는 점을 생각하면서 안심하세요.

끊임없는 기도는 내심內心으로 해야 합니다. 내심으로 하는 기도는 천상의 빛입니다. 그래서 이 기도를 하고자 하는 마음이 든 것은 그저 이 세상의 지혜나 알려고 하는 헛된 욕망으로 인한 것이 아닙니다. 형제님이 청빈하고 단순한 마음으로 적극적으로 가르침을 얻고자 했기 때문이지요. 따라서 이전까지 기도의 의미를 깊이 깨닫지 못했다거나 어떻게 해야 끊임없이 기도할 수 있는지 몰랐다 해도 괜찮습니다.

사실 사제들은 기도에 관해서 강론을 많이 합니다. 또 기도에 대한 책도 많이 나와 있습니다. 그러나 강론하는 사람이나 책을 쓴 사람은 기도를 이론적으로, 또 자연적 이성으로만 다룰 뿐, 실천적 경험으로는 다루지 않습니다. 그들은 기도의 본질보다는 그 윤곽에 대해 더 많이 말합니다. 어떤 사람은 기도의 필요성에 관해 그럴듯하게 말하고, 또 어떤 사람은 기도의 힘과 그에 따른 훌륭한 결과에 관해 강조합니다. 또 다른 사람은 기도를 잘하기 위한 필수 조건에 대해 말합니다. 예를 들면 기도할 때 가져야 할 성의와 태도, 겸손과 뉘우침을 말합니다.

그런데 정작 기도란 무엇인지, 그 본질적이고도 근본적인 문제에 대한 해답을 듣기란 매우 어렵습니다. 이에 대해 설명하기가 매우 어려울 뿐만 아니라 교단에서 얻는 지식보다는 경험으로 아는 '신비적' 지식을 요구하기 때문입니다. 더욱 서글픈 일은, 사람들은 값싼 지식으로 만들어진 자를 가지고 저마다 하느님을 재려고 한다는 점입니다. 그들이 이런 과오를 범하는 한, 끝끝내 기도의 참뜻과 방법을 이해할 수가 없을 것입니다.

사실 기도란 우리의 모든 행동과 덕행의 원천입니다. 그러므로 참된 기도에는 무엇보다도 선행이 뒤따라야 합니다. 그런데도 그들은 기도의 결과나 효능만을 가지고 그것이 기도의 좋은 방법이라고 착각합니다. 이로 인해 기도가 우리에게 힘을 주기는커녕 오히려 힘을 뺏게 됩니다. 이 점이 바로 성경 말씀과 정반대되는 점입니다. 왜냐하면 바오로 사도는 이렇게 말씀하셨기 때문입니다. '나는 무엇보다도 먼저 기도를 드리라고 권고합니다.'(1티모 2,1 참조)

이처럼 바오로 사도는 기도를 첫자리에 두셨습니다. 신자들에게 많은 선행을 요구하셨지만 무엇보다도 기도하지 않고서는 그 어떤 일도 잘될 수가 없기 때문입니다.

기도를 자주 하지 않는다면, 주님께 가는 길을 찾기도 어렵고 진리를 깨달을 수도 없습니다. 나아가 자신의 정욕과 원욕願慾을 불살라 버릴 수도 없으며, 그리스도의 빛으로 자신을 밝히거나 주님과의 일치를 도모하기도 어렵습니다.

저는 기도해야 한다고 자주 말해 왔습니다. 특히 바오로 사도가 말씀하신 대로 '올바른 방식으로 기도할 줄 모르는 우리'(로마 8,26 참조)가 바르고 완전한 기도를 올린다는 것은 매우 어려운 일이기에 기도를 자주 드려야 하는 것이지요. 이것만이 모든 영적 선善의 근원이신 하느님이 원하시는 순수한 기도 상태에 이르는 방법입니다. 또한 이를 통해 우리는 힘을 얻을 수 있는 것입니다.

'순수한 기도에 이르도록 하라. 그러면 너희는 복을 얻으리라.' 이는 니네베의 이사악 성인[2]이 하신 말씀입니다. 성인은 덕을 닦기 위해서는 먼저 기도하는 법부터 익혀야 한다고 가르치십니다. 교부들이 가르치고 실천한 바를 잘 모르는 사람들은 이 문제를 잘못 알고 있고, 또 이에 대해 별로 말하지도 않습니다."

스승님의 말씀은 일단 여기에서 끝났습니다. 저는 이분의 말씀에 큰 위안을 얻었고, 깊은 감동을 느꼈습니다. 저는 이 훌륭하신 분과 헤어지지 않으려고, 아니 그보다도 제 욕심을 채우느라고 성급하게 먼저 말을 꺼냈습니다.

"좋은 말씀 감사합니다. 한 가지 더 여쭙고 싶은 것이 있습니다. 내심의 끊임없는 기도란 어떤 것이며, 어떻게 해야 끊임없는 기도를 할 수 있는지를 좀 더 구체적으로 말씀해 주십시오."

스승님은 저의 청을 기꺼이 받아들이시고, 책꽂이에서 책 한 권을 꺼내 보이셨습니다.

"교부들이 쓴 책 한 권을 드리겠습니다. 이 책을 보시면 기도가 무엇인지, 또 어떻게 해야 되는 것인지 하느님의 도우심으로 훤히 알게 될 것입니다."

스승님은 저에게 책을 건네신 다음, 말씀을 이어 나가셨습니다.

"내심으로 하는 끊임없는 '예수 기도'[3]란 예수님이 자신 앞에 계시다고 생각하면서 언제 어디서나, 심지어 잠들었을 때조차, 항상 생각과 마음으로 예수님의 이름을 끊임없이 줄곧 부르는 기도입니다. '주 예수 그리스도님, 저에게 자비를 베푸소서.' 이렇게 하는 것이지요.

이러한 호칭 기도를 계속하는 사람은 마음에 큰 위안을 얻고, 이 기도의 효능을 깊이 체험하게 됩니다. 그래서 언제 어디서나 입술과 마음과 생각으로 예수님의 이름을 끊임없이 부르는 기도를 하게 됩니다. 이렇게 꾸준히 기도를 하다 보면 이 호칭 기도를 안 하고는 못 견디게 되고, 그 기도가 절로 입술을 타고 흘러나오게 될 것입니다. 자, 이만하면 항구적인 기도가 어떤 것인지 아시겠지요."

저는 너무나 기뻐서 어쩔 줄을 몰랐습니다.

"네, 잘 알았습니다, 스승님! 그러나 어떻게 하면 하느님의 이름으로 그렇게 할 수 있는지를 가르쳐 주십시오."

그랬더니 스승님은 책꽂이에서 책을 또 한 권 꺼내 펼쳐 보이며 이렇게 말씀하셨습니다.

"기도하는 법은 이 책을 보면 아실 것입니다. 《자애록》[4]이라는 책이지요. 이 책에는 교부 스물다섯 분이 해설을 붙인 내심의 끊임없는 기도에 관한 완전하고도 상세한 설명이 있습니다. 관상 생활에 없어서는 안 될 보배로운 책이며 또 대단히 유익한 책이지요. 심지어 니체포로 복자[5]는 '무난하게 구원의 길로 인도해 주는 책'이라고까지 말씀하셨습니다."

"그러면 성경보다도 더 낫다는 말씀인가요?"

"아니지요. 성경보다 더 낫고 더 거룩할 수는 없지만, 성경 다음가는 가치를 지녔다 해도 과언이 아닙니다. 왜냐하면 이 책에는 성경만으로는 이해할 수가 없는 것들이나 또 그 깊은 내용을 깨우칠 수가 없는 것들에 대한 명확한 해설이 담겨 있기 때문입니다.

예를 하나 들어 보겠습니다. 태양은 휘황찬란한 천체이기에 육안으로는 마주 볼 수가 없습니다. 이 천체의 왕을 쳐다보고 그 이글이글 타는 햇빛을 견뎌 내려면 태양보다도 한없이 작은 안경을 써야 합니다. 이처럼 성경이 그 찬란한 태양이라면 《자애록》은 유리 한 조각에 지나지 않습니다. 그러나 그 태양인 성경을 이해하기 위해 꼭 필요한 것이 바로 이 책입니다. 한번 들어 보시지요. 내심의 끊임없는 기도를 어떻게 하는 것인지 읽어 드릴 테니."

스승님은 《자애록》을 펴서 신학자 시메온 성인[6]의 글을 골라 읽기 시작했습니다.

"침묵과 고요 속에 앉아 있어라. 머리를 숙이고 눈을 감아라. 숨을 죽이고 생각으로 네 마음을 들여다보아라. 네 생각을 네 마음의 중심으로 모아라. 그러고는 나직하고 단순한 목소리로 '주 예수 그리스도님, 저에게 자비를 베푸소서.'라고 말하라. 잡다한 생각들은 멀리 쫓아 버려라. 인내하고 내 말을 자주 실천하여라."

그다음, 스승님은 위에서 한 말을 예를 들어 모두 설명해 주시고, 또 《자애록》에 나오는 시나이의 그레고리오 성인[7]과 갈리스토 성인과 이냐시오 성인[8]의 말씀을 함께 읽어 주셨습니다. 스승님은 우리가 함께 읽은 모든 구절마다 해설을 덧붙여 저의 이해를 도우셨습니다. 저는 황홀한 마음으로 스승님의 말씀에 집중하여 열심히 듣고, 하신 말씀 모두를 되도록 정확하게 기억하려고 애썼습니다. 우리는 이렇게 밤을 꼬박 새우고, 아침 기도를 하러 갔습니다.

흔들리는 기도

스승님께서 저를 떠나보내시면서 저의 앞날을 축복해 주시고, 제가 기도 공부를 하는 동안에는 언제든지 당신의 거처로 와서 제가 한 일을 솔직하게 낱낱이 말하라고 하셨습니다. 그러면서 길잡이 없이 영혼의 일을 하는 것은 허사라고까지 말씀하셨습니다.

저는 성당에 들어가서 불처럼 타오르는 마음으로 내심의 끊임없는 기도를 하게 해 달라고 열심히 기도드렸습니다. 그러나 한편으로는 앞으로 제가 한 일을 스승님께 고백하거나 어떤 의견을 묻기가 매우 어렵겠다는 생각이 들었습니다. 왜냐하면 스승님의 거처에 있는 객실에는 사흘 이상 머무를 수가 없고, 그 근처에는 따로 묵을 만한 곳이 없었기 때문입니다.

그러던 중 다행히도 그곳에서 4킬로미터가량 떨어진 곳에 마을이 하나 있다는 이야기를 듣고 곧장 그곳으로 가서 머물 만한 곳을 찾았습니다. 하느님께서 은혜를 베풀어 주신 덕분에 저는 어느 농가의 밭 안쪽에 있는 오두막집에서 그 농가의 청지기 노릇을 하며 이번 여름을 나기로 했습니다. 이렇게 해서 저의 새로운 생활이 시작되었습니다. 저는 가끔 스승님도 찾아가 뵈면서 그분의 가르침대로 내심의 기도를 계속해 나갈 수 있었습니다.

일주일 동안, 저는 고요한 밭 가운데 앉아 스승님의 말씀에 따라 내심의 기도를 계속했습니다. 처음에는 잘 되는 것 같더니, 차츰 귀찮아지고 싫증도 나고 졸려서 계속하기가 힘들었습니다. 게다가 온갖 잡념이 구름처럼 덮쳐 와 괴로워 견딜 수가 없었습니다. 결국 스승님을 찾아가서 제 마음 상태를 모두 이야기했습니다. 그러자 스승님은 저에게 이렇게 말씀하셨습니다.

"형제님, 그것이 바로 암흑 세계(마귀)가 걸어오는 싸움이니 용감히 물리쳐야 합니다. 그리고 내심의 기도를 하고 있는 한, 조금도 두려워할 것은 없습니다. 그 마귀가 괴롭히고 또 마음을 나태와 싫증으로 이끌어 가더라도, 결국에는 하느님의 허락하심에 따라 하느님의 뜻대로 될 것입니다. 아마도 형제님의 겸손이 확고해지기 위해 시련의 시간이 필요한 모양입니다. 아무리 커다란 열성이 있다 해도 그것이 당장에 이루어지기를 바라는 조바심은 버려야 합니다. 당장 이루어진다면, 영적으로 인색해지기 쉽기 때문입니다. 이 점에 대해《자애록》에 나온 부분을 읽어 드리지요."

스승님은 이렇게 말씀하시고 《자애록》에서 니체포로 복자의 교훈을 찾아 읽기 시작하셨습니다.

"아무리 애를 써도 내가 권한 대로 마음 깊이 들어갈 수 없거든, 내가 말하는 대로 따라 해 보라. 그러면 하느님께서 그대를 도우시어 그대가 줄곧 찾던 것을 얻게 되리라.

인간은 누구나 그 표현 능력이 각자의 가슴속에 있다는 것쯤은 그대도 잘 알고 있을 터인즉, 이 표현 능력에서 다른 생각은 죄다 제거해 버리고, 대신 '주 예수 그리스도님, 저에게 자비를 베푸소서.'라고 하라. 이렇게만 하면 시일이 지남에 따라 틀림없이 마음의 문이 열리게 될 것이다. 이것은 경험이 증명해 주는 엄연한 사실이다."

기도의 실천

스승님은 책을 덮고 이렇게 말씀하셨습니다.

"형제님이 현재 처한 상황에 대해 교부들이 준 교훈은 이렇습니다. 마음을 열고 이 교훈을 받아들이고, '예수 기도'를 할 수 있는 데까지 해야 한다는 것입니다. 자, 묵주를 하나 드릴 테니 이것으로 하루에 3천 번씩 기도를 바쳐 보십시오. 앉으나 서나, 자나 깨나 '주 예수 그리스도님, 저에게 자비를 베푸소서.'라고 해 보십시오. 서두르지 말고 차분한 마음으로 이 기도를 하십시오. 이렇게만 하면 틀림없이 내심의 끊임없는 기도를 할 수 있을 것입니다."

저는 스승님의 말씀을 마음속 깊이 새기고 집으로 돌아왔습니다. 그러고는 그날부터 스승님이 가르쳐 주신 대로 기도하기 시작했습니다. 열과 성을 다하여 바치는 기도였습니다. 이렇게 시작한 기도는 이틀 동안 꽤 어렵더니 이후로는 아주 수월해졌습니다. 마침내는 힘든 점도 완전히 없어지고 이 기도를 안 하고는 못 배기게 되어 입에서 저절로 흘러나오게 되었습니다.

그렇게 며칠이 지났습니다. 저는 이러한 사실을 알려 드리기 위해 스승님을 찾아갔습니다. 그랬더니 이제는 하루에

6천 번씩 해 보라고 하시며 이렇게 말씀하셨습니다.

"마음을 산란하게 하지 말고 내가 말한 기도를 정해 준 숫자만큼만 충실히 해 보세요. 그러면 하느님은 풍성한 은총과 자비를 베푸실 것입니다."

저는 일주일 동안 줄곧 제 골방에 머물면서 그 어떤 걱정이나 잡념에도 빠지지 않으려 노력하며 그냥 골똘하게 매일매일 6천 번씩 기도를 올렸습니다. 저는 오직 스승님이 명하신 대로 어김없이 실천하겠다는 마음뿐이었습니다. 어느 순간, 이 기도를 바치는 것이 곧 습관화되어 잠시라도 기도를 쉬면 뭔가 잃어버린 듯한 공허감을 느꼈습니다. 그러다가도 이 기도를 다시 하면 또다시 마음이 가벼워지고 충만해졌습니다. 그리하여 다른 사람을 만나거나 대화하기보다는 그저 고요하게 있으면서 이 기도만 하고 싶어졌습니다. 그 정도로 저는 이 기도를 하는 것이 습관이 되었습니다.

그러는 사이 또 엿새가 지났습니다. 엿새 동안 저를 못 본 스승님께서 제 소식을 알기 위해 저를 직접 찾아오셨습니다. 저는 그동안의 일을 모두 말씀드렸습니다. 그랬더니 이렇게 말씀하시는 것이었습니다.

"기도하는 좋은 습관이 생겼군요. 이제부터는 이 습관을 잘 간직해야 합니다. 시간을 낭비하지 말고 열심히 하세요.

그렇게만 하면 하느님의 도우심으로 앞으로는 1만 2천 번의 기도를 할 수도 있을 것입니다. 골방에서 나가지 말고, 아침에는 조금 더 일찍 일어나고, 저녁에는 더 늦게 주무십시오. 그리고 한 달에 두 번만 저를 찾아오세요."

저는 그 말씀에 순종하여 첫날은 간신히 1만 2천 번을 했습니다. 그러느라고 밤늦게까지 기도했습니다. 그 이튿날은 첫날보다 조금 수월하게 또 기쁘게 해냈습니다. 그러나 육체의 피로는 감당하기 어려웠습니다. 혀가 얼얼하고, 턱이 굳고, 묵주를 굴리는 손가락에 경련이 일고 아팠습니다. 그러나 그 피로가 전혀 불쾌하지는 않았기에 기도를 멈추진 않았습니다. 아니, 오히려 시간이 지날수록 더 즐겁게 기도를 하게 되었습니다. 알지 못할 희열이 온몸을 감쌌기 때문입니다. 이렇게 되니 저의 심신은 한결 가뿐해졌습니다. 기도 때문에 늦잠을 자고 또 아침을 설쳐도 그로 인해 심신에 부담을 주는 일은 전혀 없었습니다. 앞으로는 이 기도를 조금 더 잘해야겠다고 생각하는 것만으로도 가슴이 벅차올랐습니다. 이렇게 닷새 동안 1만 2천 번씩 기도를 했고, 기도하는 습관을 갖게 되는 동시에 기도의 재미와 매력도 알게 되었습니다.

어느 날 아침에는 순전히 기도하기 위해 잠에서 깬 사람처럼 일어나자마자 아침 기도를 바쳤습니다. 그런데 어찌 된 일인지 혀가 돌지 않는 기분이 들었습니다. 그렇다고 '예수 기도' 외에 다른 기도를 바칠 생각이 나는 것도 아니어서 그냥 '예수 기도'를 시작했습니다.

그런데 기도를 시작하자, 저는 마냥 행복해졌습니다. 입술은 아무런 힘도 들이지 않고 저절로 움직였습니다. 이렇게 온종일을 지내는 동안 저는 온갖 것에서 멀어지는 것만 같았고, 완전히 다른 세상에 있는 느낌이었습니다. 저는 1만 2천 번의 기도를 해가 지기 전까지 무난히 해냈습니다. 더하고 싶었지만 스승님의 말씀도 있고 해서 더 이상은 하지 않았습니다. 다음 날도, 또 그다음 날도 계속해서 예수 그리스도를 아주 쉽게 또 지치는 일도 없이 줄곧 불렀습니다.

다시 며칠 후에 스승님을 찾아갔습니다. 그리고 저의 이와 같은 놀라운 변화를 그대로 전했더니 이렇게 말씀하셨습니다.

"하느님께서 기도할 마음과 어렵지 않게 기도할 수 있는 힘을 주셨습니다. 이것은 열성적인 노력으로 꾸준히 기도를 되풀이한 결과이지요. 이는 기계를 돌리는 이치와 같습니다. 일단 가동된 기계는 혼자서 돌아가기는 하지만 계속 돌리려면 기계에 기름을 쳐 주어야 하고, 가끔 시동을 다시 걸어 주어야 합니다. 형제님은 이제야 인간의 친구이신 하느님이 우리의 자연적 본성 자체에 얼마나 놀라운 기능을 심어 주셨는지 알게 되었고, 아직 하느님의 은총이 미치지 않은 곳이나 심지어는 죄로 가득 찬 마음속에도 초인적인 감각이 생길 수 있다는 사실을 알았을 것입니다.

하지만 주님께서 한 사람에게 자발적이고 내심적인 기도를 가르쳐 주시고 정욕에 쌓인 영혼을 정화시키고자 하실 때, 그는 자신이 어느 정도의 완전함과 환희와 황홀감을 갖게 될지 모릅니다. 이것은 말로 표현할 수 없는 성질의 것입니다. 또한 이 같은 신비를 드러내 보이시는 것은 천국의 기쁨을 미리 맛보게 해 주시는 은총이기도 합니다. 이것이야말로 사랑에 넘치는 마음으로 순진하게 주님을 찾는 이들만이 받을 수 있는 은혜입니다.

이제부터는 기도를 하고 싶은 대로 하세요. 하지만 온종일을 기도하는 데 바치면 더욱 좋을 것입니다. 겸손하게 하느님의 뜻을 받들고, 그분의 도우심을 바라면서, 이제는 그 수를 헤아리지 말고 예수님을 부르도록 하세요. 그러면 하느님은 형제님을 버리시는 일이 없을 것이고, 가야 할 길을 바로 알려 주실 것입니다."

끊임없이 기도한 결과

스승님의 말씀대로 저는 여름 내내 '예수 기도'에 온 정신을 기울였습니다. 저의 마음은 언제나 평온하고 기쁨이 충만했습니다. 저는 가끔 잠자는 동안에도 기도하는 꿈을 꾸곤 했습니다. 그리고 낮에 어쩌다 사람들을 만나면, 왠지 그들이 모두 저의 형제요 자매처럼 느껴졌습니다.

또한 잡념이 생기지 않았고 기도하는 데에만 골몰할 수 있었습니다. 저는 기도 소리를 듣는 데 마음을 기울이기 시작했고 때로는 기도 중에 어떤 알 수 없는 열기와 커다란 기쁨을 느끼기도 했습니다.

어쩌다 성당에 들어가면 혼자서 하는 기도가 아무리 길어도 긴 것 같지 않았고, 예전처럼 싫증 나는 일도 전혀 없었습니다. 그러자 제가 머무르는 작은 골방이 찬란한 궁전처럼 느껴졌습니다. 또한 죄 많고 부족한 저에게 그렇듯 훌륭한 교훈을 들려주시는 스승님을 보내 주신 하느님께 감사를 드렸습니다.

그러나 애석하게도, 저는 존경하는 스승님의 지혜로운 지도를 오랫동안 받을 수는 없었습니다. 그분은 여름이 채 끝나기도 전에 돌아가셨기 때문입니다. 저는 임종을 앞둔 스승님을 찾아가 눈물을 흘리며 마지막 인사를 드리고 지금까지 많은 가르침을 주신 데 대해 진심으로 감사드렸습니다. 그리고 스승님이 기도할 때 쓰시던 묵주를 받고 싶다고 말씀드렸습니다.

이렇게 해서 저는 또다시 혼자가 되었습니다. 이제는 여름도 가고 뜰에 핀 샐비어도 자취를 감추고 말았습니다. 가을이 되어 여름 동안만 지내기로 한 오두막집에서 나와야 했습니다. 여름 동안 지낼 곳을 주었던 농부는 저에게 지금까지의 품삯으로 동전 2루블을 주고, 길을 가면서 먹으라고 빵까지 자루에 가득 넣어 주었습니다.

저는 또다시 정처 없는 나그네 생활을 시작했습니다. 그래도 전처럼 궁색하지는 않았습니다. 이렇게 먼 길을 떠돌아다녀도 예수 그리스도의 이름만 부르면 마음은 마냥 즐거웠고 만나는 사람마다 모두 친절하게 느껴졌습니다. 그들 모두가 저를 무척 사랑하는 것 같았습니다.

하루는 농부에게 받은 돈을 어디다 쓸까 생각하다가 문득 《자애록》이란 책을 사서 기도의 스승으로 삼아야겠다는 생각이 들었습니다. 그래서 저는 십자 성호를 긋고 기도하면서 걸어가다가, 마침내 어느 작은 도시에 이르자마자 곧장 서점에 들러 《자애록》을 찾아보았습니다. 마침 한 권이 있었는데 주인은 그 책값으로 3루블을 요구했습니다. 할 수 없이 저는 가진 돈을 모두 털어 보이면서 2루블에 달라고 애원했습니다. 그러나 주인은 그럴 수는 없다면서 이렇게 말했습니다.

"정 그렇다면 성당에 한번 가 보시오. 성당지기가 헌책을 갖고 있을 텐데 어쩌면 2루블에 팔지도 모르겠소."

그래서 저는 곧장 성당으로 달려가서 그 책을 2루블에 샀습니다. 비록 낡은 책이었지만, 제 마음은 한없이 기뻤습니다. 책을 사자마자 바로 잘 손질하여 겉표지를 헝겊으로 싸고 성경과 함께 자루 속에 소중히 간직했습니다.

어쨌든 저는 참으로 행복했습니다. '예수 기도'를 끊임없이 하면서 기쁜 마음으로 하루하루를 보냈기 때문입니다. 이 기도는 세상의 그 무엇보다도 값지고 감미로웠습니다. 이 기도를 하며 50킬로미터를 줄곧 걸어도 피곤한 줄을 모를 정도였으니까요. 그저 제가 기도를 하고 있다는 사실만 알고 있을 뿐이지요. 추위가 심해져도 더 정성 들여 기도하면, 얼마 지나지 않아 몸이 따뜻해지곤 했습니다. 심하게 배고플 때도 더 자주 예수 그리스도의 이름을 부르면 그 배고픔을 감쪽같이 잊을 수가 있었습니다. 몸이 아플 때도 기도만 하면 도무지 아픈 줄을 모르게 되고, 어쩌다가 남에게 모욕을 당할 때에도 이 소중한 '예수 기도'를 함으로써 그 모욕도 달게 받게 되었습니다. 기도를 드릴 때에는 노여움이나 괴로움이 사라졌기 때문이지요.

이렇게 저는 세상 사람들이 보기에는 조금 이상한 사람으로 바뀌고 있었습니다. 근심 걱정으로 속상해하는 일도 없고, 밖에서 일어나는 일로 괴로워하는 때도 없었습니다. 좁은 방 안에만 틀어박혀 있어도 마음은 늘 충만하고 아쉬울 것은 아무것이 없었습니다.

제게 필요한 것이 있다면 단 한 가지, 끊임없이 기도하는 것뿐이었습니다. 기도하면 제 마음은 유쾌해졌습니다. 왜냐하면 하느님이 제 마음속에서 이루시는 일을 잘 알고 있었기 때문입니다. 그렇다고 저는 거만해지지 않았습니다. 이 모든 기쁨이 스승님이 말씀하신 대로 하여 얻은 결과라 해도, 저는 아직도 부족하여 내심의 끊임없는 기도에 도달하지 못했다는 것을 잘 알고 있었기 때문입니다.

그러나 저는 돌아가신 스승님이 저를 위해 항상 기도하신다는 것과 하느님의 때가 있다는 것 또한 알고 있었습니다. 조금 다행스러운 것은 제가 "끊임없이 기도하십시오."라고 했던 바오로 사도의 말씀이 뜻하는 바를 하느님의 도우심으로 전보다 분명히 알게 되었다는 점입니다. 그 자부심으로 제 가슴은 뜨겁기까지 했습니다.

제2장

순례하며 무르익는 기도

기도에 따른 변화

이처럼, 저는 오랜 기간 동안 여기저기 떠돌아다니며 순례를 계속했습니다.

'예수 기도'는 어떠한 길에서도, 어떠한 장소에서도, 또는 어떤 일이 생길 때라도 저를 격려하고 위로하며 언제나 저와 함께했습니다. 얼마 후 저는 한동안 순례를 잠시 멈추고 고독한 생활을 하며, 《자애록》에 대한 연구에 몰두하는 것이 수련에 더 좋겠다는 생각을 하기에 이르렀습니다.

지금까지 애써 책을 읽기는 했지만, 이를 연구할 시간이 충분치 않아 잠자리에 들기 전이라든가 또는 잠시 쉬는 시간에 겨우 읽어 보는 정도에 그치곤 했습니다. 그러나 이제 제 마음은 이 책을 더욱 연구하여, 거기서부터 내심으로 하는 기도를 더 깊이 깨우쳐 구원에 이르겠다는 열망으로 가득 찼습니다. 그 때문에 지금까지의 순례 생활을 중단하고 어딘가 호젓하고 아늑한 장소에 살면서 이 책 연구에 몰두할 기회를 갖기 위해 무던히 애썼습니다. 그러나 저는 어린 시절에 입은 화상으로 왼손이 자유롭지 못했기 때문에 남들처럼 노동을 해서 생계를 유지하기가 어려웠습니다. 그래서 부득이하게 걸식을 하면서 순례 여행을 계속할 수밖에 없었습니다.

그러나 조용히 《자애록》을 연구하려면 되도록 사람들을 만나지 않는 길을 택해 순례해야겠다고 생각하며, 인노첸시오 성인[9]이 계신 먼 시베리아에 있는 도시 '이르쿠츠크'까지 계속 순례하기로 결심했습니다.

저는 시베리아의 광활한 숲과 대평원 등을 지나면서도 《자애록》을 더 열심히 읽고 기도하리라 마음먹었습니다. 그리고 발길을 옮길 때마다 '예수 기도'를 입속으로 외웠습니다. 그 결과 변화가 일어났습니다!

얼마가 지나자, 이 기도가 점점 입에서 마음으로 옮아 간다는 사실을 실감하게 되었습니다. 그래서 저는 입으로만이 아니라 마음으로 또는 자연스러운 심장의 박동에 따라 이 기도를 외울 수 있는 경지에 이르렀습니다. 다시 말하면 제1의 박동에 '주', 제2의 박동에 따라 '예수', 그리고 제3의 박동에서 '그리스도님' 그리고 나머지 구절에서도 심장의 규칙적인 고동과 함께 기도의 문구가 깊이 메아리치기에 이르렀습니다.

그래서 저는 입으로 외우기만 하는 기도를 중단하고 마음이 외치는 소리에 따라 귀를 기울였습니다. 그러자 눈까지도 마음으로 향하고 있다는 느낌이 들었습니다. 그와 동시에 기도가 얼마나 유쾌한 느낌을 자아내는지 실감할 수 있었습니다. 이런 상태에 이르니 이윽고 어떤 아픔 같은 것이 심장에 와 닿았습니다. 하지만 정신만은 예수 그리스도를 향한 사랑으로 충만해져서, 어느덧 점점 불꽃이 되어 타오른다는 느낌이 들었습니다. 만약 이때 어디선가 예수님을 만난다면, 저는 그 즉시 그분의 발아래 엎드려 그 발에 입을 맞추면서, 죄 많은 저를 속죄해 주시는 그분의 넘치는 은총에 어떻게 감사해야 할지 갈피를 잡지 못했을 것입니다.

저의 심장은 점차 즐거움으로 차오르기 시작했습니다. 그 가득 찬 즐거움과 따스함은 이윽고 제 가슴 전체에 모닥불처럼 번져 갔습니다. 저는 이런 놀라운 사실 앞에 어떤 두려움마저 느꼈습니다. 왜냐하면 '예수 기도'를 대단히 빨리 배웠기 때문에, 지금 저의 상태가 스승님의 훈계대로 정신적 오만이나 심적 유혹에 빠진 것은 아닌지, 아니면 자연의 작용을 마치 하느님의 은총에 따른 초자연적인 효과라고 착각할 위험이 크다고 생각했기 때문입니다. 따라서 되도록 마음의 기도에 대한 바른 이론을 익히고 실천하기 위해 《자애록》을 더욱 철저히 공부하기로 결심했습니다.

그리고 《자애록》에 따라 자신을 철저히 규명해 보는 것이 무엇보다도 먼저 해결해야 할 문제라고 판단했습니다. 이를 위해 저는 되도록 밤에 걷고, 한낮에는 울창한 숲속에 앉아 이 책을 읽는 데 많은 시간을 보냈습니다.

이 책을 읽으면서 새로운 지식을 얻고, 그 얻어진 지식을 실천으로 옮김으로써 지금까지는 상상조차 할 수 없었던 깊고 그윽한 감화를 몸소 체험하기에 이르렀습니다. 물론 책을 읽는 동안에 더러는 뜻을 알 수 없는 구절이 있어 간혹 괴롭기도 했지만, '예수 기도'를 통해 얻은 효과가 이를 보완해 주었고, 얼마 되지 않아 그러한 몰이해도 서서히 풀려 갔습니다. 게다가 그리운 스승님이 때때로 꿈에 나타나 많은 것을 일깨워 주셨고, 또 저의 무지한 정신이 겸손으로 향하도록 타일러 주셨습니다.

저는 이처럼 행복한 시간을 즐기며 여름 두 달을 보냈습니다. 그동안 저는 대개의 경우에는 숲속을 거닐었고, 배가 고플 때면 발길을 따라 작은 마을로 나와서 친절한 농부들에게 빵과 소금을 얻거나 물통에 물을 가득 담아 다시 숲으로 되돌아오곤 했습니다.

그런데 제 마음이 죄로 물들어 벌을 받은 것이었을까요, 아니면 영적 생활에 따른 지식과 체험을 심화시켜 나가기 위한 시험이었을까요? 저로서는 확실히 판단하기 어려웠지만 아무튼 그해 여름이 끝날 무렵, 저는 매우 어려운 시련에 봉착하게 되었습니다.

강도에게 빼앗긴 소중함

어느 날 저녁에, 저는 어떤 낯선 거리를 걸어가다가 별안간 두 명의 괴한에게 쫓기게 되었습니다. 그들의 옷차림을 유심히 살펴보니 군인인 것 같았습니다. 그 둘은 저를 따라잡자 느닷없이 "돈 내놔!" 하고 소리쳤습니다. 그래서 저는 그들에게 "저는 돈이 한 푼도 없습니다." 하고 말했습니다. 그러자 그들은 저에게 무섭게 호통을 쳤습니다.

"순례자는 으레 다른 사람에게 돈을 많이 받잖아! 거짓말하지 말고 있는 대로 내놔!"

그런 그들을 제가 무슨 수로 당해 내겠습니까? 제가 아무 말 없이 그들을 쳐다보자 그중 한 사람이 또다시 언성을 높였습니다.

"이런 놈에게는 말이 통하지 않아!"

그러면서 긴 막대기로 제 머리를 사정없이 후려쳤습니다. 저는 이들에게 공격을 받고 그 자리에 퍽 쓰러져 정신을 잃고 말았습니다.

시간이 얼마나 흘렀을까요. 간신히 정신을 차려 보니, 저는 머리에 심한 상처를 입은 채 숲속에 누워 있었습니다. 손을 들어 어깨를 만져 보니, 어깨에 메고 있던 배낭은 온데간데없이 사라졌고, 그 배낭에 붙여 놓았던 명찰만이 제가 쓰러진 발치에 떨어져 있었습니다.

간신히 정신을 차려 머리를 만져 보았더니 머리에 눌러 썼던 모자도 역시 없어졌습니다. 한 가지 다행인 것은 모자 속에 넣었던 여권만은 무사히 제 눈앞에 떨어져 있었다는 것입니다. 그러나 배낭 속에 소중히 넣어 둔 《성경》과 《자애록》이 모두 그들의 손에 넘어갔다는 사실을 알게 되자, 저는 어린아이처럼 엎드린 채 서럽게 울었습니다. 정말 울지 않고는 견딜 수 없는 슬픔이었습니다. 어릴 때부터 몸에 지니고 애지중지 읽어 온 《성경》, 그리고 제게 커다란 위안과 교훈을 주었던

《자애록》. 이 두 권의 책은 마치 저의 분신이요, 생명 그 자체였기 때문입니다.

제 생애 최고의 양식이요, 보물인 이 책들을 잃어버렸다는 사실만으로도 저는 목 놓아 울 수밖에 없었습니다. 아직도 그 책들이 지닌 가치를 제대로 이해하지도 못했는데, 그러한 영적 보물을 잃어버린 사실은 저에게는 죽기보다도 더한 아픔이었습니다.

'이제 나는 어떻게 해야 하지? 나의 유일한 재산인 그 책을 어디서 찾을 수 있을까?'

저는 이런 생각을 수없이 되뇌며 상처 입은 몸을 간신히 일으켰습니다. 그리고 벌써 어둠이 짙게 깔린 밤길을 터덕터덕 정처 없이 걸었습니다. 밤이 가고 아침이 와도 제 마음의 상처는 좀처럼 낫지 않았으며 몸도 점점 쇠약해져 갔습니다.

그러던 어느 날 저는 갑자기 쓰러져 깊은 잠에 빠졌습니다. 꿈을 꾸었는데, 뜻밖에도 꿈에서 존경하는 스승님을 만날 수 있었습니다. 저는 그분의 방에서 제가 당한 봉변에 대해 열심히 이야기하며 억울하다는 말을 반복했습니다. 스승님은 저의 이런 호소를 묵묵히 듣고 계시다가 마침내 입을 열어 나직이 말씀하셨습니다.

"그런 시련을 당하게 된 데에는 깊은 뜻이 있습니다. 그것은 형제님이 이 세상의 것에 애착을 끊음으로써 더욱 쉽게 하느님 나라로 갈 수 있도록 길을 터 주기 위한 하느님의 배려입니다. 이와 같은 시련은 형제님이 정신적·영적 쾌락에 빠지지 않도록 하기 위한 것이기도 합니다. 그리스도의 제자는 자기 마음속의 욕망이나 모든 감정을 희생시켜서 마땅히 자신을 하느님께 제물로 바쳐야 합니다. 이것이 곧 하느님의 뜻이기 때문이지요. 이렇게 하느님이 하시는 일은 모두가 다 인간의 유익과 구원을 위한 것입니다.

'하느님께서는 모든 사람이 구원을 받고 진리를 깨닫게 되기를 원하십니다.'(1티모 2,4) 따라서 언제나 인간을 지켜 주시며 모든 일을 그 사람의 유익을 위하여 또는 구원의 수단으로 마련해 주시는 것입니다. 이것은 틀림없는 사실입니다. 따라서 이러한 시련을 감당하기 어려운 것으로 보지 말고, 도리어 좋은 결실을 맺으리라 확신하면서 새로운 희망과 용기를 가지십시오."

이처럼 말씀하시는 스승님의 목소리를 꿈결에 듣다가, 저는 퍼뜩 눈을 떴습니다. 그런데 참 희한한 일이었습니다. 제가 눈을 뜨자마자 상처 입었던 저의 몸이 씻은 듯이 나았고, 마음도 온통 기쁨으로 충만해지는 느낌이 들었습니다. 저는 즉시 성호를 그으며 자리에서 일어나 걸음을 옮겼습니다. 저는 또 '예수 기도'를 읊었고, 그 기도는 제가 용기백배하여 사흘 동안 계속 걸을 힘을 마련해 주었습니다.

되찾은 기쁨

그런 후에 며칠이 지난 어느 날, 저는 길가에서 간수들에게 호송되는 죄수들을 보았습니다. 그런데 뜻밖에도 그들 중에서 며칠 전 저를 때리고 물건까지 모조리 빼앗아 간 강도 두 명을 발견했습니다. 그들은 대열의 왼쪽에 붙어서 걷고 있었습니다. 순간 저는 그들 앞으로 다가가 떨리는 목소리로 애원했습니다.

"제발 저의 책들을 돌려주십시오."

그러나 그들은 저를 외면하며 모르는 척했습니다. 그러나 잠시 후 무슨 생각을 했는지, 그중 한 사람이 입을 열었습니다.

"이봐, 1루블만 주면 그 책이 있는 곳을 가르쳐 주지."

저는 지체 없이 대답했습니다.

"좋습니다. 제가 구걸을 해서라도 돈을 드리겠습니다. 제 말을 믿기 어렵거든 이 여권을 담보로 잡으세요."

그제야 두 죄수가 말했습니다.

"그 책들은 우리가 체포되었을 때 다른 물건과 함께 부대장에게 압수됐지. 그러니 거기로 가서 찾아봐."

저는 이들의 말을 그대로 믿기로 했습니다. 그래서 저는 그 길로 그들이 말한 대로 부대의 선두로 달려가 부대장을 만났습니다. 부대장에게 자초지종을 죄다 털어놓고 그 책을 돌려 달라고 간청했습니다. 부대장은 제 말을 듣고 나서 고개를 끄덕이며 말했습니다.

"좋아요. 그런데 당신은 그 책을 다 읽을 수 있습니까?"

"물론입니다. 그 책을 읽을 수 있을 뿐만 아니라 그 책에 있는 글을 쓸 수도 있습니다. 그 《성경》에는 제가 직접 쓴 제 이름이 있습니다. 한번 확인해 보십시오. 거기에 쓴 이름과 이 여권에 쓴 이름이 똑같을 것입니다."

이 말을 듣고서야 부대장은 비로소 저의 말을 의심 없이 받아들이는 눈치였습니다.

"알겠습니다. 그 말을 믿지요. 당신 책을 훔친 이들은 탈영병으로 그동안 동굴에 숨어 지내면서 많은 행인들을 괴롭혀 왔습니다. 어제 그놈들이 지나가는 마차를 뺏으려다가 마부의 기지로 오히려 마부에게 붙잡혔지요. 탈영병들의 소지품 중에 당신이 애지중지하는 그 책이 있다면 돌려주겠습니다. 그러나 지금은 부대 전체가 행군 중이니 다음 주둔지에서 진을 칠 때까지 기다려 주시지요. 여기서 4킬로미터밖에 되지 않습니다."

저는 크게 기뻐하며 말을 타고 떠나는 부대장의 뒤를 따랐습니다. 그러고는 그 부대장과 가면서 대화를 해 보니 그가 정직하고 선량한 사람이라는 것을 알 수 있었습니다. 그는 저에게 여러 가지 질문을 하며 저의 출발지와 행선지를 묻기도 했습니다. 저는 그의 질문에 하나하나 기쁜 마음으로 대답했습니다.

얼마 후 주둔지에 도착했습니다. 그는 약속대로 제 책을 찾아 주었습니다.

"자, 여기 있습니다. 책을 찾게 되어 참으로 다행이네요."

그러면서 이렇게 덧붙였습니다.

"그런데 오늘은 벌써 해가 저물었으니 여기서 하룻밤을 묵고 가는 것이 어떠십니까? 제 방 옆에 빈 방이 하나 있습니다."

부대장의 이러한 친절에 저는 감사를 표하고 그곳에서 밤을 보냈습니다. 그날 밤 저는 책을 돌려받은 기쁨에 책을 가슴에 끌어안고 어쩔 줄을 몰라 하고 있었습니다. 이런 광경을 옆에서 보고 있던 부대장이 말했습니다.

"성경을 정말 좋아하는군요."

그러나 저는 너무 기쁜 나머지 그 말에 대꾸하지도 못한 채 그저 울기만 했습니다. 그랬더니 부대장은 다시 말을 이었습니다.

"실은 저도 성경을 무척 좋아해서 매일 읽지요."

그러고는 군복 호주머니에서 키프 출판사가 발행한 작은 《성경》을 꺼내 보였습니다. 은박지로 곱게 포장한 책이었습니다. 저는 잠시 눈물을 거두고 부대장이 내민 《성경》을 유심히 바라봤습니다.

부대장의 이야기

"자, 그럼 이제 눈물을 닦고 제 이야기를 들어 보시겠습니까? 제가 어떻게 해서 성경을 읽는 습관을 가지게 되었는지 말씀드리지요."

부대장은 이렇게 말하면서 책상 앞에 놓인 의자에 자리를 잡고 앉았습니다. 그러고는 저녁 식사를 시켜 놓고, 자신의 이야기를 천천히 털어놓기 시작했습니다.

"저는 어린 시절에 입대하여 군대에서만 살아왔습니다. 군 복무를 잘한 편이어서 상관에게 큰 신임을 얻고 있었지요. 그러나 나쁜 사병들과 어울려 지내면서 술을 배웠고, 결국 술에 빠져 지내게 되었습니다. 그래서 인사불성이 되는 일이 한두 번이 아니었습니다. 말하자면 술버릇이 저를 망쳐 놓았던 것입니다. 결국 나쁜 술버릇으로 인해 사고를 치고 6주간의 금고형을 당하기도 했습니다. 이런 일이 거듭되자 상관을 모욕한 죄로 사관 계급장마저 박탈당하게 되었습니다. 급기야는 일등병으로까지 강등되어 남들이 꺼리는 주둔지로 쫓겨나 거기서 3년 동안 복무하는 벌을 받아야만 했습니다.

그래서 다시는 술을 마시지 않겠다고 결심하고 한동안 금주를 실천해 본 적도 있었습니다. 그러나 그것도 잠시, 또다시 그 몹쓸 술버릇에 휩쓸리곤 했습니다. 그 결과, 영창 신세를 면치 못하리란 경고까지 받게 되었습니다. 그 경고를 받고는 큰 불안감을 느꼈지만 별수 없었지요.

그러던 어느 날, 비관에 젖어 막사의 한구석에 쭈그리고 앉아 있었는데 거기에 난데없이 수사님 한 분이 나타났습니다. 그 수사님은 손에 커다란 수첩을 들고 있었는데, 듣자 하니 교회 건립 기금을 모금 중이라고 했습니다. 다른 사병들은 자기들 나름대로 성금을 냈지만, 저는 그런 광경을 물끄러미 바라만 보았지요. 그랬더니 수사님이 제 곁으로 가까이 다가와 말을 걸었습니다.

'표정이 안 좋아 보이는데, 힘든 일이라도 있습니까?'

그래서 저는 그 수사님에게 술 때문에 신세를 망쳤다고 솔직하게 고백했지요. 이 말을 들은 수사님은 저를 안타까운 눈으로 보면서 이렇게 말했습니다.

'실은 제 형도 당신처럼 술버릇이 심했습니다. 그러던 중 형의 지도 신부님이 성경을 주시면서 형에게 '술을 마시고 싶을 때마다 이 책을 한 장씩 읽으십시오. 그래도 여전히 술이 마시고 싶거든 거듭 또 한 장을 읽으십시오.'라고 하시더랍니다. 형은 그 신부님이 시킨 대로 술을 마시고 싶을 때마다 성경을 한 장씩 읽었습니다. 그런 일을 되풀이하는 동안 술버릇이 차차 고쳐졌고, 그로부터 15년 후, 형은 그 무서운 술버릇에서 벗어날 수 있었습니다. 그러니까 당신도 제 말을 믿고 이를 실천에 옮겨 보세요. 그러면 틀림없이 나쁜 술버릇에서 벗어날 수 있게 될 것입니다. 자, 여기 성경을 드릴 테니 읽어 보세요.'

그러나 저는 그 수사님의 말을 믿을 수가 없었지요.

'수사님, 저도 지금까지 갖은 방법을 써서 이 술버릇을 고치려고 노력했지만 전혀 나아지지 않았습니다. 그런데 갑자기 성경을 읽는다고 해서 고질병이 나아질 수 있을까요?'

저의 표정과 말투에는 수사님의 말을 믿을 수 없다는 제 생각이 여실히 묻어나고 있었습니다. 하기야 그때까지 저는 성경을 한 구절도 읽은 적이 없었으니까 이렇게 생각하는 것도 무리는 아니었지요. 그러나 수사님은 단념하지 않고 성경을 제 손에 꼭 쥐어 주며 말했습니다.

'제 말을 믿어 보세요. 틀림없이 도움이 될 겁니다.'

그래서 마지못해 수사님이 내미는 성경을 받아 들었습니다. 그러고는 그날부터 수사님의 말대로 펴서 한두 장 읽었으나 전혀 흥미가 나지 않아서 집어치우려고 생각했지요. 그런데 다음 날도 수사님이 저를 찾아왔습니다.

'성경은 하느님의 말씀입니다. 그렇기에 이 말씀에는 강한 힘이 들어 있지요. 당장은 이해하지 못해도 좋으니, 그저 정성껏 읽기만 하십시오. 그 책에도 이렇게 나와 있습니다. '그대는 하느님께서 한 분이심을 믿습니까? 그것은 잘하는 일입니다. 마귀들도 그렇게 믿고 무서워 떱니다.'(야고 2,19)

제가 당신에게 확실히 말하지만 술버릇은 틀림없이 마귀에게서 오는 나쁜 버릇입니다. 제가 요한 크리소스토모 성인[10]의 말씀을 들려 드리지요. '암흑의 악신들은 성경을 보관한 궤짝만 봐도 무서워 떨며 결코 그것을 범하지 못한다.''

저는 그분의 말씀이 뜻하는 바를 선뜻 알아듣지는 못했지만, 하도 열성으로 권하기에 마지못해 그렇게 하겠다고 대답했지요. 그러면서도 저는 성경이 지닌 가치를 전혀 인식하지 못했기에, 그 책을 계속 상자에 처박아 두고, 아주 까맣게 잊어버리고 말았습니다.

그런 까닭에 저는 또다시 나쁜 술버릇에 휘말리게 되었지요. 그러다 하루는 돈을 빼내려고 무심코 상자를 뒤지다가 그 상자에 넣어 둔 채 까맣게 잊었던 성경이 눈에 띄었습니다. 저는 별다른 생각 없이 그 책을 펼쳐 들고 마태오 복음서 한 구절을 읽기 시작했습니다. 그러나 저는 그 글에서 별다른 감흥을 느낄 수가 없었지요. 그때 문득 성경 읽기를 진심으로 권하던 그 수사님의 말이 생각났습니다.

'아무런 감흥이 일지 않는다고 낙담하지 말고 계속 더 열심히 읽어 보십시오.'

그래서 저는 마지못해 계속 그다음 장을 읽었습니다. 그랬더니 뭔가 조금 알 것 같은 마음이 들었습니다. 그리하여 이번에는 더 흥미를 가지고 3장까지 읽어 내려갔는데 이때 마침 취침을 알리는 종이 울렸습니다. 성경을 읽느라 결국은 술을 마시러 거리로 나갈 시간을 놓친 셈이지요. 술을 마실 시간을 놓친 것이 몹시 불쾌했지만 이렇게 된 이상 성경이나 한 장 더 읽기로 하고 계속 다음 장을 읽어 나갔지요. 솔직히 술 생각이 마음 한구석에 남아 있긴 했지만, 달리 술을 마실 시간이 없으니 어쩌겠습니까?

그렇게 매일 밤마다 마음 한편으로 술 생각을 하면서 성경을 읽었는데, 점차 날이 갈수록 술보다 성경을 읽는 매력에 더 많이 끌리게 되었지요. 급기야 거듭되는 성경 봉독으로 완전히 술을 잊는 기적까지 체험하게 되었습니다.

그렇게 제가 성경의 힘을 빌려 술을 끊은 지가 벌써 20년이 되었지만, 그동안 단 한 번도 술 생각을 해 본 적이 없었습니다. 이는 제 주변의 사람들이 더 잘 압니다. 저의 이런 변화를 보고 모두들 놀랐고, 의아해했습니다.

그리고 저는 성경 덕분에 사병으로 강등된 지 3년 만에 사관의 지위를 되찾고, 오늘날에는 보다시피 이렇게 부대장으로 승진하여 유복한 생활을 하고 있지요."

이 부대장의 경험담은 저에게 많은 위로와 격려가 되었습니다. 특히 부대장의 이야기 중에서 저에게 큰 감동을 준 것은 그가 그 고마움을 보답하며 살겠다고 다짐한 부분이었습니다. 그는 그 뜻으로 어떠한 경우에 처하더라도, 사는 동안 매일 성경을 읽고, 가족이나 동료, 이웃들에게도 이를 실천하도록 권하겠다고 말했습니다.

기도의 기적

저는 그러한 부대장의 결심을 칭찬하면서 제 이야기를 들려주었습니다.

"실은 저도 부대장님의 경우와 비슷한 이야기를 들은 적이 있습니다. 제가 살던 마을 공장에 주벽이 아주 심한 청년이 있었지요. 그는 언제나 곤드레만드레가 되도록 술을 마시고는 이웃 사람들에게 행패를 부렸지요.

그래서 그를 아끼는 이웃들은 그에게 삼위일체의 교리나 예수 그리스도의 생애에 관해 들려주며 제발 하루에 서른세 번씩 '주님의 기도'를 바치라고 권하곤 했습니다. 얼마 후 이러한 권고를 받아들인 그는, 그렇게 기도함으로써 자신의 술버릇을 완전히 고쳤을 뿐만 아니라, 3년 후에는 스스로 수도원으로 들어가는 기적을 낳기에 이르렀습니다."

저의 이야기에 부대장도 놀란 표정을 지었습니다.

"그렇다면 '주님의 기도'가 성경보다 더 큰 기적을 만든다고 할 수 있습니까?"

"반드시 그렇다고 할 수는 없습니다. 왜냐하면 '주님의 기도'도 성경도 모두 똑같은 하느님의 말씀이기 때문입니다."

"아하! 그렇겠군요."

부대장은 자신도 모르게 감탄하며 말했습니다.

"그렇습니다. '주님의 기도'는 성경 그 자체이며 정수라고 할 수 있지요."

이런 대화를 주고받은 우리는, 잠시 후 주님께 감사의 기도를 함께 드렸습니다. 그런 다음, 부대장은 제가 준 성경을 받아 쥐고 마르코 복음서 1장을 읽어 내려갔습니다. 저는 옆에서 그의 낭독을 들으며 마음속으로 '주님의 기도'를 수없이 되뇌었습니다. 이렇게 저와 부대장이 기도와 대화를 마치고 나자, 시간은 벌써 자정이 훨씬 넘어 있었습니다. 그래서 우리는 내일 일과를 위해 잠자리에 들었습니다.

다음 날 새벽, 저는 평소의 습관대로 일찌감치 눈을 떴습니다. 그러고는 머리맡에 놓아둔 《자애록》을 펼쳐 들었습니다. 저는 이 책을 펼치는 것만으로도 가슴이 뛰었습니다. 이는 마치 먼 곳에 계신 부모님을 찾아가 만난 기쁨이나, 이미 죽은 줄만 알았던 친구를 뜻밖에 길에서 만난 기쁨에 비길 수 있는 것이었습니다. 저는 이 같은 기쁨으로 가슴에 그 책을 끌어안고 지그시 눈을 감았다가 눈을 뜨고는 다시 그 책에 입을 맞추었습니다. 이렇게 하면 언제나 그렇듯이 그 책갈피마다 은은한 향기가 풍겨 나오는 듯했습니다.

책을 입에서 떼고 손끝으로 책장을 넘기다가, 테올렘토 성인[11]의 교훈을 읽기 시작했습니다. 여기에서 인간은 세 가지 기본 행동을 동시에 해야 한다는 말씀을 읽고 감명을 받았습니다. 그 대목은 이러했습니다.

"식탁에 마주 앉아 식사를 할 때에는 네 몸은 음식에, 네 귀는 독서에, 네 마음은 기도에 기울여야 한다."

저는 한없이 즐겁고, 또 단란했던 지난밤을 생각하면서 이 말의 실마리를 풀어 나갔습니다. 그와 동시에 사람의 감성과 지성 사이에는 많은 차이점이 있음을 깨달았습니다. 제가 이런 생각을 하고 있을 때 부대장도 잠자리에서 일어나 저를 찾아왔습니다. 저는 잠시 책을 덮고 자리에서 일어나 예를 갖추었습니다. 그러자 부대장은 매우 기뻐하며 저를 자리에 앉히고, 차를 대접하면서 제게 돈 1루블을 건넸습니다. 저는 부대장의 이 같은 친절에 감사를 드린 다음, 아침 식사가 끝나자마자 그의 배웅을 받으며 또다시 순례의 길을 재촉했습니다.

그곳을 출발하여 한참을 걷다가 어제 강도들에게 1루블을 주기로 한 것이 갑자기 생각나서, 아침에 부대장에게 받은 돈을 주머니에서 꺼냈습니다. 그러나 그 순간, 강도들의 소행에 대해서 곰곰이 생각하게 되었습니다.

'그들은 나를 때려서 기절시켰고 남의 소중한 물건까지 훔친 강도들이지! 지금은 영창 신세일 텐데, 설령 내가 그들에게 약속한 돈을 준다고 하더라도 그들은 그 돈을 자유롭게 쓸 수가 없을 것이고, 그렇다면 굳이 그들에게 돈을 줄 필요가 있을까?'

그러나 저는 다음과 같은 성경 말씀을 생각해 내고는 마음을 바꾸기로 결심했습니다.

"원수가 주리거든 먹을 것을 주고, 목말라하거든 마실 것을 주십시오."(로마 12,20)
"원수를 사랑하여라."(마태 5,44)
"네 속옷을 가지려는 자에게는 겉옷까지도 내주어라."(마태 5,40)

결국 저는 성경 말씀에 따라 그들에게 약속한 돈을 주기로 하고, 왔던 길을 되돌아 주둔지 쪽으로 걸음을 옮겼습니다. 제가 그곳에 당도했을 때는 마침 강도 두 사람을 포함한 죄수들이 다른 곳으로 호송될 준비를 하고 있었습니다.

저는 두 사람이 있는 쪽으로 달려가 손에 쥐고 있던 돈을 그들에게 건네주면서 말했습니다.

"통회하는 마음으로 기도하세요. 예수 그리스도는 모든 사람을 사랑하시는 분이니, 당신들을 결코 버리지 않으실 것입니다."

그러나 그들은 돈을 받으면서 저를 무표정하게 바라만 볼 뿐, 말이 없었습니다. 저는 측은한 마음으로 그들을 말없이 보내고 또다시 길을 재촉했습니다.

고요함에서 깨우치는 진리

그로부터 한참을 걸은 끝에 한적한 숲속에 접어들었습니다. 그곳에서 고독한 기쁨 속에 기도하고 책 읽기를 게을리하지 않았습니다. 그러다가 이따금 마을로 나가 먹을 것을 구해 왔습니다.

다시 며칠이 지난 후, 저는 그곳을 떠나 한적한 시골 길을 걸으면서 온종일 《자애록》을 읽었습니다. 저는 이 책에서 놀랍고도 깊은 지식을 얻었으며, 이 책을 통해서 성찰하는 한편, 내심의 기도로써 하느님과의 일치를 체험했습니다. 그러나 편안히 앉아 독서할 거처가 없는 것은 마음 아팠습니다.

이즈음 저는 성경도 자주 읽었는데 전보다 훨씬 독서 능률이 높아진 느낌이 들었고, 많은 의문점도 풀어 갈 수 있었습니다. 이는 다분히 《자애록》을 읽은 덕분이라는 생각이 들었습니다.

생각해 보면 일찍이 거룩한 사부師父들도 실은 이《자애록》으로 성경의 오묘한 진리를 깨쳤을 것입니다. 실제로 저도 이 책의 지도를 받아 하느님을 보는 눈이 밝아졌다고 할 수 있습니다. 가령 예전과는 달리, 아래의 구절들이 의미하는 바를 어느 정도는 깨달을 수 있게 되었습니다.

"마음속에 감추어진 자신"(1베드 3,4)

"진실한 예배자들이 영과 진리 안에서 드리는 예배"(요한 4,23 참조)

"성령께서는 나약한 우리를 도와 대신 간구해 주십니다."(로마 8,26 참조)

"하느님의 나라는 너희 가운데에 있다."(루카 17,21)

"내 안에 머물러라."(요한 15,4)

"너의 마음을 나에게 다오."(잠언 23,26)

"주 예수 그리스도를 입으십시오."(로마 13,14)

"우리 마음 안에서의 성령과의 혼인"(묵시 22,17)

"아빠! 아버지!"(로마 8,15)

저는 우선 이러한 성경 구절의 의미를 이해한 다음, 마음속으로 기도했습니다. 그러자 제 주변의 자연이 지닌 다양한 매력이 느껴지기 시작했습니다. 꽃과 새, 풀과 나무, 하늘과 땅, 공기와 햇빛, 이 모든 것이 사람을 위해서 창조되었으며, 사람에 대한 하느님의 사랑을 증거한다는 생각이 들었습니다. 과연 우주의 모든 삼라만상은 창조주인 주님을 찬미하고 찬양하기 위해 존재하는 것이었습니다. 그러는 동안《자애록》에 나온, "피조물의 정신을 이해하게 된다."라는 말의 의미도 더 깊이 이해할 수가 있었고, 그와 동시에 '피조물과 대화하는 방법'에 대한 부분도 어느 정도 깨닫게 되었습니다.

하느님께서 산지기를 통해 베푸신 은총

이러한 깊은 사색에 잠긴 채로, 저는 사흘 내내 숲속에서 헤맸습니다. 그러니 점점 인가와 멀어지게 되었고, 유일한 식량이었던 빵도 다 떨어지고 말았습니다. 저는 두려움을 느끼며 '이러다가는 영락없이 굶어 죽겠구나.'라는 생각이 들었습니다. 그래서 즉시 마음으로 기도하기 시작했습니다. 그랬더니 제 마음이 순식간에 전처럼 안온해지고 새로운 기운이 솟아났습니다.

그로부터 잠시 동안 수풀을 헤치며 걷는데, 별안간 숲속에서 개 한 마리가 뛰쳐나왔습니다. 그 개를 손짓으로 부르자, 개는 바로 제 곁으로 와서 저의 옷자락에 매달렸습니다. 저는 이 개를 보고 하느님께 감사를 드렸습니다. 왜냐하면 이 개가 숲속에 있는 것으로 보아 근처에는 틀림없이 인가가 있거나, 이 개를 몰고 사냥하러 온 사냥꾼들이 있을 것이기 때문이었습니다.

'그렇다면 얼른 사람들을 만나서, 그들에게 식량을 얻어야겠다.'

저는 이런 생각을 하며 개의 재롱을 한동안 바라봤습니다. 제가 고심하는 동안에도, 개는 잠시도 가만있지를 않고 갖가지 재롱을 떨며 제 주위를 빙빙 돌더니, 이윽고 숲길을 따라 달리기 시작했습니다. 저는 그 개의 뒤를 쫓았습니다. 한참을 달려가던 개는 조그만 구멍으로 기어들어 가더니, 이윽고 머리 부분만 밖으로 내놓고 저를 향해 마구 짖어 댔습니다. 저는 커다란 나무줄기에 몸을 의지한 채 개가 하는 꼴을 멀거니 바라보고만 있었습니다.

바로 이때였습니다. 농부로 보이는 창백한 얼굴을 한 중년 남자가 나무 그늘을 헤치면서 나타났습니다. 그는 저를 보자 깜짝 놀라서 물었습니다.

"뭐하는 분이시기에 이런 숲속까지 와 계십니까?"

저는 대답 대신 이렇게 반문하며 그에게 가까이 다가갔습니다.

"그러는 당신은 왜 이런 곳에서 살고 계시는지요?"

그도 제게 다가오며 사람 좋은 얼굴로 웃었습니다. 알고 보니 그는 이 숲에 굴을 파 놓고 개와 더불어 살아가는 산지기인데, 얼마 후에 이 숲의 나무를 벌채하기로 해서 사전 답사차 이곳에 온 것이었습니다. 그는 친절하게도 자신이 사는 토굴로 저를 안내한 후 빵을 나누어 주었습니다. 저는 그의 친절에 감사를 깊이 표한 후, 그와 대화를 나누었습니다.

"마을을 완전히 벗어나 홀로 생활하신다니 참으로 부럽습니다. 저도 이런 생활을 꿈꾸었지만 그럴 기회를 가질 수 없었지요."

제 진심을 그에게 털어놓자, 그가 말했습니다.

"만약 당신이 이런 곳에 머물고 싶으시다면 제가 도와드리겠습니다. 여기서 조금 떨어진 곳에 이와 같은 토굴 하나가 더 있습니다. 그 토굴은 저보다 앞서 이 숲에서 산지기를 하던 사람이 살던 곳인데, 여기보다 허름하긴 하지만 지내는 데는 그다지 불편하지 않을 겁니다. 그리고 마을 사람들이 일주일에 한 번씩 저에게 빵을 배달해 주니까 음식을 걱정할 필요가 없고, 식수도 이 근처 지하수로 얻을 수 있으니 매우 안성맞춤이지요.

저는 이 숲속에서 빵과 물만 먹고 20년을 살아왔습니다. 하지만 이번 여름이 끝나고 가을이 되면 여기 이 나무들이 모조리 벌채될 것입니다. 그렇게 되면 여기에서 계속 지낼 수 없겠지요."

저는 산지기의 말을 듣고 몹시 기뻤습니다. 비록 오래 머물지는 못하겠지만, 여기서 지낼 수 있게 해 준 그에게 마음 같아서는 발아래 엎드려 감사하고 싶었습니다. 이는 정녕 하느님께서 제게 베푸신 은총이 아닐 수 없었습니다. 저는 속으로 하느님께 무한한 감사를 올렸습니다. 제가 그토록 소망하던 바가 이렇게 수월하게 이루어지리라고는 미처 몰랐기 때문입니다. 가을까지는 아직 네 달 정도 남았으니, 그 정도 기간이라면 침묵 속에서 즐거움을 누리며, 《자애록》에 대한 연구도 마음껏 할 수 있을 것이라고 생각했습니다. 그래서 저는 지체 없이 이 산지기의 친절을 받아들이고 한동안 토굴에서 살기로 마음먹었습니다.

산지기의 이야기

저는 이 다정한 산지기와 형제처럼 오랫동안 서로에 관한 이야기를 나누었습니다. 그가 먼저 자신의 이야기를 시작했습니다.

"저는 저희 마을에서 비교적 유복한 집안의 아들로 태어났습니다. 저희 집은 대대로 염색업을 했는데, 생계는 넉넉한 편이었습니다. 그러나 저의 천성이 착하지 못한 탓에 물건을 속여 팔거나, 하느님의 이름을 헛되이 부르거나, 이웃 사람들에게 이유 없이 욕을 하는 등 악행을 예사로 저질렀습니다. 심지어 저는 심한 술버릇까지 있었습니다.

그 무렵 저희 마을에는 성당에서 시편을 읊는 한 노인이 있었는데, 그 노인은 최후의 심판에 대한 책을 한 권 가지고 있었습니다. 그는 기회가 있을 때마다 믿음이 깊은 신자의 가정을 찾아다니면서 그 책을 읽어 주는 것을 업으로 삼았습니다. 그러면서 그 대가로 신자들에게 얼마간의 사례를 받곤 했는데, 술이라도 한잔 대접을 받는 날이면 그 집에서 밤을 새워 가며 책을 읽어 주었기에 많은 사람들이 그를 좋아했습니다.

저도 언젠가 그가 우리 집에 와서 책 읽는 광경을 지켜본

적이 있습니다. 책 읽는 그의 목소리엔 힘이 있었고, 신비감 마저 감돌았는데, 그가 읽은 책의 내용은 대체로 지옥의 고통, 죽은 이들의 부활, 하느님의 심판, 천사들의 모습, 지옥의 형벌, 지옥에서 죄인들끼리 벌이는 아귀다툼 등에 관한 것이었습니다.

저는 그 노인의 이야기를 듣는 동안 점점 공포에 질렸습니다. 속으로는 '나도 지금처럼 산다면 벌을 면할 수가 없겠구나!' 하는 생각이 들었습니다. 따라서 벌을 면하고 영혼을 구하기 위해서는 이제까지와는 다르게 살아야겠다고 결심했습니다. 그래서 저는 세속을 떠나기로 결심하고, 우선 제가 사는 집을 팔았습니다. 그러고는 마을을 떠나 산속으로 들어와 산지기가 되기로 마음먹었지요. 그리고 마을을 떠나올 때, 이웃 사람들에게 제가 먹고살 빵과 의복 등을 수시로 보내 달라고 부탁했습니다.

그들은 저의 청을 순순히 들어주었습니다. 그도 그럴 것이 제가 가진 모든 재산을 그들에게 나누어 주고 왔기 때문이지요. 이곳으로 들어온 지도 20년이 지났습니다.

저는 하루에 한 끼만 빵과 물로 해결하며 목숨을 이어 오면서, 매일 첫닭이 울 무렵부터 기도를 시작하여 다음 날까지 꼬박 밤을 새워 기도를 하는 일을 일과로 삼아 왔습니다. 성화 앞에 촛불 일곱 개를 밝혀 놓고, 무릎을 꿇은 채 기도하기를 게을리하지 않았습니다. 그리고 하루 종일 숲을 지킬 때는 약 30킬로그램짜리 쇠뭉치를 몸에 감고 걸었습니다. 이렇게 해서 저는 제 악습을 하나하나 고쳐 나갔습니다. 물론 술은 입에도 대지 않았고 성욕도 완전히 끊고 살았습니다.

그런데 처음에는 이러한 생활에 만족했는데, 이런 생활을 거듭하는 동안 저도 모르게 갖가지 번민에 사로잡히기 시작했습니다. 제가 이런 식으로 엄격한 생활을 한다고 해서 저의 죄를 보상할 수 있을까 하는 의심이 생겼기 때문입니다.

의심은 점점 늘어나서, '과거 그 노인에게서 들은 책의 내용이 사실과는 다르지 않을까? 죽은 사람이 다시 살아난다니 과연 사실일까?' 하는 의심까지 생겼습니다.

몇 백 년 전, 아니 몇 천 년 전에, 죽어서 땅속에 묻혀 썩어 문드러진 사람이 성한 몸으로 다시 살아난다는 말을 도무지 믿을 수 없다는 생각이 들기도 했습니다. 게다가 지옥이 있느니 없느니 하는 것을 누가 자신 있게 말할 수 있단 말입니까? 어쨌든 저승에서 돌아온 사람은 아무도 없고, 사람이란 죽어서 썩으면 그만인데…….

결국 '분명히 교황이나 그 밖의 사제들이 무식한 우리에게 겁을 주고 자기들에게 복종시키기 위해 그런 터무니없는 이야기를 꾸몄을 거야.'라는 생각까지 하게 되자, 제 마음은 걷잡을 수 없이 흔들리기 시작했습니다. 더 나아가 이런 생각도 들었습니다.

'세상 사람들은 나처럼 아무런 기쁨도 없이 그때그때 죽지 못해 살고, 온갖 괴로움에 시달리면서 살지. 그런데도 그 공로에 대해 사후에 아무런 보상도 없다면, 차라리 이 세상을 더욱 쉽고 편하게 살기 위해 수단과 방법을 가리지 않고, 쾌락을 즐기며 사는 것이 현명하지 않을까?'

솔직히 고백합니다만, 요즘 저는 이런 생각에 사로잡혀 어찌할 바를 모르고 있습니다. 그래서 생각 끝에 이 숲속에서 고독하고 괴롭게 사는 삶을 청산하고 본업으로 돌아가려고 합니다."

저는 산지기의 말을 듣고 큰 동정심이 생겼습니다. 그러고는 이런 생각에 잠겼습니다.

'상류층이나 지식인들은 신앙을 버리고 무신론자가 되는 경우가 많지만 농민들은 그렇지 않은데, 이제는 이런 농민들까지도 무신론적인 사고를 하다니 참으로 안타깝구나. 이 사람이 마귀에 사로잡혀 있다는 것은 참으로 분명해 보이는데, 그렇다면 마귀는 신분 여하를 막론하고 언제 어디서든지 쉽게 덤벼든다는 말이 아닌가? 그러면 생각이 단순한 사람일수록 더욱 쉽게 악에 물들게 될 텐데 큰일이구나. 영혼의 적인 악마에게 대항하기 위해서는 무엇보다도 하느님의 말씀으로 무장하고 그 말씀으로 스스로를 굳건하게 해야 할 텐데.'

그래서 저는 이 산지기의 가련한 영혼에 도움의 손길을 줘야겠다고 생각하고 배낭에 넣어 둔 《자애록》을 꺼내서 에지키오 복자의 글이 실린 부분을 펼쳐 읽어 주고, 그 내용을 자세히 설명해 주었습니다.

"하느님의 벌을 두려워하는 마음 없이는 죄를 피하고자 하는 마음이나 그 태도가 완전할 수 없고 또한 아무런 효과도 없습니다. 죄가 되는 생각에서 자신을 지키려면 언제나 자신에 대해 단단히 경계해야 하며, 정결한 마음을 지니도록 힘써야 합니다. 그리고 이러한 일은 내심의 기도를 통해서만 실천할 수 있습니다."

그러고는 다음과 같은 말을 덧붙였습니다.

"내심의 기도 없이 하는 행동은 지옥에 대한 두려움뿐만 아니라 천국을 얻으려는 욕망 때문에 하는 것이라고 해도, 삯꾼의 행동과 다를 바가 없고, 노예로서의 가치밖에 없다고 성인들은 말씀하셨습니다. 우리들은 삯꾼도 노예도 아니며 하느님의 자녀들입니다. 따라서 하느님의 자녀로서 믿음과 사랑으로 거룩한 삶을 살아가야 하며, 하느님께 가까이 가려고 애써야 합니다. 그래야만 주님과의 완전한 일치를 마음과 영혼으로 즐길 수 있게 되는 것입니다.

이렇게 되려면 설령 자기 생활이 아무리 괴롭고 비참하더라도 늘 하느님께 감사하고 예수님께 기도하는 마음을 잊지 말아야 합니다. 아무리 사소한 잘못이라도 그것이 죄의 원인이 된다는 것을 깨닫고, 내 마음의 원수인 악한 생각으로부터 자신을 지키도록 힘써야 합니다. 따라서 당신도 저와 함께 부디 '예수 기도'를 실천에 옮기도록 힘쓰세요.

그렇게만 한다면 머지않아 당신도 이 기도의 보람을 체험하게 될 것이고, 그러면 지금까지 믿음이 부족한 당신의 마음도 먹구름이 걷히듯 활짝 걷힐 것입니다. 예수님을 향한 믿음과 사랑이 당신의 마음을 사로잡아 당신의 마음을 기쁨으로 충만하게 할 테니까요. 또한 당신은 틀림없이 부활을 의심하지 않게 될 것이고, 최후의 심판에 대한 그분의 뜻도 충분히 이해하게 될 것입니다.

기도는 틀림없이 당신의 마음을 충만하게 하고 온갖 의혹을 물리치게 할 것이며, 당신에게 두터운 신앙심과 감사의 마음을 불러일으킬 것입니다."

여기까지 말한 저는 그를 위해 '예수 기도'를 하는 방법을 자세히 설명해 주고, 아울러 성경 말씀도 되도록 상세하게 풀이해 주었습니다. 그랬더니 그 산지기는 제 말에 열심히 귀를 기울이기도 하고 더러는 마음에 새겨들으며 진지한 태도를 취했습니다. 마침내 대화가 끝난 후, 그와 헤어진 저는 만족한 마음으로 저의 거처로 정해진 토굴로 돌아갔습니다.

기적을 통한 스승님의 가르침

'하느님! 제가 이 토굴의 문턱을 넘어설 때, 어떠한 기쁨, 어떠한 위안, 어떠한 황홀감을 느꼈는지 하느님은 잘 아실 것입니다. 저의 이 거처는 마치 기쁨이 충만한 화려한 궁전 같사옵니다.'

처음 이 토굴에 들어섰을 때 너무나 기뻐서 눈물을 흘리며 하느님께 감사드렸습니다. 그리고 이제부터 이런 조용한 분위기와 평화 가운데서 열심히 공부하는 데 장애가 없도록, 제 머리를 맑게 해 달라고 하느님께 기도드렸습니다.

그러고는 《자애록》을 펼쳐 놓고 정성을 다하여 처음부터 읽기 시작했습니다. 읽으면서 이 책에 담긴 지혜와 성덕과 깊이를 하나하나 이해하는 데 온 마음을 쏟았습니다. 그러나 이 책은 너무 많은 내용을 다루었기 때문에 도저히 다 이해할 수는 없었고, 내심으로 하는 자발적이고 끊임없는 기도도 제대로 해낼 수가 없었습니다. 그렇지만 바오로 사도를 통해서 주신 하느님의 명령을 그대로 따르고 싶은 마음은 더욱 간절했습니다.

"여러분은 더 큰 은사를 열심히 구하십시오."(1코린 12,31)
"성령의 불을 끄지 마십시오."(1테살 5,19)

그러나 아무리 궁리해 보아도 무엇을 어떻게 해야 할지 그 방법이 도무지 떠오르지 않았습니다. 아시다시피 저의 머리는 무디고 이해력도 몹시 부족했기 때문입니다. 그렇다고 누군가에게 도움을 청할 수도 없는 처지라, 기도로써 주님께 의탁하는 것밖에 달리 방법이 없었습니다. 그래서 저는 잠시도 쉬지 않고 온종일 기도했습니다.

그 결과 저의 흔들리는 마음은 서서히 가라앉았습니다. 그러고는 깊은 잠에 빠져들었습니다. 저는 곧장 꿈을 꾸었는데, 꿈속에서 저는 스승님의 골방으로 찾아갔습니다. 그랬더니 스승님은 전과 다름없이 《자애록》에 대해 여러 가지로 설명해 주셨습니다.

"이 책은 지혜로 가득 차 있는 성스러운 책이며 하느님의 감추어진 계획에 대한 교훈이 실린 신비로운 보물입니다. 하지만 이 책을 모조리 다 읽는다고 해서 그것을 다 이해했다고는 말할 수 없습니다. 이 책을 읽는 사람의 역량에 따라 다르기 때문입니다. 어떠한 이는 이 책에 실린 금언을 발견할 것이고, 또는 그 안의 격언을 이해할 수도 있을 것입니다. 그렇지만 당신처럼 단순한 사람은 이 책에 쓰인 내용을 모조리 이해하려고 무리할 필요는 없습니다. 이 책의 순서는 신학에 기초하고 있습니다. 그래서 이 책의 도움으로 내심 기도를 하고 싶다면 다음의 순서를 지켜야 합니다.

첫째로, 니체포로 복자가 말한 부분을 읽어야 합니다.

둘째로, 시나이의 그레고리오 성인의 짧은 장만 빼놓고 나머지 전부를 읽으십시오.

셋째로, 시메온 성인이 쓴 기도의 세 가지 양식과 신앙론을 읽으십시오.

마지막으로, 갈리스토 성인과 이냐시오 성인의 글을 순서대로 읽어 가야 합니다.

위에서 제가 언급한 글에는 누구나 쉽게 할 수 있는 내심의 기도에 관한 교훈이 풍부하면서도 완전하게 실려 있습니다. 더 이해하기 쉬운 글을 보고 싶다면 마지막 부분에 있는 콘스탄티노폴리스의 총대주교인 갈리스토 성인의 기도를 요약한 본보기를 보십시오."

스승님의 설명은 참 자상했습니다. 그래서 저는 《자애록》을 손에 들고 스승님이 말씀하신 부분을 찾아보았지만 좀처럼 찾을 수가 없었습니다.

그러자 스승님은 책장을 들추면서 또 말씀하셨습니다.

"자, 보십시오. 바로 여기입니다. 나중에 찾기 쉽도록 표시를 해 드리겠습니다."

그러고는 땅에서 숯덩이를 하나 주워, 그 구절이 적힌 장 왼쪽 옆에 줄을 그어 주셨습니다. 그래서 저는 스승님의 가르침에 감사드리며, 할 수만 있다면 스승님이 하신 말씀을 하나도 빼놓지 않고 자세히 기억하겠다고 마음먹었습니다.

이성, 감각, 지각에서 드러나는 기도의 효험

잠시 후 저는 꿈에서 깨어났습니다. 밖을 내다보니 대지는 아직도 어둠에 싸여 있었습니다. 그래서 저는 그냥 자리에 누운 채, 꿈에서 본 기억을 더듬으며 스승님이 하신 말씀을 되새겼습니다. 그러고는 곰곰이 생각해 보았습니다. 지난밤 꿈에 나타난 사람이 정말 돌아가신 스승님의 영혼인지 아니면 제가 환상 속에서 그분을 뵌 것인지에 대한 판단은 오직 하느님만 하실 것입니다. 그러나 제가 그동안 줄곧 《자애록》을 손에 쥘 때마다 스승님에 대해 생각해 온 것만은 사실입니다. 그래서 깨어나서도 한동안 스승님의 환상을 열심히 좇으며 머리맡에 둔 책을 더듬어 보았습니다. 그랬더니 놀랍게도 간밤에 덮어 두었던 그 책이 펼쳐져 있었고, 꿈속에서 스승님이 말씀하신 그 구절 옆에 숯으로 그은 검은 자국이 선명하게 있었습니다. 이러한 사실을 확인한 저는 소스라치게 놀랐습니다. 그리고 이렇게 외칠 수밖에 없었습니다.

"기적이다! 이건 기적이야!"

저는 한동안 이러한 사실 앞에 넋을 잃고 앉아 있었습니다. 그리고 제가 환상을 본 것이 아니라, 스승님이 실제로 발현하신 것임을 굳게 믿었습니다.

이러한 믿음 덕분에 저는 다시 《자애록》을 열심히 읽을 수 있었습니다. 우선 스승님이 지적해 주신 내용을 거듭 읽었습니다. 그랬더니 불현듯 힘이 솟아올랐습니다. 그리고 그 내용을 죄다 실천에 옮겨 보고 싶다는 의욕으로 가슴이 불타올랐습니다. 그뿐만 아니라 내심으로 하는 기도의 의미와 그 기도 방법까지 저절로 터득하는 지혜도 함께 얻게 되었습니다. 즉,

이 기도를 어떻게 해야 기쁨을 얻어 누릴 수 있는지, 그리고 이러한 기도의 힘이 어디서 오는지 확실히 분별할 수 있는 힘이 생긴 것입니다.

저는 무엇보다도 시메온 성인의 교훈에 따라 심장의 자리를 발견하려고 애썼습니다. 즉 눈을 감고 제 시선을 심장 쪽으로 향하게 하여, 심장의 고동 소리를 주의 깊게 듣는 방법을 이용했습니다. 저는 이런 방법을 하루에도 여러 번 반복했습니다. 그렇게 한 결과, 처음에는 암흑과 같았던 제 마음의 눈이 서서히 열려 희미하게나마 심장이 보였고, 점차 그 심장의 움직임이 크게 보였습니다. 이렇게 되자 저는 시나이의 그레고리오 성인과 갈리스토 성인과 이냐시오 성인의 가르침대로 호흡에 맞춰서 심장 안에 '예수 기도'를 넣었다 빼냈다 하는 방법도 쉽게 익힐 수 있었습니다.

이러한 방법을 익히기 위해서 저는 의식적으로 제 심장을 들여다보면서 숨을 들이쉬고는 "주 예수 그리스도님" 하고 외치고는 숨을 그대로 가슴에 머물게 했으며, 잠시 뒤에 "저에게 자비를 베푸소서." 하면서 숨을 내쉬었습니다. 이러한 동작을 처음에는 한두 시간 동안 되풀이하다가 그 동작이 익숙해지자, 나중에는 거의 온종일 되풀이하기에 이르렀습니다. 물론 피로하고 권태로운 생각이 아예 없지는 않았지만,

그럴 때마다 즉시 《자애록》을 펴 들고 심장의 작용에 대한 글을 읽었습니다. 이렇게 글을 읽을 때마다 저의 마음은 기도하는 열성으로 가득 채워졌습니다.

이러다 보니 처음 3주가 지나기 전까지는 심장에 다소 고통이 느껴졌지만, 그 후부터는 차차 고통도 사라지고, 마음은 더없이 평온하고 아늑해졌습니다. 저는 기쁜 마음으로 점점 더 기도에 열을 올렸으며, 그럴 때마다 저의 심장과 마음 속에는 새로운 감각이 솟구쳐 올랐습니다. 어떤 때에는 심장이 크게 뛰는 느낌이 들었고, 그럴 때마다 거의 정신을 잃을 지경이 되기도 했습니다. 그리고 이 같은 황홀한 기쁨은 주님을 향한 감사로 변해 저를 안절부절못하게 했습니다. 감사가 눈물로 변해 쉴 새 없이 흘러내려 옷깃을 흥건히 적셨습니다. 그러고 나면 마음이 가을 하늘처럼 맑아져서 전에는 상상할 수 없었던 일까지 낱낱이 꿰뚫어 볼 수 있었습니다. 그래서 어떤 때는 예수 그리스도의 이름만 불러도 알 수 없는 기쁨이 턱에 와닿고, "하느님 나라는 너희 가운데에 있다."(루카 17,21)라고 하신 주님의 말씀을 실감하게 되었습니다.

저는 이런 은총 가운데 끊임없이 내심의 기도를 바침으로써 그 기도의 효험이 이성과 감각과 지각을 통해서 두루 나타난다는 사실을 깨달았습니다. 예컨대, 이성을 통해서 하느님 사랑의 감미로움, 마음의 안정, 정신의 황홀함, 생각의 순결함, 하느님을 향한 마음의 찬란함을 깨달을 수 있었습니다. 또한 감각을 통해서는 심장의 유쾌한 열기와 기쁜 소용돌이, 온몸을 꽉 채우는 아늑함, 생명의 경쾌함과 활달함 등을 느낄 수 있었습니다. 그리고 지각을 통해서는 이성의 깨우침, 성경과 모든 창조물의 언어의 이해, 감미로운 의식의 일깨움, 하느님의 현존과 인간에 대한 그분의 지극한 사랑 등을 깨달을 수 있었습니다.

저는 이러한 정신 수업을 통해서 얻은 무한한 행복 속에서 홀로 다섯 달을 보내며, 심장으로 하는 기도에 완전히 자신을 얻게 되었습니다. 저는 의식이 있을 때뿐만 아니라 심지어 잠이 들었을 때에도 제 정신과 마음을 움직여, 끊임없이 기도를 바칠 수 있게 되었습니다. 말하자면 기도는 제 생활의 한 부분이 된 셈이지요. 이러한 경지에 이른 저는 온통 솟구치는 기쁨과 하느님에 대한 감사의 마음을 금할 길이 없었습니다.

시간이 흐른 뒤, 드디어 벌목할 때가 왔습니다. 벌목꾼들이 한꺼번에 이 숲으로 들이닥쳤기 때문에 저는 할 수 없이 조용하고 아늑했던 거처를 떠나야만 했습니다. 그래서 저는 산지기에게 그동안 신세를 진 것에 대해 감사의 뜻을 전하고, 주님이 제게 마련해 주셨던 이 땅에도 감사의 입맞춤을 한 다음, 서둘러 배낭을 메고 그곳을 떠났습니다.

그 후로 저는 '이르쿠츠크'에 도착할 때까지 꽤 여러 곳을 떠돌아다녔습니다. 그동안 많은 일이 있었지만, 심장으로 기도하는 법을 배워 익힌 덕분에 제 마음은 언제나 평온하고 즐거웠습니다. 어떠한 고통이나 시련도 제 마음을 약하게 만들지는 못했습니다. 제가 설령 어떤 일에 얽매어 있더라도, 기도는 제 심장 안에서 스스로 작동했고, 그로 인해 저는 어떤 일이든지 더 능률적으로 할 수 있었습니다. 그뿐만 아니라 남에게 말을 건네거나 마음을 다해서 책을 읽을 때도 저의 기도는 조금도 방해받지 않게 되었습니다. 말하자면, 저는 하나의 몸에 두 개의 영혼을 갖고 두 가지 일을 동시에 처리하는 사람과 같았습니다. 그러니 제가 어찌 주님을 찬미하지 않을 수 있겠습니까.

"아! 하느님! 당신이 창조하신 인간이란 얼마나 신비롭고 위대합니까?"

늑대를 이긴 묵주

"주님, 당신의 업적들이 얼마나 많습니까! 그 모든 것을 당

신 슬기로 이루시어 세상이 당신의 조물들로 가득합니다."(시편 104,24)

저는 순례하는 동안 이곳저곳에서 괴상한 일을 꽤 많이 겪었습니다. 그것을 모두 이야기할 수 없기에 그중 한 가지만 이야기하겠습니다.

어느 겨울날 해 질 무렵이었습니다. 그때 저는 서둘러 숲을 지나 거기서 2킬로미터가량 떨어진 어떤 마을에서 하룻밤을 쉬려고 발길을 재촉하고 있었습니다. 그런데 느닷없이 큰 늑대 한 마리가 숲속에서 튀어 나와 저에게 덤벼들었습니다.

그때 저는 언제나처럼 스승님이 주신 실묵주를 손에 쥐고 있었는데, 그 묵주를 쥔 채 제게 달려드는 늑대를 밀어내려고 했습니다. 그런데 갑자기 제 손에 있던 묵주가 늑대의 목에 휘감겨 버렸고, 그 찰나, 늑대의 육중한 몸이 뒤로 벌렁 나자빠지는가 싶더니 뒷다리가 가시덤불에 걸려 버둥대는 꼴이 되었습니다. 참 어이없는 노릇이었습니다. 묵주의 한쪽 끝은 나뭇가지에 걸려 있었고, 반대쪽은 늑대의 목에 감겨 있었습니다. 그래서인지 늑대는 자빠진 채 영 일어나지 못했습니다. 참으로 묘한 광경이었습니다.

저는 서둘러 늑대 곁으로 다가가 성호를 긋고 묵주의 한쪽 끝을 손으로 잡아당겼습니다. 그러자 늑대의 목에 감겨 있던 묵주가 제 손에 들어왔고, 나자빠졌던 늑대는 간신히 몸을 일으키더니 놀란 눈으로 저를 한 번 힐끗 쳐다보고는 쏜살같이 숲속으로 달아나 버렸습니다. 참으로 희한한 일이었습니다. 묵주 하나로 맹수를 이기다니!

저는 이렇게 기적 같은 경험을 하고서 더 커지는 하느님을 향한 믿음과 스승님에 대한 감사의 정을 누를 길이 없었습니다. 아무튼 숲속에서 이런 변을 겪고 난 그날 밤, 가까운 마을의 여인숙에서 묵게 되었습니다.

그런데 제가 묵으려던 여인숙에는 두 나그네가 먼저 와서 자리를 잡고 있었습니다. 그중 한 사람은 나이가 지긋한 노인이었고, 또 한 사람은 체격이 큰 중년 남자였는데, 외모로 보아 매우 신분이 높은 사람들 같았습니다. 그래서 저는 이 여인숙의 마부에게 그 두 사람에 대해 물어보았습니다. 마부는 이들 중 나이가 많은 사람은 교사이고, 다른 한 사람은 법원에서 근무하는 관리라고 했습니다. 그러니까 이 두 사람은 제가 앞서 짐작한 대로 사회적으로 지위가 있는 이들이었던 것입니다.

이윽고 밤이 되었습니다. 저는 집주인에게 얻은 바늘과 실로 낮에 늑대와 실랑이하며 끊어졌던 묵주의 줄을 꿰매고 있었습니다. 저의 그런 모습을 유심히 보던 법원 관리가 익살스러운 표정으로 말을 걸었습니다.

"여보게, 자네 묵주가 끊어진 걸 보니 어지간히도 묵주에게 굽실거렸나 보군!"

그러면서 그는 호탕하게 웃었습니다. 그래서 저는 일손을 잠시 멈추고 그를 쳐다보며 말했습니다.

"이건 제가 망가뜨린 것이 아니라 늑대가 장난을 친 것입니다."

그러자 그가 또다시 빈정거렸습니다.

"저런, 늑대도 묵주 기도를 꽤나 열심히 바친 모양일세!"

그러면서 또 깔깔거리며 마구 웃어 댔습니다. 그러나 저는 웃지도 않고 침착한 표정으로 계속 묵주 줄을 꿰매면서 숲속에서 있었던 일과 묵주가 저에게 얼마나 소중한 것인지 설명해 주었습니다. 그랬더니 아까의 법원 관리가 웃으면서 제 말을 되받았습니다.

"당신 같은 광신자들은 으레 기적을 운운하면서 남을 곧잘 속여 먹지! 그래, 그 묵주에 무슨 신통력이라도 있나 보지? 늑대가 보기 좋게 고꾸라지게?"

그는 또다시 이렇게 빈정대며 도무지 제 말을 받아들이려 하지 않았습니다.

기적에 대한 시비

이때, 묵묵히 우리의 대화를 듣고 있던 교사가 제 편이 되어 법원 관리에게 점잖은 태도로 말했습니다.

"너무 경솔하게 말씀하시는 것 같습니다. 저는 그러한 기적은 능히 일어날 수 있다고 알고 있습니다. 물론 그런 일이 현실적으로는 불가능하겠지만, 영적인 안목으로 볼 때는 조금도 이상할 것이 없습니다. 왜냐하면 그 기적 이야기에는 감각적인 면과 영적인 면이 들어 있기 때문입니다."

교사의 말에 법원 관리는 정색을 하며 물었습니다.

"감각적인 면과 영적인 면이 있다니 무슨 소리요?"

"설명을 해 드리지요. 당신도 비록 전문적인 교리를 배운 적은 없더라도 어릴 적에 성경을 배운 적이 있지 않습니까? 그 내용을 유심히 훑어보면 인류의 원조인 아담이 죄가 없는 상태에 있을 때에는 모든 동물들이 그에게 고분고분 순종했습니다. 동물들은 모두 아담을 두려워하고 아담의 말이라면 무엇이든지 다 들었지요. 그러자 아담은 그 동물들에게 각각 이름을 지어 주고 자신을 잘 따르도록 훈련시켰습니다.

이 청년이 말한 이 묵주의 본래 주인인 그 스승님도 말하자면 죄에 물들지 않았던 시절의 아담 같은 분이었을 것입니다. 그리고 묵주에는 그 묵주를 쥔 사람의 손과 몸에서 발산되는 영적 에너지가 깊이 스며들어 있기 때문에 그 에너지가 묵주를 통해 다른 사람에게 전달될 수 있습니다. 그러면 그 즉시 그 사람이 가지고 있는 죄의 힘을 누그러뜨릴 수도 있게 됩니다. 이것이 바로 영적 에너지의 불가사의지요. 그리고 동물들은 이 영적 에너지를 냄새로 느낍니다. 이것이 바로 감각적 자연의 불가사의입니다."

비스듬히 누워 교사의 말을 건성으로 듣고 있던 법원 관리가 또다시 말꼬리를 물고 늘어졌습니다.

"여보시오, 그걸 말이라고 하시오? 당신네 같은 학자들의 입에서 나오는 말이란 다 허황된 것뿐, 우리처럼 단순하게 사물을 보지 못한단 말이오. 그런 허튼 소리할 시간이 있거든 술이나 마시는 게 어떻겠소? 그러면 정신이 바짝 나고 힘도 생길 테니 말이오."

이 법원 관리는 여전히 이렇게 빈정대며 저와 교사를 번갈아 놀렸습니다. 그러나 교사는 시종 진지한 태도로 그를 측은하게 바라보며 말했습니다.

"그건 당신의 그릇된 판단이지요. 그러니까 조금 더 겸손한 마음으로 우리가 하는 말을 알아듣도록 노력해 보시오."

그래도 그는 아예 귀를 막고 우리의 말에 귀를 기울이려

하지 않았습니다. 저는 부득이 그 사람을 제쳐 놓고 그 교사에게만 속삭이듯 말했습니다.

"참 좋은 말씀을 들었습니다. 선생님의 말씀이 제게 얼마나 힘이 되고 위안을 주었는지 모릅니다."

저는 그 교사에게 감사를 표하고 제가 체험한 일들, 특히 스승님에 관한 이야기와 꿈에 스승님이 나타나 이러저러한 가르침을 주셨다는 이야기 등을 자세히 말했습니다. 제가 이런 이야기를 하는 동안 그는 매우 겸손한 태도로 자주 고개를 끄덕였지만, 제 말을 옆에서 흘려듣던 법원 관리는 자리에서 벌떡 일어나 투덜거렸습니다.

"성경을 탐독하는 놈치고 미치지 않은 놈이 없다더니, 그게 사실인가 봐. 그렇지 않다면 당신은 아닌 밤중에 도깨비를 만난 셈이지. 누가 죽은 사람의 혼이 와서 책에다 줄을 쳐 놓고 갔다는 허황된 말을 믿나? 그 책에 숯으로 줄이 쳐져 있다면 그것은 당신이 책을 보다가 그 책이 숯 위로 잘못 떨어져 우연히 줄이 쳐진 거겠지. 그걸 갖고 기적이니 뭐니 떠드는 게 가소롭다고. 또 그런 말을 곧이곧대로 듣는 선생도 똑같은 무리지 뭐야!"

법원 관리는 이렇게 떠들다가 제풀에 지쳐 벽 쪽으로 돌아눕더니 금세 코를 골며 잠들어 버렸습니다. 저는 하도 어이가 없어 한동안 말을 못 하다가 교사를 돌아보며 말했습니다.

"선생님은 제 말을 믿으시겠지요. 자, 여기 이것을 보십시오. 분명히 줄이 그어져 있지 않습니까?"

이렇게 말하면서 저는 배낭에서 《자애록》을 꺼내 눈앞에 펼쳐 보였습니다.

"정말 그렇군요!"

그는 제가 내민 책에서 줄 친 부분을 자세히 살피다가 감탄하는 어조로 말한 후, 다시 말을 이었습니다.

"이것이야말로 영적인 불가사의인데 어떻게 이런 일이 일어나는지 설명해 드릴 테니 들어 보겠습니까?"

이렇게 말하고는 제 표정을 살핀 다음, 천천히 말을 이어 갔습니다.

"신령들이 육체를 취하고 사람들 앞에 나타날 때에는 사람들 눈에 빛과 공기로 보이게 만듭니다. 그런 다음, 신령들은 자신이 죽기 전의 육체의 요소를 다시 재구성하는 것이지요. 즉 공기란 본래 탄력이 있기 때문에 공기를 걸쳐 입은 영혼은 생시와 똑같이 행동하거나 손에 물건을 쥘 수가 있는 것입니다."

여기까지 말한 그는 바닥에 내려놓았던 《자애록》을 집어 들고 여기저기를 펼쳐 보다가 시메온 성인이 논설한 부분을 발견하고는 말했습니다.

"아하, 이 책은 신학을 바탕으로 하는 책이군요. 정말 희귀한 책입니다."

그러면서 책에서 눈을 떼고 저를 유심히 쳐다보기에, 이 책에 대해 설명하기 시작했습니다.

"선생님 말씀이 맞습니다. 이 책으로 말할 것 같으면, 심장으로 하는 내심 기도가 그 핵심을 이룬 책입니다. 그리고 이 책에는 그런 기도에 관한 스물다섯 분의 교부들이 하신 말씀이 상세히 수록되어 있습니다."

책에 대한 설명에 그는 고개를 끄덕이며 말했습니다.

"아! 내심으로 하는 기도 말인가요? 저도 그에 대해 조금은 알고 있습니다."

그의 예사롭지 않은 말이 저에게는 다시없는 기쁨으로 다가왔습니다. 그래서 저는 그에게 존경의 뜻을 표하면서 제발 알고 있는 것을 자세히 가르쳐 달라고 청했습니다. 그는 제 청을 흔쾌히 받아들이면서 입을 열었습니다.

"그럼 제가 아는 대로 말씀드리지요. 성경에 보면 '사실 피조물은 하느님의 자녀들이 나타나기를 간절히 기다리고 있습니다.'(로마 8,19)라는 구절이 있습니다. 이런 인간의 간절한 소망이 다름 아닌 내심 기도인 것입니다. 마음만 있다고 이 기도를 누구나 배울 수는 없습니다. 왜냐하면 본시 사람이란 그러한 기도를 바치기 어렵게 되어 있기 때문입니다."

이렇게 말하는 그의 말에는 힘이 있었습니다. 그래서 저는 그에게 다시 물었습니다.

"그렇다면 그런 기도는 어떻게 하는 것이 가장 좋은 방법입니까? 그리고 그 방법을 통해 누릴 수 있는 기쁨은 과연 어떠한 것입니까?"

그러나 그는 그 점에 대해서는 자신 있는 답변을 회피하면서 이렇게 말했습니다.

"저도 이에 대한 확실한 방법이나 그에 따르는 기쁨은 모릅니다. 그러나 내심 기도가 우리에게 매우 유익하다는 사실만은 자신 있게 말씀드릴 수가 있습니다."

저는 이 말에 조금 실망했습니다. 그리고 그에게서 더 많은 전문적인 지식을 얻을 수 없겠다는 생각이 들어 그만 말문을 닫고 말았습니다. 저의 이러한 생각을 알기나 한 듯 그는 연필을 꺼내 제가 가지고 있는 책의 이름을 수첩에 적고는 말했습니다.

"나도 당신처럼 이 책을 구해서 열심히 읽겠습니다. 그리고 우리 훗날에 다시 만나 이 이야기를 나눕시다."

여기서 우리는 대화를 끝맺고 잠을 청했습니다.

다음 날 아침, 저는 일행과 헤어져 홀로 순례의 길에 올랐습니다. 그리고 저는 마음속으로 이렇게 좋은 사람을 만나게 해 주신 하느님께 깊은 감사를 드렸습니다. 그리고 법원 관리에게도 더욱 돈독한 신심을 불어넣어 주시기를 기도드렸습니다.

거절할 수 없는 신부님의 부탁

순례를 하는 동안 세월은 흘러 순식간에 겨울이 가고 또 봄이 돌아왔습니다. 저는 그해 봄에 어느 큰 마을의 성당에 갔다가 그곳에서 사목하는 신부님을 만났습니다. 그분은 사제관에서 혼자 살고 계셨는데 저는 그분의 호의로 사흘 동안 그곳에서 머물렀습니다. 그동안 신부님은 저의 이모저모를 훑어보고 저의 사람됨을 살피신 다음, 제가 당신 곁에 아주 머물러 주기를 부탁하셨습니다.

"그동안 줄곧 내가 자네를 지켜보았는데 참 나무랄 데 없는 청년이라는 생각이 든다네. 내 욕심만 부려 미안하네만 여기서 나와 함께 있어 주게나. 그 대신 보수도 넉넉히 주고 잠자리도 따로 마련해 주겠네. 보다시피 나는 지금 성전 건립에 온 신경을 쏟고 있는데, 내 옆에서 나를 도와줄 사람이 꼭 필요한 형편이라네. 혼자서 건축 감독하랴 건축비를 거둬들이

랴 눈코 뜰 새가 없지. 그러니 자네가 여기 남아서 건축비를 징수하는 일을 좀 맡아 주게나. 그 일을 아무에게나 맡길 수가 없어서 그렇다네. 마음이 곱고 양심적인 사람이 그 일을 맡아야 하는데 보아하니 자네야말로 그런 일을 능히 해낼 수 있을 것 같네. 내 청을 거절하지 말고 여기에 남아 나와 함께 일해 주게. 오래 머물 수 없거든 적어도 성전 건립이 끝날 때까지만이라도 나를 도와주길 바라네."

저는 도저히 신부님의 부탁을 거절할 수 없어 그 일이 끝날 때까지만 이곳에 머물기로 마음먹었습니다. 그래서 그날로 이 성당에 저의 거처를 마련했습니다. 그런데 이렇게 되고 보니 제 기도 생활에는 많은 지장이 생겼습니다. 평일에 제가 맡은 업무 말고도 여러 가지 잡다한 일을 돌봐야 했고, 특히 주일이나 축일 같은 때에는 많은 신자들 틈에 끼어 시달려야 했습니다. 그런데다가 제가 《성경》과 《자애록》을 열심히 읽고 있는 사실을 안 신자들은 저에게 여러 질문을 하거나 책의 내용에 대해서 꼬치꼬치 캐묻기까지 했습니다. 그래서 저는 정신적으로나 육체적으로 무척 시달리게 되었습니다.

그러던 어느 날이었습니다. 한 묘령의 처자가 가끔 성당에 나와 기도하는 모습이 눈에 띄었습니다. 그런데 그 처자의 기도를 옆에서 듣고 있노라면 더러는 엉뚱한 데가 있어 마음이 아팠습니다. 그래서 저는 어느 날 그 처자에게 물었습니다.

"누가 그런 기도를 가르쳐 주었습니까?"

그러자 그 처자는 머뭇거리며 대답했습니다.

"그저 어디선가 들은 기도를 따라 했을 뿐입니다."

이렇게 말하면서 자기 아버지는 이단 교파를 추종하는 교인이라고 털어놓았습니다. 저는 그 처자의 처지를 딱하게 여겨 교회에서 행하는 바른 기도에 관해 설명해 주었습니다. 특히 '주님의 기도'와 '성모송'에 대해 알기 쉽게 이야기하며, '예수 기도'를 열심히 바치라고 권고했습니다. 그리고 이런 기도가 구원을 얻는 데 도움이 될 것이라고 일러 주었습니다.

그 처자는 제 말을 열심히 듣더니 그때부터 열심히 기도하는 신자로 변해 갔습니다. 저는 긍정적으로 변한 그 처자의 모습을 볼 때마다 무한한 기쁨과 보람을 느꼈습니다.

이러는 동안 봄이 가고 여름도 막바지로 접어들었습니다. 그동안 저는 많은 사람들을 만났고, 그들이 청하는 여러 가지 일을 도와주었습니다. 책을 읽어 달라고 하면 책을 읽어 주었고, 기도하는 법을 가르쳐 달라고 하면 가르쳐 주는 등 어떤 요청도 거절하지 않았습니다. 나중에는 개인적인 소소한 걱정거리를 물어보거나 심지어 잃어버린 물건을 찾는 방법을 묻는 사람들까지 있었습니다. 그들은 저를 무슨 점쟁이나 마법사로 아는 모양이었습니다. 그럴 때마다 저는 매우 곤란한 처지에 놓이곤 했습니다.

게다가 설상가상으로 앞서 말한 처자의 일이 저를 괴롭혔습니다. 그 처자가 아버지의 명령에 못 이겨 마음에도 없는 이단 교인과 강제로 결혼해야 할 처지에 놓였기 때문이었습니다. 그러자 그 처자는 자꾸만 저를 찾아와 도움을 청했습니다.

"어떻게 하면 이 강제 결혼에서 벗어날 수 있을까요?" 하고 애걸을 하다가도 어떤 때는 "결혼할 바에는 차라리 멀리 도망치고 말겠어요." 하고 벼르기도 했습니다. 그래서 저는 그 처자를 붙들고 조용히 타일렀습니다.

"도망친다고 해결되는 일이 아닙니다. 더구나 여권도 없이 어디로 갑니까? 설령 도망을 친다 해도 언젠가는 붙잡히고 말 것입니다. 그런 허황된 생각을 버리고 하느님께 열심히 기도해서 아버지의 잘못된 생각을 꺾게 하고, 자신도 행여 이단이나 죄에 빠지지 않도록 하는 것이 좋을 듯합니다."

저는 될 수 있으면 그 마음을 돌려 보려고 애쓰는 한편, 어서 빨리 이곳을 떠나 마음의 평온을 되찾아야겠다고 생각했습니다.

다시 순례를 떠나기 위한 갈등

그래서 어느 날, 신부님을 조용히 찾아뵙고 저의 뜻을 밝히며 하직을 고했습니다.

"신부님께서는 저의 처지를 누구보다도 잘 알고 계십니다. 그동안 저는 신부님의 부탁대로 이곳에서 한여름을 났습니다. 그러나 요즘 저는 마음이 산란하고 자꾸만 분심과 잡념이 생겨 견딜 수 없습니다. 그러니 제발 제가 이곳을 떠날 수 있도록 허락해 주십시오."

그러나 신부님은 저를 한사코 놓지 않으려 하셨습니다.

"나는 자네가 여기 있는 것을 싫어한 적이 없을뿐더러, 자네가 하고자 하는 기도 생활을 단 한 번도 방해한 적이 없다네. 그러니 그런 생각은 접어 두고, 내 곁에 오래오래 있어 주게나. 자네는 매우 유능한 사람이고, 또한 이제 내게 매우 소중한 사람일세. 그리고 자네는 어느 누구보다도 착하고 고운 심성을 지녔지. 자네는 이미 내 마음을 사로잡았네. 나는 이제 자네 없이 아무것도 할 수가 없어. 그러니 제발 내 곁에 계속 있어 주게. 그렇게 하는 것이 자네 혼자서 기도하는 것보다 훨씬 이로운 일이라네. 하느님도 자네가 그렇게 하기를 원하실 걸세.

한번 생각해 보게나. 사람이 사람 사이에서 산다는 것이 얼마나 즐거운 일인가? 하느님이 사람을 만드실 때 결코 자신만을 위하라고 만들지 않으셨네. 서로서로 도와서 구원의 길을 가고 각자의 능력에 따라 남을 도우면서 살라고 만드신 게지. 과거의 성인들이나 교회의 교부들을 생각해 보게. 그분들은 주야로 교회를 위해 걱정하고 그를 위한 활동을 하며 사셨고, 평생 곳곳을 다니면서 강론을 하거나 사람들 속에서 시달리며 살다 가시지 않았는가?"

신부님은 저를 만류시키고자 장황하지만 진실에 찬 어조로 말씀하셨습니다. 그렇다고 해서 그분의 말씀에 순종할 형편이 아니어서, 저는 제 나름의 소신을 신부님께 털어놓았습니다.

"말씀은 고맙습니다만, 신부님! 사람에게는 다 개성이 있고 하느님은 그 사람의 개성에 따라 각자에게 알맞은 은총을 주셨습니다. 그리하여 세속에 머물면서 많은 사람들에게 좋은 본보기와 강론을 베푼 분도 계시지만, 이와는 반대로 홀로 은둔처를 찾아다니며 수덕으로 일생을 보낸 분도 계신 것이지요. 이렇게 볼 때 하느님께서 가르치신 길이 꼭 하나라고 단정할 수는 없습니다. 사회에서 베푸는 지위도 권세도 다 버리고 세상을 뒤로한 채 일생을 절제하고 극기하며 살다 간 성인은 또 얼마나 많습니까? 예를 들면 니네베의 이사악 성인, 아토스의 아타나시오 성인[12] 등이 다 그런 분이 아니었습니까? 저는 '사람이 온 세상을 얻고도 제 목숨을 잃으면 무슨 소용이 있겠느냐?'(마태 16,26) 하신 성경의 말씀대로 살고 싶을 뿐입니다."

"그렇지만 그들은 다 대大성인들이지 않은가."

신부님은 저의 말이 못마땅하신 모양이었습니다.

"물론 신부님 말씀대로 그분들은 대성인이었지요. 하지만 그런 분들이 세속을 꺼렸다면 저와 같은 미천한 죄인은 더더욱 그래야 하지 않을까요?"

뜻밖의 곤욕

다음 날, 저는 신부님의 강한 만류에도 불구하고 그곳을 떠나 또다시 순례의 길을 나섰습니다. 제가 그곳을 나와 맨 처음으로 다다른 곳은 어느 조그만 마을이었습니다.

그 마을에 도착했을 때 저는 그곳에 몹시 심한 병을 앓는 환자가 있다는 이야기를 들었습니다. 저는 즉시 그 병자를 찾아가, 그의 가족들에게 환자가 병자성사를 받을 수 있도록 빨리 신부님을 모셔 오라고 일러 주었습니다. 가족들은 제 말대로 사람을 시켜 신부님을 모시고 왔습니다. 저는 신부님이 그 병자에게 성체를 영해 주는 모습을 보고난 뒤 집 밖으로 나와 다시 걸음을 재촉했습니다.

이때 한 여성이 뒤따라오며 저를 소리쳐 불렀습니다. 걸음을 멈추고 뒤돌아보니 뜻밖에도 전에 성당에서 자주 만났던 그 처자였습니다. 그 처자는 저를 보자 다급하게 외쳤습니다.

"아시다시피 저는 결혼이 싫어서 이렇게 집에서 도망쳐 나왔습니다. 그러니 제발 저를 어디든지 데려가 주세요. 수도원이면 더욱 좋고요. 저는 이미 마음을 정했습니다. 수도원 같은 데서 '예수 기도'를 바치면서 혼자 살고 싶어요."

그녀의 목소리는 다급했고 어딘지 들뜬 표정이었습니다. 그러나 그 말을 들은 저는 오히려 침착하게 타일렀습니다.

"그건 절대로 안 됩니다. 이 근처에 제가 아는 수도원도 없을뿐더러, 설령 있다 해도 당신의 처지를 안다면 쉽게 받아 주지도 않을 것입니다. 게다가 여권도 없지 않습니까? 그러니 집으로 돌아가세요. 그것이 가장 좋은 방법입니다. 저를 따라간다 하더라도 머지않아 붙잡히고 말 것입니다."

저는 여기까지 말하고 숨을 한 번 돌렸다가 다시 말을 이었습니다.

"아가씨의 심정은 알겠지만 일을 그렇게 감정적으로 처리해서는 안 됩니다. 집으로 되돌아가서 기도하세요. 정 안 되면 절대로 결혼할 수 없는 이유를 아버지에게 말씀드려서 당신의 뜻을 펴 보세요."

제가 그녀 앞에서 이런 말을 하고 있을 때, 아니나 다를까 도망친 처자를 잡기 위해 급히 마차를 타고 온 네 명의 장정이 우리에게 달려들었습니다.

그중 한 사람은 그 처자를 붙들어다 마차에 태우고 나머지 세 사람은 저에게 달려들어 저를 포박하고는 억지로 마차에 태워 그들이 사는 마을로 끌고 갔습니다. 저는 몹시 억울했지만 그들의 손아귀에서 벗어날 재간이 없었습니다. 마을에 도착한 그들은 저를 마차에서 끌어내리며 말했습니다.

"이 성인 흉내를 내는 더러운 거지 녀석아, 죽도록 혼내 줄 테다!"

그들은 이렇게 지껄이면서 저를 끌어다가 마을에 있는 파출소의 유치장에 처넣고는 사라져 버렸습니다. 제가 꼼짝없이 유치장에 갇혀 있는데, 어떻게 알았는지 한동안 그 마을의 성당에서 함께 지냈던 신부님이 찾아오셔서 위로해 주셨습니다. 그리고 필요하다면 재판할 때 증인이 되어 줄 테니 안심하라면서 돌아가셨습니다.

이윽고 밤이 되자 저는 그들의 손에 이끌려 법정에 서게 되었습니다. 이때 재판관은 저와 그 처자의 아버지를 나란히 앉히고 차례로 신문했습니다. 재판관은 제일 먼저 그 처자의 아버지에게 질문을 던졌습니다.

"자, 에피파노 씨, 당신에게 묻겠소. 당신 딸이 집을 뛰쳐나갈 때에 가지고 나간 물건이 있소?"

그 처자의 아버지는 이 같은 재판관의 질문에 없다고 답했습니다. 그러자 재판관은 다시 그에게 질문했습니다.

"그렇다면 다시 묻겠소. 에피파노 씨, 여기 서 있는 이 젊은이가 당신 딸에게 무슨 나쁜 짓이라도 한 것을 봤소?"

이렇게 묻는 재판장의 음성에는 위엄이 서려 있었습니다. 이런 위엄 있는 질문에 처자의 아버지가 대답했습니다.

"사실만 말씀드리자면, 제 딸은 이 사람이 자신을 유혹했다고 말하지는 않았습니다. 그러나 이 젊은이 때문에 딸이 변심하여 도망쳤다는 것만은 확실합니다."

이 말을 듣자 재판관은 음성을 높여 말했습니다.

"거, 무슨 경망한 판단이오? 진상을 잘 알지도 못하면서 남을 의심하다니……. 자! 판결은 하나 마나요. 에피파노 씨, 당신 딸은 당신이 알아서 처리하도록 하되, 이 사람은 내가 알아서 처리할 터이니 그렇게 알고 물러가시오."

재판은 이렇게 싱겁게 끝났으나 그날 밤, 저는 유치장에서 하룻밤을 새우게 되었습니다. 그도 그럴 것이 저에게는 집이 따로 없는 데다가 그들이 저를 곱게 놓아주지 않았기 때문입니다. 그들은 저를 다시 유치장에 가뒀고 불법으로 심하게 매질까지 했습니다. 그러나 저는 그들을 원망하지 않았습니다. 아니, 오히려 그런 일이 생긴 것을 하느님께 감사드렸습니다. 솔직히 말해서 저는 이런 일 때문에 마음의 상처를 조금도 입지 않았습니다. 그래서 심하게 당한 육체적 고통도 오히려 낙으로 여겼고, 그들의 모욕도 오히려 저에게 베푸는 친절로 여기기까지 했습니다. 아무튼 저는 감사와 기도를 드리며 유치장에서 하룻밤을 자고, 날이 새자마자 그곳을 떠나왔습니다.

도중에 뜻밖에도 그 처자의 어머니를 만났는데 그분은 저를 따라오며 "당신 덕분에 이제 내 딸도 자유의 몸이 되었습니다."라고 말했습니다. 그리고 자기 딸이 그런 식으로 도망을 쳤기 때문에 상대편에서 먼저 파혼을 선언하여 일이 잘 해결되었다고 했습니다. 그러면서 감사의 뜻으로 많은 빵과 과자를 제 배낭에 넣어 주었습니다. 저는 속으로 그분에게 감사드렸습니다. 그리고 한결 가벼운 마음이 되어 걸음을 재촉했습니다. 그곳을 떠난 이후, 되도록 인가를 피해 걸었는데, 어느 날 밤에는 숲속에 있는 마른 풀 더미에서 잠을 청했습니다.

기적을 통한 스승님의 두 번째 가르침

저는 너무나 피곤해서 곧장 잠이 들었는데, 꿈속에서 《자애록》을 펼쳐 들고 안토니오 성인이 쓴 글귀를 읽다가 뜻밖에도 스승님을 만나 뵙게 되었습니다. 저는 무척 반가워하며 스승님께 인사를 드리려는데 스승님은 손으로 저의 행동을 가볍게 저지하면서 말씀하셨습니다.

"지금 읽는 부분 말고 여기를 읽어 보세요."

저는 스승님이 책장을 넘기며 가리키는 부분을 눈여겨보았습니다. 거기에는 '칼파토스의 요한'이라는 굵은 글씨가 쓰여 있고 그 밑으로 다음과 같은 구절이 있었습니다.

"제자란 가끔 불명예스러운 일을 당하기 마련이니, 이제까지 그대를 영적으로 도와준 사람들을 위해서 그 모든 시련을 참고 견뎌 내라."

저는 속으로 스승님이 왜 이런 구절을 읽으라고 하셨는지 알 것만 같았습니다. 스승님은 또 다른 장도 읽어 보라고 가르쳐 주셨는데, 거기에는 이런 말이 쓰여 있었습니다.

"기도에 더욱 열을 내어 헌신하는 사람은 무겁고도 지독한 유혹에 휘말려 들기 쉽다."

제가 스승님이 가리키신 구절을 읽고 있을 때 그분이 제 옆에서 타이르듯 말씀하셨습니다.

"부디 용기를 잃지 말고 계속 덕을 쌓도록 하세요. 그리고 '여러분 안에 계시는 그분께서 세상에 있는 그자보다 더 위대하십니다.'(1요한 4,4 참조)라는 요한 사도의 말씀을 생각해야 합니다. 형제님은 사람이 극복할 수 없는 시련이 없다는 것을 경험을 통해서 알고 있지 않습니까? '그분께서는 여러분에게 능력 이상으로 시련을 겪게 하지 않으십니다. 그리고 시련과 함께 그것을 벗어날 길도 마련해 주십니다.'(1코린 10,13)라는 성경 구절이 있지요. 이처럼 일찍이 성인들은 하느님이 자신들을 도우실 것이라는 믿음과 희망으로 온갖 시련을 이겨 나갔습니다. 그에 더하여 그들은 기도하는 일로만 소일한 것이 아니라, 애덕으로 남을 가르치고 깨우치는 데 최선을 다했습니다. 그레고리오 팔라마스 성인[13]도 이에 대해 자주 언급했습니다.

즉 우리는 하느님의 명령에 따라 예수 그리스도의 이름으로 기도하는 것에만 만족해서는 안 됩니다. 그보다 더욱 중요한 것은 그분의 교훈을 모든 사람에게 가르치고 그들에게서 내심의 기도에 대한 열성이 우러나도록 이끌어야 한다는 것입니다. 갈리스토 텔리쿠데스 복자[14]도 이와 같은 말을 했습니다.

'내심의 기도나 관상적 인식 등 영혼을 높이 들어 올리는 여러 가지 방법을 자신만을 위해서 간직해서는 안 된다. 그보다는 주위의 모든 사람의 유익과 사랑을 위해서 그런 방법을 그들에게 글이나 말로써 전해 주어야 한다. 이는 하느님의 명령이기 때문이다.'

가장 중요한 것은 우리가 최선을 다해서 허영을 물리쳐야 하며, 하느님의 교훈이 바람에 날리어 흩어지는 씨앗처럼 되지 않도록 항상 마음을 깨끗하게 보존해야 한다는 것입니다."

저는 스승님의 이러한 말씀에 깊이 감동하며 듣다가 꿈에서 깨어났습니다. 그러고도 한참 동안은 스승님의 가르침이 가슴에 자꾸 부딪혀 와서 몸 둘 바를 몰랐습니다.

또다시 닥쳐온 시련

이런 일이 있은 후에 저는 또 다른 체험을 했습니다. 그것은 정확히 3월 25일에 생긴 일입니다. 이날은 원죄 없으신 성모 마리아의 '주님 탄생 예고 대축일'이었기 때문에 꼭 성체를 모실 생각으로 지나가는 사람들에게 물어 근처의 성당을 찾았습니다. 그런데 사람들은 근처에 성당이 없고 꽤 먼 거리에 있다고 알려 주었습니다. 그러나 적어도 미사 시간 전에는 도착하여 아침 기도를 바치고 싶었기 때문에 몹시 다급한 마음으로 서둘렀습니다.

그러나 그날따라 날씨가 매우 나빠 뜻대로 길을 재촉할 수가 없었습니다. 눈보라가 휘몰아치는 밤길을 걸어야 했던 것입니다. 어느 지점에 이르자, 거기서부터는 얼어붙은 강이 펼쳐졌습니다. 그래서 조심조심 그 강을 건너는데, 갑자기 얼음이 깨지면서 그만 물속에 빠져 버렸습니다. 간신히 빠져나와 강을 건넜으나 옷은 온통 그 차가운 얼음물에 젖고 말았습니다. 그래도 저는 추위를 참고 가까스로 성당에 다다랐습니다. 그리고 성당에서 아침 기도를 바치고 나서 미사에도 참여하고 소원대로 성체도 모실 수가 있었습니다. 그런 다음 저는 성당지기에게 사정하여 그곳에서 하룻밤을 묵었습니다.

참으로 아늑하고 고요한 하룻밤이었습니다. 비록 방은 차가웠으나, 나무 침대에 누우니 정말 오랜만에 아브라함의 품에 안긴 듯 평화와 행복을 느꼈습니다. 기도의 효과가 강하게 나타난 것이지요. 이럴 때면 으레 제 마음은 예수 그리스도와 성모님에 대한 사랑으로 가득 차 전류와 같은 기쁨이 온몸에 퍼져 흘렀습니다.

그런데 밤이 깊어질수록 저는 다리에 심한 통증을 느꼈습니다. 그래서 온 마음을 다해 내심의 기도를 바쳤습니다. 그랬더니 그 효과가 즉시 나타나 잠시 후엔 심한 통증도 씻은 듯이 가셨습니다. 그런데 또다시 문제가 생겼습니다.

움직이지 않는 다리

이튿날 아침, 침대에서 몸을 일으키려는데 도무지 다리가 말을 듣지 않았습니다. 어찌 된 일인지 다리가 마비된 듯 관절이 제대로 움직이지 않았습니다. 그래서 성당지기가 급히 달려와 저를 침대에서 일으키려고 해도 저는 꼼짝할 수가 없었습니다. 저는 결국 이틀을 더 그곳에 누워 있었습니다. 사흘째 되던 날, 이런 저를 지켜보던 성당지기가 참다못해 불평을 늘어놓기 시작했습니다.

"만약 당신이 이 지경으로 죽게 되면 내 입장이 난처하니 지금 당장 여기를 떠나시오."

그러고는 저를 들쳐 메고 성당 밖으로 나와 바닥에 팽개쳤습니다.

하지만 저는 제 힘으로 걸을 수가 없었기 때문에 성당 입구의 층계에 내팽개쳐진 채 이틀 동안을 꼼짝 못하고 누워 있어야만 했습니다. 그동안 많은 사람들이 제 곁을 지나갔지만, 누구 한 사람 저에게 구원의 손길을 뻗는 이가 없었습니다. 그러던 중 뜻밖에도 한 농부가 이곳을 지나가다가 저를 발견하고는 가까이 다가와 말을 걸었습니다.

"이보시오, 젊은이. 내가 만일 당신의 병을 고쳐 준다면 나에게 무엇으로 보답하겠소? 사실은 나도 얼마 전에 당신과 같은 병에 걸린 적이 있었다오. 그런데 지금은 이렇게 성한 몸이 되었소. 나는 당신의 병을 즉시 고쳐 줄 수 있소. 어떠시오? 그 병을 고칠 생각이 있소?"

그는 자신 있는 어조로 누워 있는 저를 내려다보며 말했습니다. 저는 그를 쳐다보며 나직이 말했습니다.

"참 고마운 말씀이긴 하지만, 제게는 사례할 돈이 없습니다."

"그렇다면 당신이 베고 누운 이 배낭에는 무엇이 들어 있소?"

"아, 이것 말입니까?"

저는 고개를 끄덕여 머리로 배낭을 살짝 누르며 말했습니다.

"약간의 빵과 책이 들어 있습니다."

"그렇다면 이렇게 합시다. 내가 당신의 병을 고쳐 줄 테니, 여름 동안만 우리 농장 일을 해 주시오."

그의 말을 듣고 하는 수 없이 저는 사실대로 말했습니다.

"유감스럽게도 저는 일을 할 수 없습니다. 보시다시피 저는 팔 한쪽을 제대로 쓰지 못합니다."

그러자 그가 안타깝다는 듯이 말했습니다.

"그렇다면 도대체 당신이 할 수 있는 일이 뭐요?"

"제가 할 수 있는 일이란 고작 책을 읽고 글을 쓰는 일뿐입니다."

그 순간, 제 말을 들은 농부의 표정이 확 달라지면서 외치듯이 말했습니다.

"오호! 글을 쓸 줄 안다고 하였소? 거참, 마침 잘 되었군. 당신 몸이 낫거든 우리 집으로 가서 내 아이에게 글을 좀 가르쳐 주시오. 그놈은 책은 좀 읽을 줄 아나, 글은 영 쓰지 못해서 애를 먹고 있다오. 다른 선생들한테 청을 넣어 보았지만 너무 많은 사례를 요구해서 이도저도 못하고 있었소."

저는 그의 제안을 즉시 받아들였습니다.

부활에 대한 확신과 치유

저는 곧 성당지기와 농부의 도움을 받아 농부의 집으로 옮겨졌습니다. 제가 그 농부의 청을 받아들인 것은 그것이 저에게 이로울 것이라고 판단했기 때문입니다. 농부의 집에 도착한 그날부터 그는 제 병을 치료하기 위한 처방을 서둘렀습니다. 알고 보니 그 처방이란 게 참 묘했습니다. 그는 밭이나 농장의 구석구석을 돌아다니며 짐승 뼈를 모조리 모았습니다. 어느 정도 뼈가 모이자, 이번에는 그것들을 물로 깨끗이 씻어서 말린 후에 가루로 빻았습니다. 그러고는 그 가루를 모아 큰 솥에 넣고 뚜껑을 덮은 다음, 아궁이에 올려놓았습니다. 그런 후에 진흙을 개어, 솥이 안 보일 정도로 온통 두껍게 진흙을 바르고, 아궁이에 장작불을 지폈습니다. 불이 타오르자 이 불이 잘 타는지 지켜보면서 이렇게 말했습니다.

"얼마 후면 저 속에서 약이 나오게 될 것이니 두고 보시오."

자랑스럽다는 듯이 말한 농부는 계속 불을 지폈습니다.

이튿날 아침, 그는 흙을 발랐던 솥의 뚜껑을 열고 뼈를 녹여서 만든 액체를 꺼냈습니다. 그 액체에는 붉은 빛이 감돌았는데, 분량은 약 반 되가량 되어 보였습니다. 그는 그것이 바로 약이 된다고 했습니다. 그 액체가 얼마나 진한지 꼭 중유重油처럼 끈적끈적했고, 냄새는 꼭 고기의 기름 냄새 같았습니다.

솥 안에 남은 뼈는 시꺼멓게 변색되어 있었는데, 그 표면이 마치 흑진주처럼 반들반들 윤이 났습니다. 아무튼 저는 이 약을 하루에 다섯 번씩 제대로 펴지지 않는 다리에 발랐습니다. 그랬더니 차차 그 약효가 나타나기 시작했습니다. 약을 바른 지 하루 만에 굳었던 발가락이 움직이기 시작했고, 사흘째 되는 날에는 뻣뻣했던 허리가 펴지기 시작했습니다. 이런 식으로 차차 병이 나아, 닷새가 지나자 몸에 탄력이 생겨서 일어나 걸어 다닐 수 있게 되었습니다. 이렇게 해서 저의 병은 일주일도 지나지 않아 완쾌되었습니다. 저는 하느님께 감사드리며 마음속으로 생각했습니다.

'하느님의 지혜는 피조물에게까지 두루 미치는구나! 어떻게 아무 쓸모도 없는 뼛조각이 산 사람의 생명을 구해 주는 영약이 되었을까? 그리고 어떻게 마비된 사람의 육체를 다시 소생시켜 주는 것일까? 이러한 사실 하나만으로도 예수님의 부활을 확신할 수 있지 않을까.'

그래서 저는 예전에 숲속에서 만났던 산지기가 예수님의 부활을 의심하던 것을 생각해 내고, 만약 그를 또다시 만날 수 있다면 저의 이런 체험을 꼭 말해 주고 싶었습니다.

판사의 오해

그 농부 덕분에 몸이 완쾌된 저는, 그와의 약속대로 그 집

아이에게 글쓰기를 가르치기로 했습니다. 우선 칠판에 글자의 예시로 '예수 기도'라는 글씨를 크게 쓰고, 아이에게 그것을 따라 쓰게 했습니다. 그러고는 그 글자의 획에 대해서 설명을 하고 글씨를 바르게 쓰는 법을 가르쳐 주었습니다. 아이는 그 마을에 사는 판사 밑에서 심부름을 하고 있었기 때문에 낮에는 저와 만날 수 없었고, 주로 새벽 미사가 끝나는 아침 시간에 저를 만나 글씨를 배웠습니다. 아이는 매우 영리해서 얼마 지나지 않아 많은 글씨를 예쁘게 쓸 수 있게 되었습니다. 이러한 사실을 안 판사는 그 아이가 쓴 글씨를 보고 깜짝 놀라면서 물었습니다.

"네가 쓴 글씨가 맞느냐? 정말 놀랍구나! 도대체 이 글씨를 누구한테 배웠느냐?"

아이는 판사의 이 같은 질문을 받고 속으로 몹시 기뻐하며 자랑스럽게 대답했습니다.

"저희 집에 손님으로 와 있는 외팔이 순례자에게 배웠습니다."

이 말을 들은 판사는 호기심이 생겨서 그 즉시 저를 찾아왔습니다. 그때 저는 마침 《자애록》을 읽고 있었는데, 그는 저를 보자마자 책을 청했습니다.

"선생님이 읽고 있는 책을 좀 보여 줄 수 있겠습니까?"

저는 판사의 말에 조용히 눈을 들어 그를 한 번 쳐다보고는 그 책을 말없이 넘겨 주었습니다. 판사는 그 책을 펼쳐 보고는 아는 척을 했습니다.

"아, 이 책은 바로 《자애록》이 아닙니까? 이 책은 제가 '빌나'라는 도시에 있을 때 본당 신부님의 서재에서 본 적이 있습니다. 저는 이 책에 기도를 배우면서 생기는 미묘한 궁금증에 대한 가르침이 적혀 있다고 들었습니다. 그리고 이 책의 저자는 그리스의 수도자이며, 여기서 권하는 기도의 실천 방법은 인도와 북칼라의 광신자들이 행하던 방법과 같다고 들었습니다.

가령 그들은 가만히 바로 앉아서 특수한 방법으로 숨을 들이쉬어 배 속에 공기를 잔뜩 불어넣고 가슴을 부풀게 합니다. 그렇게 하여 그들은 어떤 쾌감을 느끼도록 한다는데 바로 이런 쾌감을 마치 하느님이 주신 선물인 양 착각하여 이를 즐기면서 하느님께 열심히 기도를 바치는 모양입니다. 그러나 그런 건 도무지 이치에 맞지 않습니다. 하느님께 기도하고 그분께 경배를 올릴 때에는 그런 복잡한 방법이 아닌 간단한 방법으로 해야 하기 때문이지요.

그래서 저는 아침에 일어나면 주님께서 친히 가르쳐 주신 '주님의 기도'를 한 번 바칩니다. 하루를 무사히 넘기기 위해서는 이 기도 한 번이면 충분합니다. 언제나 같은 말을 쉴 새 없이 읊다가는 자칫하면 미쳤다는 소리를 듣기 쉽고, 그 때문에 마음의 상처를 얻을 위험도 있기 때문이지요."

그는 의기양양하여 이렇게 함부로 말했습니다. 그래서 저는 듣다못해 말했습니다.

"판사님, 판사님은 이 책의 내용을 잘못 알고 계십니다. 왜냐하면 이 책을 쓴 분은 판사님이 말씀하신 그리스의 수도자가 아니라 모든 교회에서 크게 공경받는 안토니오 성인과 이집트의 마카리오 성인,[15] 은수자 마르코 성인,[16] 요한 크리소스토모 성인, 그리고 그 밖의 많은 고대 성인들이 쓴 책입니다.

그리고 판사님이 인도와 북칼라의 승려에 대하여 말씀하셨습니다만, 그들은 위에 말씀드린 성인들에게 심장으로 하는 기도를 배워 가기는 했지만 이를 잘못 받아들였던 이들입니다. 이 점은 저의 스승님께서 제게 들려주신 말씀이라 틀림이 없습니다.

또한 내심의 기도는 하느님의 말씀을 기록한 성경에 따른 기도입니다. 그뿐만 아니라 '주님의 기도'를 가르쳐 주신 예수님은 '네 마음을 다하고 네 목숨을 다하고 네 정신을 다하여 주 너의 하느님을 사랑해야 한다.'(마태 22,37) 하셨고, '조심하고 깨어 지켜라.'(마르 13,33), '내 안에 머물러라. 나도 너희 안에 머무르겠다.'(요한 15,4)라고도 말씀하셨습니다. 또한 교부들도 시편에 있는 다윗 임금의 말, '너희는 맛보고 눈여겨보아라, 주님께서 얼마나 좋으신지!'(시편 34,9)를 인용하면서 신자라면 으레 기도의 맛을 알기 위해 할 수 있는 일을 다해야 하고, 이 기도에서 언제나 위안을 찾아야 한다고 했습니다.

이 점으로 미루어 보아도 하루에 한 번 '주님의 기도'를 드리는 것으로 만족한다는 것은 믿는 사람의 태도가 아닙니다. 판사님, 제가 내심의 은혜로운 기도를 하려고 애쓰지 않는 사람에 관해 교부들이 하신 말씀을 들려 드리지요. 교부들은 이런 사람이 세 가지 죄를 동시에 짓는다고 말씀하셨습니다.

'첫째, 성령의 빛을 받아 쓰인 성경 말씀을 가볍게 보는 죄를 짓는 것이다. 둘째, 사람의 영혼에 더욱 높고 완전한 상태가 있다는 것을 인정하지 않기 때문에 외적인 덕행만으로 만족을 누릴 뿐만 아니라, 옳은 일에 주리고 목말라할 줄도 모르며, 하느님 안에서 누리는 행복을 스스로 포기하는 죄를 짓는 것이다. 셋째, 항상 외적인 덕행만을 생각하기 때문에 자신에 대한 반성이 부족하고, 때에 따라서는 유혹에 빠지거나 교만에 사로잡혀 큰 잘못을 저지르기 쉽다.'"

판사는 제 말을 듣고 나더니 다음과 같이 물었습니다.

"당신 말이 모두 사실이더라도 우리 같은 무지한 사람들이 어떻게 그걸 이해할 수 있겠습니까?"

"그렇지 않습니다. 지금까지 제가 드린 말씀이 잘 이해가 가지 않는다면 이 책을 읽어 드리지요. 평범한 세속인들이라도 하고자 하는 마음만 간절하면 쉽게 기도할 수 있는 방법이 담겨 있습니다."

이렇게 말하면서 저는 《자애록》 중에 시메온 성인이 청년 제오르지오에게 말한 부분을 읽었습니다. 판사는 제가 낭독하는 구절을 듣고는 무척 만족스럽고 감동한 표정으로 입을 열었습니다.

"저도 그 책을 읽고 싶은데 잠시 빌릴 수는 없을까요?"

"하루쯤은 빌려 드릴 수 있습니다. 그러나 그 이상은 어렵습니다. 왜냐하면 제가 이 책을 매일 읽고 있을 뿐만 아니라 또 이 책이 없으면 살아갈 맛을 잃기 때문입니다."

"그렇다면 지금 당신이 읽어 준 그 부분이라도 적어 주면 고맙겠습니다. 대가는 넉넉히 드리지요."

저는 그의 청을 뿌리칠 수가 없어 말했습니다.

"좋습니다. 그렇다면 언제든지 필사해 드리지요. 이것은 하느님께서 당신에게 기도할 마음을 불러일으키신 것이니까 대가는 필요 없습니다."

그리고 나서 저는 즉시 약속대로 그가 원하는 구절을 적어 주었습니다. 이렇게 하여 이 글을 받아 간 그는 자기의 부인에게도 보여 주었고, 함께 깊은 감동을 받는 듯했습니다. 이런 일이 있은 뒤, 그 판사 부부는 종종 저의 거처를 찾아왔고, 저를 자기들의 집으로 초대하기도 했습니다. 그들의 집에 초대를 받아서 갈 때마다 《자애록》을 잊지 않고 몸에 지니고 갔습니다. 그러면 이들 부부는 저에게 차를 따르며 그 책을 읽어 달라고 부탁하곤 했습니다.

판사 부인의 고통

그러던 어느 날이었습니다. 두 사람은 점심 식사를 하는 동안에도 저에게 이 책을 읽어 달라고 간청했습니다. 그래서 저는 그들이 식당에서 식사하는 동안 《자애록》을 계속 읽었습니다. 이때 조그만 사고가 일어났습니다. 판사 부인이 생선구이를 먹다가 생선 뼈가 목구멍에 걸리고 만 것입니다. 놀란 판사는 가정부를 불러 생선 뼈를 빼내도록 했지만, 뼈는 아무리 해도 빠져나오지 않았습니다. 그 때문에 판사 부인은 한참 고통을 당하다가 결국 침대에 눕고 말았습니다. 그래서 그 집의 하인은 급히 의사를 부르러 30킬로미터 떨어진 병원으로 달려갔습니다. 저는 이런 뜻하지 않은 소동에 마음이 몹시 무거워졌습니다. 그러나 제가 할 수 있는 일이 없기에 그냥 거처하는 집으로 돌아와 버렸습니다.

그런데 그날 밤 꿈에 스승님이 저를 부르시는 소리를 들었습니다. 이상하게도 그분의 모습은 눈에 띄지 않았지만 음성만은 매우 뚜렷했습니다.

"그 집의 주인인 농부가 형제님을 도와주었으니 이번에는 형제님이 부인을 도와줄 차례입니다. 어찌하여 그런 고통 중에 있는 사람을 그냥 내버려 두고 왔습니까? 하느님은 불쌍한 이웃을 동정하라고 말씀하시지 않았습니까?"

"스승님, 물론 저에게 도울 방법이 있다면 어찌 그분을 모른 체했겠습니까?"

그랬더니 스승님은 저에게 다음과 같은 방법을 가르쳐 주셨습니다.

"그 부인은 평소에 올리브기름을 무척 싫어합니다. 그 냄새만 맡아도 구역질을 할 정도니 말이지요. 그러니 그 기름을 한 숟갈만 먹이세요. 그렇게 하면 토하는 바람에 목에 걸린 생선 뼈가 저절로 튀어나오게 될 것이고, 그 기름으로 인해 목이 아픈 부분도 씻은 듯이 낫게 될 것입니다."

그래도 저는 걱정이 되어 스승님께 말씀드렸습니다.

"그렇지만 올리브기름을 그토록 싫어하는 부인에게 그것을 먹도록 어떻게 권합니까?"

"그야 먹게 하는 방법이 있지요. 남편에게 부인의 머리를 움직이지 못하게 힘껏 붙잡게 하고, 그 기름을 입에 들이부으면 손쉽게 먹일 수 있을 겁니다."

스승님의 이 같은 조언을 들은 다음, 저는 잠에서 깨어나자마자 즉시 판사의 집으로 달려갔습니다. 그리고 꿈에서 들은 스승님의 말씀을 그대로 다 전했습니다.

"이제 와서 새삼 그 기름이 무슨 소용이 있겠습니까. 아내의 목이 부어올라 물도 제대로 못 넘기고 헛소리를 하는데……. 그래도 지푸라기라도 잡는 심정으로 해 보겠습니다. 올리브기름이니까 몸에는 별로 나쁘지도 않겠지요."

이렇게 말하면서 판사는 자그마한 잔에 올리브기름을 가득 담아 와서 저에게 부인 입에 부어 보라고 했습니다. 저는 그 기름을 부인의 입에 억지로 부어 넣었습니다. 그랬더니 부인은 기름을 삼키자마자 심하게 구토를 했습니다. 그 바람에 위에 들어 있던 음식물이 입 밖으로 왈칵 쏟아져 나왔고, 그 음식물과 함께 목에 걸렸던 생선 뼈도 밖으로 튀어나왔습니다. 그리고 부인의 심한 통증도 순간 거짓말처럼 멈췄습니다.

이튿날 아침, 저는 부인이 잘 회복하고 있는지 궁금해서 판사의 집으로 찾아갔습니다. 때마침 부부가 식탁에 앉아 차를 마시고 있다가 저를 반갑게 맞아 주었습니다. 그러고는 저에게 여러 가지 질문을 하며 어떻게 그런 일을 할 수 있었는지 도무지 믿을 수 없다고 입을 모아 감탄했습니다. 특히 그 부인이 올리브기름을 매우 싫어한다는 사실을 남편 외에는 누구도 알지 못하는데 그런 비밀을 어떻게 알았는지, 또 그 기름을 마시게 하면 손쉽게 생선 뼈를 제거할 수 있다는 사실을 어떻게 알았는지 궁금해했습니다. 그래서 꿈 이야기를 하자, 호기심 가득한 표정으로 꿈에 대해서 이것저것 물어보았습니다.

그러던 중에 마을의 의사가 겨우 당도했습니다. 부인은 건강한 모습으로 그 의사에게 간밤에 일어났던 소동과 병이 낫게 된 자초지종을 설명했습니다. 그래서 저도 제가 다리가 마비되었다가 나았던 이야기와 부인의 병을 고친 방법에 관해 이야기했습니다. 의사는 부인과 저의 말을 귀담아듣고 있다가 조용히 입을 열었습니다.

"두 분이 하신 이야기는 그다지 놀라운 일이 아닙니다. 왜냐하면 그런 일은 다 자연의 힘이 작용하여 생긴 결과이기 때문에 그런 현상은 쉽게 설명할 수 있습니다. 그러나 흔히 있는 일이 아니기 때문에 훗날 환자의 처방을 위해 잘 기록해 두겠습니다."

그러면서 그는 가방에서 수첩을 꺼내어 우리가 들려준 이야기를 모두 적은 다음, 바로 그곳을 떠났습니다.

그런데 얼마 후 이 소문이 마을에서 마을로 퍼졌습니다. 그리고 이러한 풍문을 들은 사람들은 누구나 저를 유명한 의사가 아니면 요술을 부리는 사람이라고 생각해서 그들의 병에 대해 문의하러 오는 소동이 벌어졌습니다. 심지어 선물을 사 가지고 오는 이들도 있었고, 저를 위대한 성인으로 섬기는 이들까지 생겨났습니다.

그렇지만 이런 일은 제가 바랐던 바도 아니고 또 이런 일이 저의 영성 생활에 적지 않은 장애가 되었기에 저는 그 상황에서 하루빨리 도피할 궁리를 했습니다. 그리고 드디어 어느 날 밤 기회를 보아 몰래 그 집을 빠져나왔습니다.

이르쿠츠크에서 만난 상인

저는 또다시 인적이 닿지 않는 산길을 찾아들었습니다만, 제 마음은 어깨 위에 놓인 태산을 내려놓은 듯 가뿐했습니다. 저는 내심의 기도를 드리며 위로를 받고, 저의 심장은 예수 그리스도를 향한 무한한 사랑으로 충만해졌습니다. 그 감미로움은 마치 고요히 흐르는 물결처럼 온몸으로 퍼져 나갔습니다.

이렇게 되니까 저의 머릿속에는 예수 그리스도의 모상이 뚜렷이 새겨졌으며 복음서에 기록된 사건들 하나하나가 제 눈앞에서 재현되고 있다는 느낌마저 들었습니다. 심지어 감동의 눈물을 흘리며 무어라 형용하기 어려운 행복감에 젖어 들곤 했습니다. 이러한 즐거움으로 인해 저는 때때로 깊디깊은 심연에 잠겼습니다. 그러면 세속의 온갖 잡다한 생각들을 완전히 잊기도 했습니다. 또 저는 관대하신 하느님 앞에 홀로 서 있는 기분도 들었습니다. 그리고 이 고요한 곳이야말로 저에게는 다시없는 마음의 위안처요, 자비로우신 하느님과의 대화 장소라고 느꼈습니다.

이렇게 하여 저는 드디어 이르쿠츠크에 도착할 수가 있었고, 지체 없이 그곳에 있는 인노첸시오 성인의 유해를 경배하며 그분에 대한 흠모의 정을 바쳤습니다.

그렇지만 저는 이곳에 오래 머물고 싶지는 않았습니다. 왜냐하면 그 도시에는 사람들이 너무나 많았고 그로 인해 영성 생활에 적지 않은 어려움이 생길 것으로 예상되었기 때문입니다. 그래서 저는 이 도시를 벗어나기 위해 길을 재촉했습니다.

그런데 뜻밖에도 거리에서 상인 한 사람을 만나게 되었습니다. 그는 저를 붙들고 말을 걸었습니다.

"실례지만, 혹시 순례자가 맞으십니까? 실례가 되지 않는다면, 저희 집에서 하룻밤만 묵어 가시는 것은 어떻습니까?"

그는 이렇게 말하면서 다정한 얼굴로 저를 바라보며 동의를 구했습니다. 저는 그의 호의가 하도 고마워서 그를 따라 그의 집으로 갔습니다. 그의 집은 꽤나 으리으리한 집이었습니다.

그가 저를 응접실로 안내한 다음, 저에 대해 여러 가지를 물어 왔기 때문에 저는 마지못해 제가 겪은 일들을 이야기했습니다. 제 이야기를 듣고 난 그가 말했습니다.

"그렇다면 지금부터라도 예루살렘으로 가시는 게 어떠십니까? 거기에 가면 어디에서도 느껴 볼 수 없는 거룩함을 느끼실 수 있을 것입니다."

저는 그의 말에 쓸쓸히 웃으며 대답했습니다.

"물론 저도 전부터 그런 소망을 품어 왔습니다만, 지금 저의 형편으로는 그 뜻을 이룰 수 없을 것 같습니다. 그곳까지 갈 여비가 없기 때문입니다."

"그런 문제라면 걱정하지 않으셔도 됩니다. 그곳으로 가겠다고 하시면 제가 도와드리지요. 실은 작년에도 제 친구 한 사람을 그곳으로 보내 주었습니다."

이렇게 말하면서 그는 제 어깨에 손을 얹었습니다. 저는 그의 마음이 하도 고마워 말없이 허리를 굽혔습니다. 그러자 그가 다시 말을 이었습니다.

"자, 그러면 제가 편지 한 장을 써 드릴 테니, 그것을 가지고 오데사에서 콘스탄티노폴리스까지 왕래하며 장사하는 제 아들을 찾아가 보여 주십시오. 제 아들이 배를 갖고 있지요. 그러니까 그 아이를 만나기만 하면 틀림없이 콘스탄티노폴리스까지 무사히 배로 데려다줄 것이고, 그곳에서 예루살렘까지 가는 여비도 제 아들이 부담해 줄 것입니다."

이 말을 듣고 저는 너무나 기뻐서 한동안 말문까지 막혔습니다. 그러고는 마음속으로 하느님과 이웃에게 좋은 일이라고는 단 한 번도 해 본 적이 없고, 그저 쓸데없이 남의 빵만 축내는 무능한 죄인에게 이렇게 큰 사랑을 베풀어 주신 하느님께 무한한 감사를 거듭 올렸습니다.

아무튼 저는 이 은인의 호의로 그로부터 3개월을 그 집에 머물다가 드디어 성도聖都 예루살렘을 향한 대망의 순례 길에 올랐습니다.

제3장

새로운 순례의 시작

신부님과의 만남

성도 예루살렘의 순례를 떠나기 전에 저는 예전부터 안면이 있던 그 지방 신부님을 찾아가서 작별 인사를 나누었습니다.

"신부님, 저는 이제 예루살렘으로 떠납니다. 그래서 신부님께 인사드리려고 이렇게 찾아왔습니다. 그동안 저에게 큰 은혜를 베풀어 주셔서 감사합니다."

그랬더니 신부님은 제게 이렇게 말씀하셨습니다.

"하느님께서 형제님의 앞길을 축복해 주시기를 빕니다. 그동안 형제님에게서 많은 이야기를 들었습니다만, 저는 아직도 형제님에 대해서 별로 아는 바가 없습니다. 형제님이 어디

태생이며 가족 관계는 어떠한지 전혀 모릅니다. 이 기회에 형제님에 관한 이야기를 좀 들려주시지요."

그래서 흔쾌히 신부님께 제 이야기를 들려드렸습니다. 신부님은 눈을 지그시 감고 저의 이야기에 열심히 귀를 기울였습니다.

순례자의 과거: 성장

저는 '오롤 주州'의 한 작은 마을에서 태어났습니다. 부모님은 제가 태어난 지 얼마 안 되어 세상을 떠나셨고, 저는 형과 단둘이 이 세상에 남게 되었습니다. 부모님이 돌아가셨을 때 형은 열 살, 저는 겨우 세 살이었습니다. 그래서 저희 형제는 할아버지의 손에서 자라게 되었습니다.

할아버지는 정직하고 선량하면서도 유복한 분이었습니다. 큰길 옆에 식당을 차려 놓고 장사를 하셨는데 마음씨가 좋기로 소문이 나서, 식당은 항상 손님들로 붐볐습니다. 그 때문에 저희는 식당에 있지 못하고 살림집에서 따로 살아야만 했습니다. 제 형은 성격이 무척 활달하여 자주 온 마을을 쏘다녔지만, 저는 성격이 유순하여 줄곧 할아버지 곁에서만 지냈습니다. 저희는 축일이나 주일에 할아버지와 같이 성당에 가는 것을 무척 좋아했습니다. 또한 할아버지는 성경 읽기를 무척 좋아하셨는데, 지금 제가 갖고 있는 이 《성경》도 할아버지가 읽으시던 것입니다. 아무튼 저희 형제는 할아버지의 사랑을 받으며 무럭무럭 자랐습니다. 하지만 형은 할아버지의 기대와는 달리 나이가 들수록 점점 엇나가더니 차츰 술을 즐겨 마시기 시작했습니다.

그러다가 제가 일곱 살이 되던 해의 어느 날, 술에 취한 형이 심술궂게도 누워 있는 저를 난로 쪽으로 떠밀었고 그 때문에 저는 왼쪽 팔에 심한 화상을 입었습니다. 그로 인해 저는 제대로 일을 할 수 없는 불구의 몸이 되고 말았습니다.

이렇게 되니까 할아버지는 제게 밭일 대신 그때부터 《성경》을 교과서 삼아 저에게 책을 읽고 쓰는 법을 가르쳐 주셨습니다. 쓰기에 앞서 글 읽기를 먼저 배웠는데, 처음에 할아버지가 제게 낱말 하나하나를 가르쳐 주시고, 다음은 음절을 가르쳐 주셨으며, 맨 나중에는 문장 구절을 붙여 읽는 법을 가르쳐 주셨습니다. 제가 글을 읽게 되자, 그때에야 비로소 글 쓰는 법을 가르쳐 주셨습니다. 말하자면 어린 저의 능력에 맞추어 단계적인 학습 방법을 택하신 셈입니다. 이렇게 하여 《성경》을 읽고 쓰는 법을 배우게 되었습니다.

그 무렵, 마을의 서기 한 분이 종종 저희 집에 들렀는데 그분은 글솜씨가 매우 뛰어났기 때문에 다행히 저는 그분에게서 글 쓰는 법을 배워 익힐 수가 있었습니다. 그분은 저를 무척 귀여워하면서 때때로 종이와 잉크와 펜촉 등을 사다가 어린 저에게 주곤 했습니다. 그러한 덕분에 저는 글 쓰는 재주가 상당히 늘었습니다. 할아버지도 이런 저를 보고 무척이나 기뻐하시며 이렇게 말씀하셨습니다.

"하느님의 은총으로 네가 글 쓰는 법을 잘 익혔으니, 너는 장차 훌륭한 사람이 될 거란다. 그러니 매사를 하느님께 감사드리고 열심히 기도하는 데 힘쓰거라."

그러면서 저를 진심으로 격려하셨습니다. 그리하여 저는 할아버지와 함께 자주 성당에 나가 기도했으며 집에서도 잊지 않고 더욱 열심히 하느님께 기도를 바쳤습니다. 제가 "주님, 저에게 자비를 베푸소서." 하고 기도하면 옆에 계신 할아버지와 할머니는 저의 기도에 맞추어 한마음으로 머리를 숙이거나 무릎을 꿇으셨습니다. 어린 저의 기도가 기특했기 때문이겠지요. 그러다가 제 나이 열일곱 살 때에 할머니가 병으로 돌아가셨습니다. 그때 할아버지는 제게 이렇게 말씀하셨습니다.

"이제 네 할머니도 없으니, 이 집의 살림을 볼 사람이 없구

나. 그래서 말인데, 네 형은 제쳐 두고 너라도 일찍 장가를 갔으면 좋겠구나."

할아버지의 이 같은 말씀에 저는 손이 불구라는 사실을 내세우며 할아버지 뜻과 맞섰지만 할아버지의 거듭된 강요에 못 이겨 결국 결혼을 하게 되었습니다.

순례자의 과거: 이별

저의 결혼 상대자는 저보다 세 살이 많은 참으로 착한 여자였습니다. 제가 결혼한 지 1년 후 할아버지는 중병에 걸려 몸져누우셨습니다. 임종이 가까워 오자 할아버지는 저를 머리맡으로 부르시고는 유언을 남기셨습니다.

"집과 재산 전부를 네게 주겠다. 앞으로도 지금처럼 양심에 따라 속이는 일 없이 떳떳하게 살아야 한다는 점을 꼭 명심하고, 무엇보다도 하느님께 열심히 기도하는 것을 잊어서는 안 된다. 모든 것이 그분께로부터 오기 때문이란다. 하느님께 모든 것을 의탁하면서 성당에 빠지는 일이 없도록 하고 성경도 열심히 읽거라. 특히 기도 중에는 이 할아비를 포함해서 우리 같은 늙은이를 잊지 않도록 해라. 여기에 현금 천 루블이 있으니 잘 간직하고, 결코 헛되이 쓰지 않았으면 좋겠구나. 반드시 값지고 보람 있는 일에 쓰도록 해라. 그렇다고 사람에게 인색하게 굴어서는 안 된다. 걸인들을 보거든 아낌없이 희사하고 성당 일이거든 더욱 아낌없이 바치도록 해라."

이런 말씀을 남기시고 얼마 후 할아버지는 끝내 유명을 달리하셨습니다. 저는 울면서 할아버지의 장례를 치렀습니다. 그런데 할아버지의 유산을 제가 물려받은 사실을 안 형은 저에 대한 질투심이 커져서 때때로 저를 못살게 굴었고, 그러다가 마침내는 마귀가 씌어 저를 죽일 무서운 음모를 꾸미기에 이르렀습니다.

어느 날 밤이었습니다. 그날따라 집에는 일을 봐주는 사람이 없고, 저와 아내가 단둘이 침실에서 자고 있었는데, 형이 침실로 몰래 들어와서는 금고에 들어 있는 돈을 모조리 훔치고 방에 불까지 질렀습니다. 저희가 불이 난 사실을 알고 일어났을 때에는 벌써 불이 사방으로 번져 그야말로 위기일발의 위태로운 상황이었습니다. 그러나 천만다행으로 저희는 필사적으로 창문을 깨뜨려 간신히 밖으로 뛰어내릴 수 있었습니다.

겨우 목숨을 건지고 나서 보니 저희가 가진 것이라고는 몸에 걸친 옷밖에 없었습니다. 그나마 다행인 것은 할아버지께서 물려주신 《성경》한 권이 제 손에 들려 있었다는 것입니다. 저는 불길에 휩싸인 집을 바라보며 한숨을 쉬다가 방금 전에 필사적으로 탈출하면서 손에 들고 나왔던 《성경》을 매만지며 작은 위로를 느꼈습니다. 이렇게 해서 저의 전 재산은 순식간에 한 줌의 재로 변했고, 형은 자취를 감추고 말았습니다.

이렇게 저와 아내는 한순간에 알거지가 되고 말았습니다. 그래서 생각다 못해 저희는 이웃들을 찾아가 사정해서 얼마간의 돈을 빌려 조그만 오두막집을 짓고, 그곳에서 근근이 생활해 나갔습니다. 다행히도 아내는 몸이 성하고 일솜씨가 좋아서 실을 뽑고 베를 짜는 일거리를 얻어 와, 밤낮없이 수고를 아끼지 않고 일했습니다. 하지만 저는 몸이 성하지 않았기에 일을 할 수 없었습니다. 그래서 일하는 아내의 옆자리에 앉아 성경을 읽으며 시간을 보냈습니다. 아내는 제가 읽어 주는 성경 구절을 듣다가 때때로 눈물을 흘리고는 했습니다. 그럴 때면 저는 아내를 나무랐습니다.

"하느님께서 우리의 목숨을 구해 주셨는데 왜 우는 것이오?"

그럴 때마다 아내는 제게 말했습니다.

"아니에요. 슬퍼서 우는 것이 아니에요. 당신이 읽어 주는 성경 내용이 그렇게 감동적일 수가 없어서 그래요."

힘든 생활 속에서도 저희는 할아버지의 유언을 생각하고,

자주 단식도 하면서, 조용히 그날그날을 만족스럽게 살아갔습니다. 그러는 중에 저는 이상한 체험을 하게 되었습니다.

순례자의 과거: 기도의 첫 체험

그 당시에 저는 기도에 대한 아무런 지식이 없었기 때문에, 기도할 때 단지 입으로만 경문을 외우고 바보처럼 땅에 엎드려 기도를 바쳤습니다. 그런데도 기도를 올리고 나면 언제나 만족감을 느꼈습니다. 저는 이런 기도를 한없이 길게 해도 전혀 싫증이 나지 않았고 즐겁기만 했습니다. 이런 체험을 하게 되자, 문득 어느 선생님의 말씀이 생각났습니다.

"사람의 마음속에는 자신조차도 알 수 없는 신비로운 기도가 있다. 그래서 사람의 영혼은 그것을 무의식적으로 바치게 된다. 또한 기도는 각자의 능력에 따라 또는 그 사람이 해낼 수 있을 만큼의 소망을 불러일으킨다."

어쨌든 저는 2년 동안 아내와 함께 이런 식으로 살았습니다. 그런데 아내가 갑자기 심한 열병을 얻어 시달리다가, 아흐레 되던 날, 노자 성체를 모시고는 세상을 떠났습니다. 저는 이 세상에서 영락없는 외톨이가 되고 말았습니다. 게다가 도무지 노동을 할 수가 없는 몸이기에, 생각다 못해 여기저기를 돌아다니며 걸식을 하는 신세가 되었습니다. 말이 쉬워 걸식이지 남에게 구걸하는 것만큼 어려운 일은 또 없었습니다. 그래서 저는 죽은 아내를 생각하며 며칠을 고민한 끝에 제가 살던 집을 20루블에 팔아넘기고 살림살이와 옷가지 모두를 가난한 이웃에게 나누어 주고 나서, 그 길로 관청으로 가서 병역 면제가 붙은 무기한 여권을 만들었습니다. 그런 다음, 저는 이 여권과 제가 늘 그토록 좋아하던 《성경》 한 권을 마음의 벗으로 삼아 이 넓은 세상을 향해 순례의 길을 떠났던 것입니다.

이처럼 막상 길을 떠나기는 했지만, 어디로 향할 것인가 하는 문제가 또 남아 있었습니다. 그 때문에 큰길로 나와 한참 생각하다가 결국 '키예프'라는 도시로 가기로 마음을 정했습니다. 우선 그곳으로 가서 성인들을 경배하고 그분들의 도움을 청하면 좋겠다는 생각이 들었기 때문입니다. 그렇게 하기로 정하니까 불안감도 가시고 마음이 한결 가벼워졌습니다. 그래서 저는 즐거운 마음으로 순례를 계속하여 얼마 후엔 키예프에 도착할 수 있었습니다.

그로부터 벌써 13년을 이렇게 정처 없이 떠돌아다닌 셈입니다. 그리고 저는 어느 곳을 가든지 그곳에 있는 성당과 수도원을 부지런히 찾았습니다. 하느님께서 과연 저 같은 사람을 성도 예루살렘까지 인도해 주실지 잘 모르지만, 만약 하느님께서 제 청을 들어주신다면 저는 거기서 이 지상에서의 순례를 끝마치고 그 땅에 저의 뼈를 묻고 싶습니다.

저에 관한 이런 긴 이야기를 잠잠히 듣고 있던 신부님은 비로소 말씀하셨습니다.

"그렇다면 지금 나이가 어떻게 되십니까?"

"예, 지금 서른셋입니다."

"허, 거참, 우연의 일치인지는 모르나 어쨌든 지금 형제님의 나이는 예수님의 나이와 같지 않습니까?"

신부님은 이렇게 말씀하시며 호탕하게 웃으셨습니다.

순례의 길동무

"하느님께 가까이 있음이 저에게는 좋습니다. 저는 주 하느님을 제 피신처로 삼아 당신의 모든 업적을 알리렵니다."
(시편 73,28)

제가 신부님 댁을 찾았을 때 그분은 저에게 이런 말씀을 하셨습니다.

"'사람은 제안하고 하느님은 실천하신다.'라는 러시아 격언은 참으로 맞습니다."

신부님이 말씀하신 이 말의 진리를 저는 체험을 통해서 실감할 수 있었습니다.

그날 아침에 저는 성도 예루살렘을 향해 떠나려고 했는데 뜻밖에도 전혀 예기치 않았던 일이 생겨 부득이하게 그곳에서 사흘을 더 머물러야 했습니다. 그리고 저는 이렇게 된 사정을 신부님께 말씀드리고 제가 앞으로 어떻게 해야 할지 자문을 구하기도 했습니다. 그러한 다음에 그동안 다정하게 대해 준 사람들과 작별하고 또다시 순례의 길을 떠났습니다.

그런데 도시를 막 벗어날 무렵에 한 젊은이를 만났는데, 그는 예전에 만난 적이 있던 순례자였습니다. 저는 그와 다정히 인사를 나누며 3년 전, 그를 만났던 시절을 떠올렸습니다. 그도 저를 반가워하면서 저의 계획을 물었습니다.

저는 그의 물음에 "하느님께서 허락해 주신다면 예루살렘으로 가려고 합니다." 하고 대답했습니다. 그는 제 말을 듣더니 기뻐하며 말했습니다.

"그렇다면 잘됐습니다. 당신과 같이 갈 길동무 한 분을 제가 소개해 드리겠습니다."

그러나 저는 그의 친절을 조심스럽게 사양했습니다.

"대단히 고맙지만, 저는 혼자서 하는 순례가 몸에 배어서 길동무가 없는 편이 오히려 낫습니다."

그러나 그는 제가 이처럼 사양했음에도 아랑곳없이 말했습니다.

"물론 그런 줄은 알지만, 제 생각에는 그분과 함께한다면 당신도 여러 가지로 편리하고 또한 즐거울 것입니다. 제가 당신에게 소개하려는 사람은 지금 제가 일하는 집의 주인인데, 그분 역시 당신과 똑같은 계획을 세워 놓고 있거든요. 그분은 이 고장의 큰 상인이고, 인품이 참 좋은 노인입니다. 귀가 먹은 것이 조금 탈이긴 하지만요. 그래서 그분에게 이야기를 하려면 반드시 쪽지에 글을 써 주어야만 하지요. 하지만 그분은 말이 없을 뿐만 아니라 당신을 절대 귀찮게 하지 않을 겁니다.

게다가 그분 아들이 말 한 필과 마차 한 대를 준비해 주기로 했으니 이보다 더 좋은 조건이 있을까요. 두 분에서 그 마차를 함께 타고 '오데사'까지 간 후에는 그걸 팔아 여비에 보태어 써도 될 것입니다. 사실은 그분도 당신처럼 걸어서 순례하기를 바라지만 예루살렘에 가서 주님께 드릴 예물들을 어떻게 갖고 다니겠습니까? 그 때문에 마차를 타고 가려는 것이지요. 그렇게 되면 당신도 마차에 짐을 실을 수 있어서 좋지 않겠습니까?"

그는 여기까지 말하고 저의 눈치를 살피다가 다시 말을 이었습니다.

"사실 제가 당신께 이분을 길동무로 삼아 달라고 부탁하는 가장 큰 이유는 그분 혼자서는 도저히 그 긴 여행을 하기 어려울 것 같아서 그렇습니다.

그동안 그분과 예루살렘까지 동반해 줄 길동무를 구해 보았지만, 마땅한 사람이 나서지 않아 속을 많이 태웠지요. 마침 당신 같은 순례자가 나타났으니 얼마나 다행인지요. 제발 부탁입니다. 그분의 길동무가 되어 주세요. 하느님의 영광과 이웃 사랑을 실천한다는 마음으로 허락해 주십시오. 당신이라면 집주인도 무척 좋아할 것입니다. 그들은 모두 좋은 사람들입니다. 그러니 제가 이 집에서 2년씩이나 일하고 있는 것 아니겠습니까?"

이렇게 말한 그는, 자기 집주인에게 저를 데리고 가서 소개시켜 주었습니다. 그곳에 가 보니, 그 집에는 어딘지 고상한 분위기가 감도는 것 같았고, 그 집의 가족들 역시 마음씨가 고와 보였습니다. 그래서 저는 그들의 제안을 받아들이고, 출발 날짜를 예수 성탄 대축일이 지난 이틀 후로 정했습니다.

이렇게 되고 보니, 정말 인생길에는 예측하지 못한 일이 더러 생기는구나 하는 생각이 들었습니다. 하지만 이 모든 일들은 바로 하느님의 안배에 따른 결과임을 우리는 똑똑히 깨달아야 할 것입니다. 성경에도 이렇게 기록되어 있듯이 말입니다.

"하느님은 당신 호의에 따라 여러분 안에서 활동하시어, 의지를 일으키시고 그것을 실천하게도 하시는 분이십니다." (필리 2,13)

신부님과의 마지막 대화

아무튼 저는 이런 일로 인해 당초의 계획을 늦추게 되었기에, 신부님께 되돌아가 이 사실을 말씀드렸습니다. 신부님도 매우 좋게 보시며 말씀하셨습니다.

"형제님, 하느님이 형제님을 만나게 해 주셔서 참으로 기쁩니다. 지금은 형제님도 저도 다 한가하니까 그동안 순례에서 겪은 재미있는 이야기 몇 가지만 좀 들려주시지요. 저는 형제님이 겪은 일에 관심이 많습니다."

신부님은 다정한 눈빛으로 저를 바라보셨습니다. 그래서

저는 기쁜 마음으로 이야기를 시작했습니다.

"그동안 저는 언짢은 일, 좋은 일을 비롯해 여러 가지 일을 경험했습니다. 그 모두를 이야기할 재간은 없고, 생생하게 기억나는 일들만 더듬어 볼까 합니다.

사실 그동안 저는 게으른 제 영혼이 기도하는 데 영향을 준 일에 대해서만은 기억하려고 애썼기 때문에 그 밖의 일은 별로 기억에 없습니다. 바오로 사도께서 하신 말씀대로지요. '나는 내 뒤에 있는 것을 잊어버리고 앞에 있는 것을 향하여 내달리고 있습니다. 하느님께서 그리스도 예수님 안에서 우리를 하늘로 부르시어 주시는 상을 얻으려고, 그 목표를 향하여 달려가고 있는 것입니다.'(필리 3,13-14) 앞서 간 스승님도 제게 말씀하셨습니다. 기도에 방해되는 것들은 종횡무진하며 용케도 저를 찾아온다고요. 이 말을 제 생각대로 풀이하면 이렇습니다.

마귀는 기도하고 있는 영혼을 헛된 생각이나 그릇된 상상으로 이끌 수 없게 되면, 기도에서 그 정신을 다른 데로 쑥 빼내기 위해 영혼에 좋은 추억이나 아름다운 생각을 생생하게 기억하도록 만듭니다. 그리하여 영혼은 하느님과의 대화를 소홀히 하게 되고 자기 자신이나 다른 창조물과의 대화에만 열을 올리게 되는 것이지요.

또한 저의 스승님께서는 기도할 때 가장 아름답거나 고상한 생각도 허용해서는 안 된다고 하셨습니다. 그리고 하루를 보내고 나서 자신을 반성할 때, 순수하고 절대적인 기도보다는 묵상이나 신앙심을 불러일으키는 이야기에 더 많은 시간을 보냈다는 생각이 든다면, 하루를 충실히 보내지 않았다는 것으로 보아야 한다고 하셨습니다. 특히 신심 활동보다 기도로 더 많은 시간을 보내야 하는 초보자들의 경우에는 그것을 부주의나 이기적인 영적 탐욕으로 여겨야 한다고 하셨습니다.

 그러나 누구든지 자신이 체험한 일을 까맣게 잊어버린다는 것은 거의 불가능합니다. 어떤 추억은 깊이 새겨져 생각해 내려고 애쓰지 않아도 저절로 생각이 날 만큼 생생하게 남아 있기 때문입니다."

어느 가족의 환대

 제가 '토볼스크' 지역을 향할 때의 일입니다. 그때 저는 자그마한 어느 도시에서 하루를 지내게 되었습니다. 마침 빵이 다 떨어져서 빵을 얻으려고 다니다가 어느 집 앞을 지나게 되었습니다. 그런데 그 집의 주인은 저를 보자 기쁜 표정으로 말했습니다.

"아주 때맞춰 잘 오셨습니다. 마침 제 아내가 지금 막 화덕에서 빵을 꺼냈습니다. 자, 이 따끈따끈한 빵을 가져가시고, 그 대신 저희를 위해 하느님께 기도해 주십시오."

저는 그의 성의에 감사하면서 그 빵을 자루에 넣었습니다. 그런데 이번에는 부인이 저를 보고, "저런, 자루가 다 떨어졌네요. 다른 것을 하나 드리지요." 하면서 튼튼하게 생긴 자루 하나를 내주는 것이었습니다. 저는 이분들의 성의에 몇 번이고 감사하면서 그 자루를 받아 빵을 넣고는 그 집을 나왔습니다. 그러고는 오는 길에 소금 가게에 들러 소금 한 봉지를 얻어 자루에 넣었습니다. 제 마음은 감사와 행복으로 가득 찼습니다.

"내 영혼아, 주님을 찬미하라."

절로 흘러나오는 기도를 바치며 저의 마음은 마냥 흥겹기만 했습니다.

성당에서 만난 아이들

그로부터 저는 6킬로미터쯤 더 걷다가, 마을 중앙에 나무로 지어진 작은 성당에 이르렀습니다. 그 성당은 큰길 옆에 있었는데, 저는 성당에 들어가 감실 앞에 앉아서 성체 조배를 드렸습니다. 그러고 나서 나오는 길에 무심코 아래를 내려다보니 성당 옆에 있는 풀밭에서 두 어린아이가 놀고 있었습니다. 저는 두 아이가 노는 모습을 보고 속으로 혹시 신부님이 맡아서 기르는 아이들인가 하는 생각이 들었습니다. 그러나 아이들에게 물어볼 수도 없고 해서 성당 문을 나서려는데 뒤에서 저를 부르는 아이들의 목소리가 들렸습니다.

"아저씨! 거지 아저씨!"

저는 걸음을 멈추고 고개를 돌렸습니다. 그랬더니 두 아이가 제게로 다가와 제 손을 덥석 잡았습니다. 한 아이는 남자아이였고 또 한 아이는 여자아이였는데 몹시 귀여웠습니다. 아이들은 제 손을 꼭 쥔 채 말했습니다.

"아저씨, 저희랑 같이 저희 집에 가요. 네? 엄마가 아저씨를 보면 참 기뻐할 거예요."

그들의 눈빛은 맑고 그 행동은 너무나 천진난만해서 저는 웃으며 말했습니다.

"얘들아, 난 거지가 아니란다. 그저 길 가는 나그네야."

"그럼, 아저씨는 왜 자루를 메고 다녀요?"

"응, 이것 말이니? 길을 가다가 먹을 빵을 여기에 넣어 둔단다."

"그렇다면 더욱 잘됐네요. 저희 집에 같이 가면 우리 엄마가 빵도 많이 주고 돈도 주실 거예요. 아저씨! 저희 집에 가요, 네?"

저는 마지못해 그들을 따라나서기로 하고 말했습니다.

"그래, 알았다. 그런데 엄마는 어디 계시니?"

"저기 나무 뒤에 저희 집이 있어요. 거기에 계세요."

아이들은 말도 채 끝맺기 전에 제 손을 끌어당겼습니다. 저는 하는 수 없이 아이들을 따라 그 집으로 갔습니다.

극진한 대접

그 집은 푸른 잔디가 깔린 넓은 정원이 있는 아주 으리으리한 저택이었습니다. 제가 놀란 눈으로 주위를 살피며 아이들을 따라 현관으로 들어서자, 아이들의 어머니로 보이는 부인이 나와 우리를 아주 반갑게 맞았습니다.

"얘들아! 너희들 참 귀한 분을 모셔 왔구나!"

또 저를 향해 반갑게 말을 걸었습니다.

"참 잘 오셨습니다. 하느님께서 순례자님을 저희 집으로 인도해 주셨네요. 어서 이리로 올라오세요."

부인은 저를 응접실로 안내한 후에, 저에게서 자루를 받아 식탁 위에 놓았습니다. 그러고는 부엌에서 손수 차를 준비해 와 저에게 권했습니다.

이러한 뜻밖의 환대에 저는 몸 둘 바를 몰랐습니다. 그래서 송구스러운 목소리로 인사했습니다.

"부인, 정말 감사합니다. 이런 친절을 무엇으로 보답해야 좋을지 모르겠습니다. 제가 할 수 있는 것은 기도뿐이니 정성을 다해 이 가정에 하느님의 축복이 가득하기를 기도드리겠습니다. 정말 고맙습니다."

저는 가슴이 벅차오르는 것을 억누르며 말했습니다. 그 벅차오르는 감정을 누를수록 기도하고 싶은 마음이 불길처럼 일어나 얼굴까지 화끈거렸습니다. 저는 그 마음의 열기를 억누르다 못해 나직이 말했습니다.

"부인, 용서하십시오. 제 마음을 감당하기 어려워서 그러니 제발 저를 이대로 보내 주십시오. 그리고 주 예수 그리스도의 평화가 항상 부인과 이 가정에 함께하기를 빕니다."

이렇게 말하고 일어서려는데 부인이 다급히 저를 붙잡았습니다.

"아니에요, 이렇게 가지 마세요. 하느님께서도 틀림없이 그렇게 하기를 원하실 거예요. 저의 남편은 지방 법원 판사로 있는데 잠시 후면 돌아올 겁니다. 그이도 순례자님을 보면 틀림없이 기뻐할 거예요. 남편은 순례자를 보면 하느님께서 보내 주신 분으로 여기고 잘 모시고 싶어 한답니다. 게다가 내일은 주일이니 저희랑 같이 성당에 가서 미사도 참례하고 주님이 주시는 음식도 나눠 먹어요. 사실 저희 집에서는 축일이면 항상 30여 명의 순례자를 모시고 식사를 한답니다."

부인은 한사코 저를 만류하며 또 말을 이었습니다.

"아직 순례자님에 대해 아는 바가 없네요. 순례자님의 이야기도 좀 해 주세요. 사실 저는 주님을 특별히 공경하는 분의 이야기를 듣는 걸 무척 좋아합니다."

결국 부인의 간곡한 만류에 다시 자리에 앉고 말았습니다. 그리고 속으로 이곳의 집주인이 돌아올 때까지만 있기로 마음먹었습니다.

부인이 저의 이런 표정을 보았는지, 옆에 서 있는 아이들에게 제 빵 자루를 성모상을 모신 방으로 가져가라고 이르고 저를 돌아보며 말했습니다.

"오늘 밤은 여기서 주무세요. 그러니 마음 놓고 제 남편이 돌아올 때까지 편안히 쉬세요."

그러고는 아이들을 따라 잠시 밖으로 나갔습니다. 저는 부인의 마음 씀씀이가 너무 고마워서, 잠시 후에 부인이 돌아왔을 때, 제가 그동안 겪은 순례담을 간략하게 들려주는 것으로 그 호의에 답했습니다. 그리고 앞으로 이르쿠츠크로 갈 것이라고 덧붙이자, 부인은 반색을 하며 이렇게 말했습니다.

"그럼, '토볼스크'를 지나가시겠네요. 그 도시에 수도원이 하나 있는데, 제 어머님이 그 수도원에서 은수자로 살고 계십니다. 기왕 가시는 길이니 편지 한 장 전해 주시면 감사하겠습니다. 그곳에 가시면 후한 대접도 받고 사례도 받으시겠지만, 그보다도 어머니를 만나시면 영성에 대해서 여러 가지 도움을 받으실 거예요. 게다가 모스크바에서 구해 온《요한 클리마코》라는 책을 어머니께 보내 드리고 싶었는데, 이걸 드릴 수 있다니 정말 기쁩니다."

부인은 이런 부탁을 하면서 저를 식탁으로 안내했습니다. 아름다운 장식으로 꾸며진 식탁에는 먹음직한 음식이 가득 차려져 있었습니다. 부인은 저에게 식탁의 가운데 자리에 앉기를 권하면서 자신도 제 옆자리에 앉았습니다.

가족들과의 만남

이윽고 부인 네 사람도 우리와 자리를 같이했습니다. 그러고는 다 함께 수프를 먹었습니다. 식사를 하는 동안, 부인 한 명이 자리에서 일어나 성상을 향해 절하고 우리에게도 절한 다음, 음식을 가지러 주방에 다녀왔습니다. 다른 세 부인도 이런 식으로 교대를 하며 주방에서 음식을 날랐습니다. 저는 이 사람들이 누군지 궁금했습니다. 그래서 부인에게 조용히 물어보았습니다.

"이분들도 다 집안 사람들입니까?"

그랬더니 부인은 제게 식탁에 함께한 이들을 차례로 소개해 주었습니다.

"주방에서 일하는 요리사와 마부의 부인, 그리고 가정부와 청소부예요. 저희는 이렇게 다 같이 한 형제처럼 지내고 있답니다."

부인이 이들을 모두 가족처럼 대한다는 사실을 분명히 알 수 있었습니다. 저는 속으로 무척 감탄했습니다. 그리고 이런 독실한 신자의 가정에 저를 인도해 주신 하느님께 감사드렸습니다. 이때 저의 마음속에는 기도하고 싶은 충동이 또다시 세차게 일었습니다.

그래서 저는 어디 조용한 곳으로 가서 하느님께 기도를 바치고 싶었습니다. 그래서 식탁에서 일어나며 부인께 산책을 하고 오겠다고 말했습니다. 그러자 부인은 저를 따라 일어서며 말했습니다.

"그러시면 같이 정원으로 가요. 아이들도 순례자님을 따르고 싶어 하고, 저 또한 순례자님과 같이 걷고 싶어요."

저는 할 수 없이 그들과 함께 정원으로 나갔습니다. 저를 따라와 제 곁에 바싹 붙어 앉은 아이들도 즐거워 보였습니다. 때마침 어둠이 깃든 정원에는 여러 가지 풀꽃들의 향기가 가득했습니다. 저는 그 순간, 조금 전의 감동을 되새기며 부인에게 말했습니다.

"부인이나 자제분들이나 저같이 미천한 자를 이토록 대접해 주시니 정말 몸 둘 바를 모르겠습니다. 특히나 신앙적인 가정 분위기가 참으로 좋습니다. 이렇게 되기까지 부인께서 노력을 많이 한 듯싶습니다."

제 말에 부인은 겸손의 뜻을 표하며 말했습니다.

"칭찬해 주시니 고맙습니다. 실은 제 아버지는 요사팟 성인의 증손이세요. 성인의 묘는 '벨고로드'에 있고, 그곳에 저희가 소유한 집이 한 채가 있었는데, 가난한 지방 유지에게 빌려 주었어요. 그분은 그 집에서 살다가 돌아가셨고 그분의 아내도 유복자를 낳고 돌아가셨습니다. 천애 고아가 된 유복자를 아버지께서 데려다 키우셨어요. 그 아이가 바로 제 남편이에요.

남편은 저보다 한 살 많았는데, 아버지는 친자식 못지않게 남편을 사랑하셨어요. 그래서 남편은 아버지 덕택으로 저와 함께 똑같은 가정 교사에게 글을 배웠지요. 그러다가 아버지가 돌아가시자, 어머니를 따라 이 마을로 이사 와서 살았답니다. 저희가 성인이 되자, 어머니는 저를 남편과 결혼시켜 저희에게 재산을 물려주시고, 당신은 수도원으로 가셨어요. 그때 어머니는 저희 부부에게 이렇게 말씀을 하셨어요.

'너희들은 부디 신자답게 살고, 하느님께 전심으로 기도드리며 무엇보다도 계명 중에 제일 중요한 계명을 지키도록 해라. 그것은 그리스도의 형제인 가난한 사람을 돕고, 아이들이 하느님을 두려워하는 마음을 지니도록 키우며, 하인들을 형제로 대하는 것이란다. 이렇게 이웃 사랑을 충실히 지키도록 해라.'

이러한 어머님의 말씀대로 살기 위해 노력하면서 이 집에서 살아온 지 10년이 되었습니다. 그동안 저희 부부는 걸인들을 위한 휴양소를 하나 마련했는데, 현재 그곳에 장애인과 병자 열 명 정도가 지내고 있습니다. 보고 싶으시면 내일 같이 가셔도 됩니다."

저는 부인의 이야기를 듣고 너무나 감동하여 깊은 생각에 잠겼습니다.

'참으로 훌륭한 가문이구나. 이런 집에 어찌 하느님의 복이 함께하지 않겠는가!'

눈을 감고 하느님께 이 집에 더 큰 복을 내려 달라고 축원하고 눈을 떴습니다. 그리고 부인에게 물었습니다.

"부인께서 모친께 보내 드릴 책 《요한 클리마코》는 어디에 있습니까?"

부인은 일어서며 말했습니다.

"서재에 있어요. 서재로 가서 보시겠어요?"

저는 부인을 따라 서재에 가서 부인이 꺼내 주는 책을 펼쳐 드는데 그때 막 이 집의 주인이 들어왔습니다. 저는 자리에서 일어나 그를 맞았습니다. 그리고 서로 평화의 인사를 나눴습니다. 주인은 유쾌한 마음으로 저를 맞아, 자기 서재로 안내했습니다.

주인과의 즐거운 대화

"정말 잘 오셨습니다. 그렇지 않아도 저와 아내는 순례자와 병자를 늘 기다립니다. 사실 저희 집은 대대로 순례자와 병자를 맞아들이고 모시는 일을 의무로 여겨 왔습니다."

이렇게 말하면서 그분은 저를 소파에 앉히고 차를 권했습니다. 저는 그분께 진정으로 고맙다는 인사를 하고 천천히 눈을 들어 서재를 쭉 훑어보았습니다. 그러다가 서가에 꽂힌 수많은 책을 보고 놀랐습니다. 질서정연하게 놓인 크고 작은 책들이 이 낯선 나그네를 내려다보는 것 같았습니다. 그 서가의 가장자리에 성모상이 있고 그 위쪽에는 사람 크기만 한 십자고상이 걸려 있었는데, 바로 아래에는 겉을 금박으로 감싼 《성경》이 꽂혀 있었습니다. 저는 그 분위기에 압도되어 절로 성호를 그으며 말했습니다.

"정말 훌륭한 서재군요. 마치 천국에 온 듯합니다. 틀림없이 이곳에 예수 그리스도께서 함께 계시고 순결하신 성모님과 성인들도 같이하고 계시다는 느낌이 듭니다. 이런 분위기라면 주님께서도 이 집에 머무시기를 원하실 것입니다. 정말 부럽습니다. 주님의 평화가 이 가정에 어찌 깃들지 않겠습니까?"

저는 진심으로 감동을 받았고, 부러운 눈으로 이 집 주인을 지그시 바라봤습니다. 주인도 고맙다는 듯이 입가에 만족스러운 웃음을 띠며 입을 열었습니다.

"그렇게 칭찬해 주시니 감사합니다. 저희 역시 주님께서 언제나 저희 가정을 돌보아 주시리라 믿고 있지요. 늘 책 속에서도 주님을 뵙고 있으니까요."

"독서를 무척 좋아하시는군요?"

저는 이렇게 말한 뒤 다시 한 번 그 많은 책들을 쭉 훑어보고 무슨 책을 좋아하는지 물었습니다.

"영성에 관한 책을 비교적 많이 읽는 편이지요. 보시다시피 그 분야의 책들이 많습니다. 가령 《순교 성인록》이라든지 《요한 크리소스토모》라든지 또는 대大 바실리오 성인[17]의 저서와 그 밖의 철학, 신학, 그리고 요즘 출판된 강론집들도 있지요."

그는 연신 서가 쪽을 바라다보며 기쁜 표정을 짓고 있었습니다.

"그런데 혹시 기도에 관한 책은 없으신지요?"

그 방면의 책을 좀 보고 싶어 물었더니, 주인은 자신 있게 자리에서 일어나 서가로 갔습니다.

영적 독서에 대한 나눔

잠시 후 '페테르부르크'에 계신 신부님이 저술한 기도 책 한 권을 뽑아 들고 자리로 돌아오며 말했습니다.

"자, 이 책을 보십시오. 이 책에는 '주님의 기도'가 자세히 풀이되어 있습니다. 제가 읽을 테니 들어 보시겠습니까?"

주인은 유창한 목소리로 책을 읽어 내려갔습니다. 바로 이때, 부인이 차를 들고, 아이들은 예쁜 쟁반에 빵과 과자를 담아 들고 왔습니다. 주인이 잠시 책 읽기를 멈췄습니다. 그러고는 부인에게 말했습니다.

"때마침 잘 들어왔소. 자, 당신이 이 책 좀 읽어 주시오. 나보다는 당신이 훨씬 나으니까."

이 말에 부인은 다소 얼굴을 붉히더니 남편에게 책을 받아 읽기 시작했습니다. 저는 부인이 읽어 내려가는 내용을 열심히 들으며 커다란 감동을 받았습니다. 이때 저는 문득 돌아가신 스승님이 스쳐 감을 느꼈습니다. 그리고 그 스승님의 영이 제 안에서 속삭이는 음성을 들었습니다. 저는 점점 격렬한 감정이 북받쳐 오르는 것을 느끼며 저절로 몸이 공중에 뜨는 듯한 벅찬 감격에 저도 모르게 몸을 부르르 떨었습니다. 그래서 급히 성호를 긋고 몸을 바로잡았습니다. 의자에서 떨어질 것 같은 느낌이 들었기 때문입니다. 그러던 중에 부인이 책 읽기를 마치고 만족한 표정으로 저를 바라보며 느낌이 어떠냐고 물었습니다.

"말로 표현할 수 없이 좋았습니다. 제가 들은 어떤 기도보다도 훌륭한 기도였습니다."

저는 감격 어린 목소리로 말했습니다.

"그렇게 좋은가요?"

이번에는 주인이 부인 대신 물었습니다.

"좋다마다요. 그런데 한 가지 색다른 것은 제가 읽는 기도서와는 달리 여기 적힌 내용은 주로 신자들의 생활에 더 비중을 둔 것 같은 느낌이 듭니다."

저의 생각을 말했더니 주인은 제게 다시 물었습니다.

"그렇다면 순례자님이 읽으신 책의 내용을 좀 들려주실 수 있겠습니까?"

"그러지요."

이렇게 대답하고 제가 읽은 책들을 대략적으로 설명했습니다. 주로 신비적이고 관상적인 면을 중시한 책을 읽었는데, 예컨대 증거자 막시모 성인[18]이나 베드로 다마스체노의 《자애록》을 주로 읽었다고 말했습니다.

제가 하는 말을 듣고 나서 이번에는 부인이 호기심에 찬 눈으로 그 책의 내용을 조금 더 구체적으로 설명해 달라고 말했습니다. 그래서 저는 책의 내용을 설명해 주었습니다.

"이 책의 첫머리에는 '하늘에 계신 우리 아버지'에 대한 해설이 있는데, 부인이 금방 읽으신 책의 내용과는 차이가 있습니다. 우리가 모두 한 아버지의 자녀이기 때문에 서로 사랑해야 한다는 식의 풀이와는 다르지요. 이 책에서는 이 기도문을 읽을 때 모든 사람은 우선 하늘에 계신 아버지께 그 마음을 향하고, 자신이 하느님 앞에 마땅히 있어야 할 존재임을 매 순간 깨달아야 한다고 가르치지요.

그리고 '아버지의 이름이 거룩히 빛나시며' 부분에서는 하느님의 이름을 무엇보다도 헛되이 불러서는 안 된다는 깨달음과 함께, 특히 내심 기도를 요구합니다. 그러므로 거룩하신 그분의 이름을 마음 깊이 새기며 그 이름을 영구적인 기도로서 받아들이는 열렬한 마음이 있어야 합니다.

'아버지의 나라가 오시며' 하는 부분에서는 우리 마음에 내적 평화와 기쁨이 임하기를 열망해야 하며, '오늘 저희에게 일용할 양식을 주시고'에서는 자신이 살아가는 데 필요한 것과 남을 돕는 데 필요한 것을 함께 구해야 한다는 것을 말합니다. 그러나 증거자 막시모 성인 같은 분은 일용할 양식이란 영혼을 기르는 하늘의 빵, 다시 말해서 하느님의 말씀으로 이해해야 한다고 가르치셨습니다. 그러하기에 하느님과의 일치를 도모하는 데 더 많은 비중을 두고 기도해야 한다고 말씀하셨습니다."

내심 기도의 탐구

제가 여기까지 설명했을 때, 집주인이 말했습니다.

"내심 기도가 그렇게도 어려운 것이군요. 저희 같은 사람은 엄두도 낼 수 없겠는데요. 그런 기도에 이르려면 주님의 도우심이 필요할 것 같습니다."

"물론 주님의 도우심이 있어야지요. 그러나 너무 어렵게 생각하실 필요는 없습니다. 왜냐하면 하느님께서는 애당초 인간의 능력이 미치지 못하는 일은 시키지 않으시기 때문이지요. '나의 힘은 약한 데에서 완전히 드러난다.'(2코린 12,9)라는 성경 말씀이 있지 않습니까? 그리고 교부들도 내심 기도를 더욱 쉽게 바치는 방법을 제시하고 있지요."

저는 이분들께 되도록 격려와 위로를 주려고 이런 말을 덧붙였던 것입니다. 그랬더니 이번에는 부인이 말했습니다.

"우리는 그에 대해 배운 적이 없습니다."

"그럴 수 있습니다. 하지만 노력하다 보면 이런 기도에도 곧 익숙해지실 겁니다. 원하신다면 제가 《자애록》 몇 구절을 읽어 드리지요."

저는 이렇게 말하면서 아이에게 제 소지품을 가져오게 하여, 그 속에서 《자애록》을 꺼내어 베드로 다마스체노의 구절

중 일부를 읽었습니다.

"'언제나 어디서나 어떤 상황에서나, 숨을 쉬는 것보다 더욱 자주 주님의 이름을 부르기를 게을리하지 마라. 바오로 사도가 '끊임없이 기도하십시오.'라고 하신 말씀대로 언제 어디서나 항시 주님만을 생각하라. 그대가 뭔가를 만들고 있다면 그대 앞에 있는 것들을 만드신 창조주 하느님을 기억해야 한다. 빛을 보면 그 빛을 주신 분, 하늘과 땅과 바다와 그 안에 있는 모든 것을 보면 이를 창조하신 분을 찬양하고 영화롭게 하라. 옷을 입고 있으면 그 옷을 입혀 주신 분을 생각하고, 의식주를 돌보아 주시는 분께 감사하라. 한마디로 그대의 일거수일투족이 바로 주님을 찬양하는 동기가 되게 하라. 기도란 바로 이런 것이다. 그렇게만 되면 영혼은 항상 기쁨에 넘치리라.'

어떻습니까? 이제는 쉽게 이해가 되시겠지요. 진리를 추구하는 사람이라면 이것이 매우 친근한 방법이 될 것이라고 믿습니다."

"그렇군요. 매우 훌륭한 가르침입니다."

주인은 저의 말을 맞받아 이렇게 칭찬했습니다. 자기도 이 책을 꼭 구해서 읽어야겠다면서 우선 제가 읽어 준 부분을 당장 기록해 두겠다며, 부인에게 필기도구를 가져와 달라고 부탁했습니다. 부인이 서랍에서 종이와 펜을 꺼내 주니, 그는 저에게 그 구절을 다시 읽어 달라 하고는, 대단한 속필로 이를 받아썼습니다. 필기가 끝나자 그는 자리에서 일어나 서재에 모셔 둔 다마스쿠스의 요한 성인[19]상 앞에 그 글을 붙이면서 말했습니다.

"이 글을 여기에 붙여 두면 이를 실천하기가 훨씬 수월할 것 같아서요. 어떻습니까?"

저는 이 말에 고개를 끄덕이며 참 좋은 생각이라고 말했습니다. 그런 다음 우리는 모두 식탁으로 가서 감사의 마음으로 저녁을 들었습니다. 참 기쁘고 즐거운 저녁이었습니다. 모두가 조용히 기도의 분위기에 젖어 드는 가운데 식사가 끝나자, 주인은 저에게 '식사 후 기도'를 부탁했습니다. 그래서 평소에 즐겨 읊던 '예수의 찬미가'를 했습니다. 모두 하느님께 감사를 드리며 제가 하는 기도를 마음 깊이 새겨들었습니다.

이윽고 밤이 되어 다른 가족들은 식탁에서 물러나고 그 자리에는 주인 내외와 저만 남았습니다.

부인의 따뜻한 친절

우리들은 한동안 내심의 기도에 관한 이야기를 나누고 밤이 으슥해져서야 식탁에서 일어나 잠자리에 들었습니다. 주인이 정해 준 방에 이르자 부인이 잠옷 한 벌과 내의와 양말 한 켤레를 챙겨 주며 편히 주무시라고 깍듯이 인사했습니다. 저는 황송해하면서 말했습니다.

"부인께 폐를 끼쳐 드려 죄송합니다. 그리고 친절하게 대해 주셔서 진심으로 감사합니다. 그러나 주신 이 양말은 제게 필요가 없습니다. 양말 대신 발에다 늘 각반(다리에 헝겊으로 띠를 감고 다니는 것)을 하고 다니거든요."

"그러시다면, 이 양말은 다시 가져갈게요. 고단하실 테니 어서 편히 주무세요."

그러면서 부인은 문을 닫고 나갔습니다. 저는 감사의 마음을 품은 채 잠옷으로 갈아입고 기도를 드린 다음, 잠자리에 들었습니다.

이튿날 아침, 잠에서 깨어나 아침 기도를 드린 후에, 세수하러 밖으로 나가려는데 부인이 제 방문을 노크했습니다. 방으로 들어온 부인은 아침 인사를 하면서 손에 든 꾸러미를 건넸습니다.

"이것을 받으세요. 이 속에는 제가 만든 각반과 남편이 준비한 신발 한 켤레가 들어 있습니다."

저는 부인이 내미는 꾸러미를 받으면서 어쩔 줄을 몰랐습니다. 그분들의 성의가 너무 고마웠기 때문입니다. 그리고 뜨거운 정감이 가슴에 넘쳐흘렀습니다. 제가 하도 감격하여 멍하니 서 있자 부인이 속삭이듯 말했습니다.

"너무 어렵게 생각하지 마세요. 이것은 저희의 자그마한 성의의 표시예요. 부담 갖지 말고 신으셨으면 합니다."

저는 그저 고개만 약간 끄덕이고 감사하다는 말조차 잊고 말았습니다. 정말 목이 메어 말이 나오지 않았습니다. 부인이 방을 나간 다음에야 저는 홀로 방 안에 오랫동안 남아 감사의 말을 입속으로 되뇌며 감격의 눈물을 흘렸습니다. 아침 식사가 마련되었다는 연락을 받지 않았더라면 온종일 그렇게 울고만 있었을 것입니다.

얼마 후, 저는 눈물을 닦고 세수를 한 다음 식당으로 갔습니다. 가족들은 제가 나오기를 기다리고 있던 눈치였습니다. 저는 그들과 함께 식사를 나누었습니다. 그러고는 정오가 되었을 때쯤 집주인과 함께 정원 벤치에 앉아 오랫동안 이야기를 나누었습니다. 주인은 저의 신분을 물으며, 지식이 높은 것으로 보아 꽤 높은 가문의 출신으로 짐작된다고 말했습니다. 저는 솔직히 고백했습니다.

"그렇지 않습니다. 저처럼 무디고 못난 사람은 그리 흔치 않을 것입니다. 제게 얼마간의 지식이 있고 영성에 대해 아는 바가 있다면 그것은 전부 돌아가신 스승님 덕분입니다. 저는 그분의 가르침을 받아 내심 기도도 할 수 있게 되었고, 교부들의 책을 읽고 신앙에 다소 눈을 뜨게 되었지요. 이것조차도 그분들과 하느님 덕분이지 저 혼자서는 아무것도 할 수 없었을 것입니다.

한 가지 자신 있게 말씀드릴 수 있는 것은, 더욱 열렬히 예수 그리스도를 부르짖으면 누구나 자신의 마음에 숨어 있는 빛을 발견할 수가 있고, 그렇게만 되면 저절로 하느님 나라의 신비를 알아듣게 된다는 사실입니다. 사람은 누구나 자신 안에 깊이 침잠하여 그 안에 있는 가능성을 찾고, 참된 자신을 깨닫고, 자신에 대한 인간적 결함을 진심으로 뉘우치면, 어느 정도는 자신의 진정한 모습을 발견할 수 있습니다. 저는 이런 상태를 신비라고 봅니다. 따라서 거룩한 마음을 갖고 다른 사람과 대화하는 일이 그다지 어렵지 않습니다. 그렇게 되는 것은 인간의 지식과 지혜가 아닌 마음 그 자체이기 때문입니다. 사람이란 누구나 자기가 쌓은 지식과 경험으로 얼마간은 정신 수련을 할 수 있지만, 지각이 없으면 아무 소용이 없습니다. 왜냐하면 그런 사람들은 진정한 자신을 발견할 수 없고, 따라서 진리보다는 세속에서 일어나는 하찮은 일에 더 크게 마음을 쓰기 때문입니다. 그렇게 되면 갈수록 영적 생활과 기도 생활을 등한시하게 되고 결과적으로는 구원 자체가 어렵게 되는 것이지요. 그렇기 때문에 지식이나 경험보다는 지각이 더 중요하다고 말할 수 있습니다."

늙은 부랑자의 속죄

제가 말하는 동안 집주인은 제 말에 귀를 기울이기도 하고 눈을 감고 명상에 잠기기도 했습니다. 제가 말을 마치자 자기가 2년 전에 겪은 일이라면서 다음과 같은 이야기를 들려주었습니다.

"어느 날 해 질 무렵, 늙은 부랑자 한 사람이 찾아왔는데 몸에 지닌 것이라고는 군대 제대증뿐 가진 것이라고는 아무것도 없었습니다. 그런데다가 그 노인은 기력이 쇠약하여 피골이 상접한데, 신분도 낮아 보였습니다. 그래도 저희는 그 노인을 정중히 맞아들였습니다. 그런데 잘 보살펴 드렸는데도 노인은 그만 병이 들었지 뭡니까? 그래서 저희 가족은 정원에 세운 천막으로 노인을 옮기고 정성껏 간호했지만 좀처럼 차도가 없었습니다. 노인의 임종이 가까워짐을 느낀 저는 급히 신부님을 모셔다가 병자성사를 받게 했습니다.

그런데 운명하기 바로 전날, 노인이 저에게 필기도구를 갖다 달라고 한 다음 저희더러 잠시 나가 달라고 했습니다. 페테르부르크에 있는 자기 아들에게 유언장을 쓰겠다는 것이었습니다. 얼마 후 저희는 노인이 있는 천막 안으로 들어갔다가 그 노인이 유언장 겉봉에 쓴 글씨를 보았습니다. 그 순간 저는 매우 놀랐습니다. 너무도 아름다운 달필이었기 때문입니다. 죽음을 눈앞에 둔 노인이 그것도 쇠약해진 육체와 정신으로 어떻게 그토록 아름다운 글씨를 쓸 수 있는지 저는 도무지 믿기지 않았습니다. 저는 감동 어린 눈으로 그 유언장을 바라보며 노인에게 그 유언장 내용을 공개해 줄 수 없겠느냐고 물었습니다. 노인은 조용히 미소를 지으며 자기가 죽고 나거든 보라고 했습니다. 그렇다면 어떻게 살아왔는지 듣고 싶다고 했더니 비밀을 꼭 지켜 달라는 말을 한 뒤 힘겹게 입을 열어 이야기를 시작했습니다. 지금부터 제가 하는 이야기는 그 노인에게 들은 대로입니다."

집주인은 이렇게 말하고는 노인에게 들은 이야기를 들려주었습니다.

"저는 왕족으로 태어났으며 꽤 부유했습니다. 그러다 보니 자연히 생활은 무질서하고 방탕하기 이를 데 없었지요. 이런 생활을 견디다 못한 아내는 병을 얻어 일찍 죽었고, 저는 왕궁의 근위대장으로 있던 아들에게 신세를 지게 되었습니다.

그러던 어느 날 저녁, 무도회에 갈 채비를 하다가 어떤 일인가로 화가 치밀어 하인 하나를 몹시 때렸는데, 그 바람에 하인이 그만 죽고 말았습니다. 그러나 이런 사건을 두고 누구 하나 문제 삼지 않았을 뿐만 아니라, 저도 그 일에 크게 상심하지 않았습니다.

그런데 묘한 일이 벌어졌습니다. 그 하인이 죽은 지 9주가 지난 어느 날 밤, 꿈에 하인이 나타나더니 저를 못살게 굴었습니다. 그것도 하룻밤만이 아니라 그 이후로 계속 꿈에 나타나 저를 괴롭혔지요. '너는 반드시 내 손에 죽어야 한다!' 하고 호통을 치는 악몽이었습니다. 그 때문에 저는 밤이면 밤마다 시달려야만 했고, 어떤 때는 한낮에도 그의 모습이 선연히 눈앞에 나타나 저를 괴롭히곤 했습니다. 때로는 그 하인뿐만 아니라 다른 죽은 영혼도 떼로 몰려와 저의 혼을 빼놓곤 했습니다. 이럴 때 몰려오는 사람들은 생전에 저에게 모욕을 받았거나 저의 방탕한 생활에 희생이 된 여자들이었습니다. 그 때문에 저의 몸과 마음은 엉망이 되어 갔고, 아무리 값비싼 약을 먹어도 쇠약할 대로 쇠약해진 몸은 회복되지 않았습니다.

그러는 동안 저는 피골이 상접하고 산송장으로 변했습니

다. 그런 기간이 장장 6개월, 저는 이승에서 벌써 지옥의 벌을 받고 있었습니다. 결국 고통에 시달리다 못해 참회를 하게 되었고, 지은 죄를 하루빨리 조금이라도 덜어야겠다고 생각했습니다. 그래서 고해성사도 받고 집에서 부리던 하인들도 다 자유롭게 해 주었습니다. 그런 뒤에 죄를 보속하기 위해 여생을 머슴처럼 노동하면서 살겠다고 하느님께 굳게 맹세했습니다. 그런데 묘한 것은, 이런 결심을 한 다음부터는 저를 그토록 못살게 굴던 영혼들이 다시는 나타나지 않았고, 따라서 그토록 어지럽던 마음도 차분히 가라앉게 되었습니다. 저의 병도 차차 호전되어 건강해졌습니다. 완전히 회복된 저는 여권을 가지고 정든 고향을 떠나 노동 생활의 첫발을 내디뎠습니다. 하느님과의 화해가 저를 구한 것이지요. 저는 그로부터 천상적 행복이 어떤 것인지, 그리고 하늘나라가 우리 마음에 어떻게 심어지는지를 실감하게 되었습니다.

그것이 벌써 15년 전 여름의 일입니다. 저는 무작정 집을 나와 시베리아 벌판을 헤맸습니다. 그러다가 부유한 농가를 찾아가 머슴살이를 자청하며 중노동을 하기도 하고, 때로는 예수 그리스도의 이름을 팔아 걸식을 하기도 했습니다. 그러면 그럴수록 저의 마음은 더욱 굳세어졌고, 가난에서 오는 행복을 만끽할 수 있었습니다. 그리고 지복至福이란 결코 부유한 생활에서 얻어지는 것이 아니라는 사실도 알았지요. 이는 하느님의 자비로 고통의 지옥에서 빠져나온 사람만이 느낄 수 있는 깨달음일 것입니다."

집주인은 눈을 지그시 감은 채 덧붙여 말했습니다.
"노인은 조용조용, 그러나 숨이 찬 목소리로 말했습니다. 저희 가족은 노인의 말에 귀를 기울이면서 그가 천국에 갈 수 있도록 하느님께 빌었지요. 노인은 다음 날, 침대에서 조용히 눈을 감았습니다."

늙은 부랑자의 유언

"저희는 노인의 장례를 정성스럽게 치렀습니다. 그런 다음에야 노인이 아들에게 보내는 유서를 읽었습니다. 그 유서가 여기 있습니다."
주인은 저를 다시 서재로 데리고 가서 서랍에서 유서를 꺼내 보여 주었습니다. 저는 주인이 내민 유서를 받아 들고 읽어 내려갔습니다.
"성부와 성자와 성령의 이름으로 이 유서를 쓴다."

첫머리에는 이렇게 쓰여 있었습니다. 저는 저도 모르게 이마에 성호를 그었습니다.

"사랑하는 나의 아들 보거라. 너와 내가 헤어져 산 지도 벌써 15년이란 세월이 흘렀구나. 그래도 나는 풍문으로 네 소식을 종종 듣고 있었단다.

사랑하는 아들아!

이제 나는 운명이 다해 주님 곁으로 떠날 시간을 맞이했단다. 네게 이 유언장을 쓰니, 이를 못난 아비가 주는 유일한 유산으로 알고 받아 읽으려무나. 이 아비의 생애를 너는 누구보다도 잘 알 것이다. 그 많은 죄를 속죄하기 위해 스스로 고통의 길을 택한 사정도 알고 있겠지.

그러나 네가 아직도 모르는 사실이 하나 있단다. 그건 바로 하느님 앞에서의 진정한 참회가 무엇을 가져다주는지에 대한 것이다. 그것은 한마디로 행복의 극치란다. 나는 그동안 행복의 극치 속에서 살아왔다. 인생의 마지막 순간까지도 한 은인의 배려로 행복을 느끼며 숨을 거둘 수 있게 되었지. 이 은인은 바로 너의 은인도 될 것이다. 아버지가 받은 사랑은 너에게도 두루 전해질 테니 말이다. 그러니 이 유서를 전하는 분에게 마음 깊이 감사와 존경을 드려야 한다. 그리고 아버지로서 네게 축복을 내리니, 부디 착하고 지혜롭게 살거라. 또한 너의 아랫사람들을 진심으로 사랑하고, 이 아비를 기억하면서 걸인이나 순례자를 만나거든 친절히 대해 주거라. 너에게 하느님의 은총이 언제나 함께하기를 기도하마."

조그만 사랑으로 얻은 보람

저는 유서에서 눈을 떼고 잠시 눈을 감았습니다. 그분의 목소리가 선연히 들리는 듯했기 때문입니다. 저는 마음속으로 그분의 명복을 빌고 또 빌었습니다. 그러고 나서 집주인에게 유서를 돌려주면서 말했습니다.

"참 좋은 일을 하셨습니다. 그렇지만 이 휴양소 때문에 괴로웠던 적도 있지 않나요?"

집주인은 저의 질문에 고개를 설레설레 흔들었습니다.

"조금도 그렇지 않아요. 휴양소가 저의 임무요 자랑이니까요."

저는 또다시 물었습니다.

"그렇지만 때로는 어려운 일도 있었으리라 생각합니다. 이곳을 찾는 사람 중에는 못된 짓을 하는 사람도 있을 테니까요."

그러자 그는 그런 사람일수록 오히려 더욱 친절히 대했더니, 얼마 안 가서는 그들도 마음을 고쳐먹더라면서, 그런 모습을 보는 것이 무엇보다도 큰 보람이라고 했습니다. 그러면서 다음과 같은 이야기를 털어놓았습니다.

"어느 때였던가 이 마을에 장사꾼 한 사람이 있었는데, 그는 무척 타락한 사람이었습니다. 그러다가 결국 큰 잘못을 저지르게 되어 매를 맞고 마을에서 쫓겨나 거리를 헤매게 되었습니다. 그러나 아무도 그를 동정하지 않았습니다. 그러니 아무리 포악한 그도 배고픔을 이겨 낼 재간이 없었습니다. 견디다 못한 그는 저희 집으로 와서 먹을 것을 청했습니다. 저희는 그를 친절히 맞아 빵과 술을 권했습니다.

그러고는 그에게 음식을 먹되 한 가지 약속을 꼭 지켜 달라고 했습니다. 그것은 술에 취하면 곧 잠자리에 들어야 한다는 약속이었습니다. 그리고 만약 이를 어기면 이곳에서도 더 이상 지낼 수 없다고 했습니다.

그는 제 말에 순순히 응했고 아무 말썽 없이 휴양소의 다른 형제들과 어울려 생활했습니다. 그는 유달리 술버릇이 심했지만 주위 사람들의 권고를 받아들여 술을 되도록 적게 마셨습니다. 그리고 한 달이 지나자 술을 거의 입에 대지 않게 되었습니다. 자연히 술버릇도 사라졌지요. 그렇게 그는 완전히 다른 사람이 된 것입니다. 저는 무척 기뻤습니다. 조그만 사랑으로 큰 보람을 얻었으니까요."

저는 집주인의 이야기를 귀담아들으며 그의 지혜로운 사랑과 그 실천에 무한한 감동을 느꼈습니다. 우리는 이런저런 이야기를 나누며 시간 가는 줄을 모르다가, 자정을 알리는 괘종 소리를 듣고서야 잠자리에 들었습니다.

식탁에서의 독서

다음 날 새벽, 기도 시간을 알리는 종소리를 듣고서야 잠에서 깬 저는 이 집의 가족들과 함께 성당으로 가서 아침 기도를 바치고 미사에 참례했습니다. 저는 집주인과 그의 아들과 함께 성가대에 자리를 잡고, 부인과 딸은 성체가 마주 보이는 성화상 앞에 자리를 잡았습니다. 부인과 딸은 열심히 기도를 바쳤는데, 부인은 이따금 흐르는 눈물을 손수건으로 닦았습니다. 기도를 하며 흐르는 눈물을 주체하기 어려운 모양이었습니다. 그런 광경을 바라보는 저 역시 눈물이 났습니다.

미사가 끝난 다음, 신부님을 집으로 모시고 와서 가족이 모두 한자리에 모여 아침 식사를 했습니다. 집에 있는 사람은 줄잡아 40명이 넘었습니다. 이들 중에는 하인도 있고 걸인도 있었습니다. 그들은 하나같이 밝은 표정으로 식탁에 마주 앉았고 식사하는 분위기도 참으로 행복하고 평화로웠습니다. 이런 분위기가 몹시 마음에 들어 저도 모르게 입을 열었습니다.

"여러분, 여러분도 저와 마찬가지로 이 시간이 무척 즐거울 거라 생각합니다. 이 시간 동안 수도원에서처럼 성인 이야기를 나누면서 좀 더 뜻깊게 보내는 것은 어떨까요?"

제가 이런 제의를 하자 모두가 동의를 표시했습니다. 이런 분위기가 감돌자, 집주인이 먼저 입을 열었습니다.

"부인, 이번 기회를 잘 살려 앞으로 식사 시간에 그냥 앉아서 담소만 나눌 것이 아니라 성인전 같은 책을 읽으면 어떻겠소?"

그러면서 집주인은 다른 사람들을 돌아보면서 호탕하게 웃었습니다. 부인이 그에 대답하려고 하는 찰나, 옆에 앉아 있던 신부님이 먼저 입을 열었습니다.

"좋은 생각이지만 개인적으로는 별로입니다. 아시다시피 저는 잠시도 마음이 편할 날이 없습니다. 태산처럼 쌓인 일과 아이들의 성화에 온종일 시달리다 보면(동방 교회[20] 사제는 혼인이 가능) 책 읽기조차 힘듭니다."

저는 이런 말을 아무렇지 않게 하는 신부님이 경박해 보였습니다. 이런 저의 기분을 눈치챈 부인이 저를 돌아보며 말했습니다.

"신부님께서 말씀은 저렇게 하셔도 무척 선하고 성실하신 분입니다. 벌써 20년 전에 혼자가 되어 그 많은 자녀들을 도맡아 기르시지만 짜증 한 번 안 내고 견디시거든요. 물론 기도도 열심히 바치시고요."

부인의 말을 들으며 저는 《자애록》에 있는 니체타스 스테타토스[21]의 한 구절을 떠올렸습니다.

"사람은 그 마음의 성향에 따라 대상을 평가한다. 즉 각자 나름대로의 생각으로 판단한다. 참된 기도와 사랑에 도달한 사람은 사물을 차별하지 않는다. 이런 사람은 또 죄인과 의인을 한결같이 대하고 모든 사람을 차별 없이 대한다."

이런 내용과 함께 다음과 같은 성경 구절도 머리에 떠올렸습니다.

"그분께서는 악인에게나 선인에게나 당신의 해가 떠오르게 하시고, 의로운 이에게나 불의한 이에게나 비를 내려 주신다."(마태 5,45)

제가 이런 생각을 하는 동안 다른 사람은 모두 맛있게 음식을 먹고 있었습니다. 한편 주인은 제 옆에 앉은, 앞을 보지 못하는 노인의 입에 부지런히 음식을 넣어 주고, 마실 것도 손에 쥐어 주었습니다. 노인은 음식을 먹으면서 마음속으로 기도를 바치는지 음식을 다 삼킨 다음에도 계속 입술을 움직이고 있었습니다. 저는 옆에서 이런 광경을 측은한 마음으로 바라봤습니다. 이렇게 얼마가 지나 우리의 즐거운 식사 시간은 끝났습니다.

이때 그 노인의 옆자리에 앉아 있던 할머니 한 분이 갑자기 숨이 차다면서 의자를 붙잡고 비실비실 자리에서 일어났습니다. 정말 몸이 몹시 쇠약해 보였습니다. 집주인과 부인은 그 할머니를 부축하여 침대가 있는 방으로 급히 데려갔고, 다른 사람들도 놀라 자리를 떴습니다. 나중에 안 일이지만, 그 할머니의 병세가 위독해져서 신부님은 성체를 모셔 오기 위해 성당으로 가고, 집주인은 하인에게 급히 동네 의사를 불러오게 했습니다.

이런 상황으로 인해 한동안 집이 소란스러워졌다가 얼마 지나자 분위기는 다시 조용해졌습니다. 오랜만에 분위기가 고요해지자, 저는 문득 잊고 있었던 기도가 하고 싶어졌고, 일단 그런 마음이 들자 온통 가슴이 뛰어 견딜 수가 없었습니다. 이럴 때면 저는 끊임없는 기도를 하려는 사람이 왜 세속을 떠나 살아야 하는지 실감하곤 했습니다. 분주하고 소란스러운 환경에서 기도하기란 정말 어려운 일이기 때문입니다. 그때 에지키오 복자가 하신 말씀이 생각났습니다.

"아무리 고상한 담화라도 지나치면 잡담에 불과하다."

또한 시리아의 에프렘 성인[22]의 말씀도 생각났습니다.

"좋은 말은 은이고, 침묵은 금이다."

이런 말씀을 묵상하는 데 오랜 시간을 보낸 다음, 다락방으로 올라가서 혼자 조용히 기도를 바쳤습니다.

맹인 노인의 기도

한낮이 되었을 때 저는 객실에 있는 맹인 노인을 모시고 정원으로 가서 자리를 잡고 앉아 이야기를 시작했습니다. 노인이 먼저 닫힌 눈꺼풀을 번뜩이며 말을 꺼냈습니다.

"젊은이, 부탁하네. 하느님의 이름으로 말해 주시게. 나는 기도하는 방법에 관해 자네가 해 주는 이야기를 듣고 싶네."

노인의 말에는 간절한 바람이 깃들어 있었습니다. 그래서 저는 이 노인을 위해 무언가 유익한 이야기를 해 주고 싶었습니다.

"당연히 말씀드리지요. 저는 지금까지 나그네로 살아왔고, 그 생활을 기도로 지탱해 왔습니다."

제 말을 들은 노인은 잠시 무엇을 생각하다가 입을 열었습니다.

"실은 나도 오래전부터 기도를 바쳐 왔다네. 이 고장에서 양복점을 운영했었지. 보잘것없는 양복점이었지만 어쨌든 나는 그 일을 해서 식구들을 먹여 살렸다네. 어떤 때는 이웃 마을까지 가서 옷을 만들곤 했다네. 말하자면 떠돌이 재봉사 노릇을 한 셈이지. 그래서 경우에 따라서는 한집 식구들의 옷을 도맡아 짓느라고 꽤 오랜 시일을 한 마을에 머물기도 했다네.

한동안 어떤 집에서 오래 머물게 된 적이 있었는데, 그 집 객실 성상 밑에는 책 세 권이 놓여 있었지. 나는 집주인에게 그 책의 내용을 물었다네. 주인은 자기 삼촌이 물려준 책인데 자기도 아직 펼쳐 보지 못했다며, 흥미가 있거든 읽어도 괜찮다고 말했지. 나는 궁금해서 그중 한 권을 골라 읽었다네. 그 내용이 하도 좋아서 아직도 생생히 기억하고 있지.

'끊임없는 기도란 끊임없이 주님의 이름을 부르는 데에 있다. 앉아 있을 때나, 서 있을 때나, 식사를 할 때나, 일을 할 때나, 언제 어디서든지 주님의 이름을 불러야 한다.'

이 구절이 내 마음을 온통 사로잡았다네. 그래서 나는 속으로 이 책이야말로 내 신심 생활의 길잡이로 손색이 없겠다고 생각하면서, 일하는 틈틈이 이 책을 읽으며 묵상했지. 그러는 동안 내 마음은 한없이 안온해지며 알 수 없는 기쁨이 넘쳐흘렀네. 그 때문에 나는 기회가 있을 때마다 이 기도문을 입속으로 외웠고, 주위 사람들이 그런 나를 이상히 여겨 무슨 주문을 그렇게 외우느냐고 놀리기도 했지. 그래도 나는 그들의 놀림에는 조금도 괘념치 않았네. 왜냐하면 이런 식으로 기도하면서 그들이 모르는 행복을 누리고 있었기 때문이지.

그러는 동안에도 나는 직업에 만족하며 열심히 일했다네. 그렇게 기도하며 일하는 즐거운 나날이 계속됐지. 그런데 뜻밖에도 하루아침에 갑자기 눈이 멀고 말았다네. 그래서 할 수 없이 주변에서 주선해 준 토볼스크의 휴양소로 가게 되었는데, 아직 차편이 마련되지 않아 이 집의 주인이 차편이 마련될 때까지 잠시 머물게 해 준 거라네."

노인은 자신을 이렇게 소개하면서 제 쪽으로 고개를 돌렸습니다. 저는 노인을 위로하면서 말했습니다.

"혹시 어르신이 읽으셨다는 책이 《자애록》이 아닌가요?"

"글쎄……."

노인은 자기가 읽은 책 제목을 모르는 듯했습니다. 그래서 즉시 《자애록》을 펴 들고 노인이 외웠다는 갈리스토 성인이 쓴 부분을 읽어 주었습니다. 그러자 노인은 몹시 기뻐하며 말했습니다.

"맞네! 바로 그 구절이라네."

그러더니 그 구절을 따라 읽기 시작했습니다.

"그렇지요. 어르신이 읽으신 책은 바로 《자애록》입니다. 대단히 유명한 책이지요. 더 읽어 드리겠습니다."

저는 이렇게 말하면서 그다음 구절을 읽어 내려갔습니다. 기도를 심장으로 해야 한다는 부분에 이르러 노인이 물었습니다.

"기도를 심장으로 해야 한다니 참 묘한 말일세. 그게 무슨 뜻인가?"

"이 책을 다 읽으시면 차차 아시게 될 것입니다. 하지만 지금 당장에는 한마디로 설명하기가 어렵습니다."

저는 노인의 심중을 헤아리면서 그다음 구절을 어느 정도 읽어 주고 일단 책을 덮었습니다.

"자, 이제 이만 읽고 당면한 이야기에 대해 나눠 볼까요. 아까 어르신께서 말씀하신 토볼스크 말입니다. 저랑 같이 동행하는 것은 어떻습니까? 저도 그쪽 방면으로 가려고 합니다."

이런 뜻을 밝히자 노인은 매우 반기며 말했습니다.

"오, 그리해 준다면야 고맙지. 그렇잖아도 나 혼자 떠나기가 어쩐지 쓸쓸했는데 자네와 동행한다면 그 이상 바랄 것이 어디 있겠나?"

"그러시다면 다행입니다. 같이 가도록 하지요."

이렇게 서로의 뜻을 확인하고 난 뒤, 더 이상 지체하지 않기로 했습니다. 노인은 차편을 이용하자고 했지만 거리가 불과 35킬로미터밖에 안 되니 걸어서 가는 것이 더 좋겠다는 제 의견을 받아들여 그 이튿날로 길을 떠날 준비를 했습니다.

저녁이 되자 우리는 집주인에게 떠날 뜻을 밝혔습니다. 그 말을 들은 집주인은 섭섭해하면서 모처럼 차편을 마련해 주려고 했는데 걸어서 간다니 될 말이냐고 펄쩍 뛰었습니다. 그래서 노인과 함께 걸으면서 이런저런 이야기도 나누고 특히 《자애록》에 대해 많은 이야기를 나누고 싶다고 차분히 설명했습니다.

집주인은 이 말을 듣자, 그런 생각이라면 걸어서 쉬엄쉬엄 여행하는 것이 더 좋을 것이라고 하면서 자기도 그 책을 주문해 놓았다고 말했습니다. 그러면서 앞으로 그 책을 읽으며 더욱 열렬히 기도 생활을 하게 될 것을 기뻐했습니다.

다음 날 아침, 저와 노인은 이 집 식구들에게 일일이 감사 인사를 하고 토볼스크를 향해 길을 재촉했습니다.

맹인 노인과 내심 기도

그렇게 해서 저와 노인은 토볼스크로 길을 떠났습니다. 두 사람은 함께 걷고 더러는 쉬면서 《자애록》을 읽었습니다. 노인은 옆에서 제가 읽어 주는 구절을 찬찬히 음미하면서 행복에 젖었고, 감동의 눈물도 흘렸습니다. 그래서 저는 예전에 스승님이 일러 주신 대로 니체포로 복자의 장과 시나이의 그레고리오 성인의 장을 차례대로 읽으며 심장으로 하는 기도의 원리를 깨우쳐 주었습니다. 노인은 이해가 안 되는 구절이 있으면 그때마다 질문하면서 자기도 심장으로 하는 기도에 하루빨리 익숙해지기를 바란다고 말했습니다. 저는 그분의 말에 되도록 친절히 설명을 해 주었습니다.

"어르신께서는 육체의 눈으로 사물을 보실 수가 없으시지만, 마음의 눈으로는 보실 수가 있으십니다. 심장으로 하는 기도란 바로 이런 것입니다. 비록 육체의 눈으로는 볼 수 없는 것이라도, 마음의 눈으로는 훤히 볼 수 있다는 이치와 같은 것이지요. 어르신께서 이런 이치만 바로 깨달을 수 있다면 심장으로 하는 기도 역시 비교적 쉽게 하실 수 있습니다. 자신의 가슴을 꿰뚫어 심장을 보듯이 그 속으로 정신을 온통 집중시켜 보세요. 그렇게 하면 심장이 뛰는 맥박을 정확히 헤아릴 수가 있습니다. 그리고 나서 그 맥박에 따라 기도문을 천천히 외우는 것입니다.

우선 한 번 '똑딱' 하고 맥박이 뛸 때, 그에 따라 입으로는

'주'라고 외칩니다. 두 번째 '똑딱' 하고 뛰는 순간을 잡아 '예수'라고 외칩니다. 세 번째 뛸 때 '그리스도님', 네 번째에는 '저에게', 다섯 번째 뛸 때에 '자비를 베푸소서.' 이런 식으로 심장의 고동에 맞춰 기도문을 외워 나가면 어렵지 않게 심장으로 하는 기도를 바치실 수 있을 것입니다.

그동안 어르신께서도 기도를 자주 하셨을 테니 이 정도는 쉽게 익히실 수 있을 것입니다. 이 방법에 익숙해지면 그다음 단계로 내쉬고 들이쉬는 호흡에 맞춰 '예수 기도'를 바칩니다. 즉 숨을 들이쉴 때에 '주 예수 그리스도님' 하고, 숨을 내쉴 때에 '저에게 자비를 베푸소서.' 하는 식으로 기도하게 됩니다. 이런 방법을 오래 지속하면 심장에 다소 통증을 느끼게 됩니다. 그러나 이는 일시적인 현상일 뿐 그 고비를 넘어서면 차츰 가슴에서 훈훈한 열기가 솟아올라 기분이 몹시 유쾌해질 것입니다.

이때 한 가지 조심해야 하는 것은 기도하는 동안 분심과 잡념에 사로잡히지 않아야 한다는 것입니다. 그런 분심과 잡념을 없애기가 쉽지 않지만, 그렇지 않고서는 기도의 효과가 제대로 나타날 수 없습니다. 과거의 교부들도 다 이런 분심과 잡념을 어떤 형태로든 일으키지 말아야 한다고 간곡히 당부했습니다."

노인은 제 말에 열심히 귀를 기울이더니 제가 말한 대로 기도를 바치기 시작했습니다. 그렇게 하자 노인은 사흘도 못 가서 심장으로 하는 기도에 익숙해졌을 뿐만 아니라, 커다란 행복감에 도취되었습니다.

더욱 깊어지는 영적 수련

그런데 나흘째 되던 어느 날, 노인이 기도 중에 이런 말을 했습니다.

"이보게, 젊은이. 참 이상한 일일세. 지금 내 눈앞에서 맹렬한 불꽃이 타고 있다네. 처음에는 한 줄기 가느다란 빛이 보이더니 그 빛이 점점 커지면서 촛불만 해지고 지금은 커다란 불기둥이 되어 활활 타는 게 아니겠나?"

노인은 자신에게 생긴 일을 두려워하듯이 말했습니다. 그래서 저는 그분에게 곧바로 이렇게 말했습니다.

"그건 분심과 잡념이 몰고 온 일종의 환영幻影일 것입니다. 그럴수록 더욱 열심히 기도를 바치셔야 합니다."

그래도 그분은 고개를 흔들면서 말했습니다.

"아닐세. 분심과 잡념에서 오는 환영이 아니란 말일세. 지금 내가 보고 있는 이 불길이, 저런! 성당에 옮겨붙어 타고 있다네! 정말 맹렬한 불길일세. 지금 그 불길 속에 종각도 무너져 내리는 광경이 똑똑히 보인다네!"

노인은 마치 헛소리를 지껄이는 사람처럼 앉았던 자리에서 벌떡 일어나며 말했습니다. 저는 곧바로 노인을 눌러서 앉히고 말했습니다.

"어르신, 어르신께선 지금 그저 환영을 보고 계신 것입니다. 여기엔 성당도 없을뿐더러 대낮에 이유 없이 불이 날 리도 없습니다. 그러니까 마음을 차분히 가라앉히시고 그런 환영을 쫓도록 하세요."

제가 몹시 안타까워하며 이렇게 말했는데도, 노인은 고개를 설레설레 흔들 뿐, 더 이상은 말하려 하지 않았습니다. 그런데 다음 날 아침, 노인과 제가 토볼스크의 언덕에 서서 마을을 내려다보니, 그곳 언덕 아래에 있는 한 성당이 화재로 불타 있었습니다. 그래서 길 가는 사람에게 물었더니 어제 저녁 무렵 뜻밖의 화재가 발생해서 성당이 저렇게 타 버렸다는 것이었습니다. 이 말을 들은 노인이 저에게 말했습니다.

"이보게, 젊은이. 내 말이 맞지 않나? 기도 중에 주 예수 그리스도께서 내게 현시顯示하신 것이 틀림없다네. 자네가 내 말을 곧이듣지 않았지만……. 아무튼 자네에게 감사하고 싶네.

이런 은혜를 얻을 수 있는 것도 다 자네 덕분이니 말일세."

그러면서 노인은 제 손을 꽉 붙들었습니다. 저도 노인의 손을 힘주어 쥐면서 말했습니다.

"제가 참 어리석었습니다. 어르신께서 주님의 은혜를 입으신 줄도 모르고……. 아무튼 참 감사한 일입니다. 하지만 이런 기적 같은 현시가 있었다고 해서 교만한 마음이 생기지 않도록 주의하셔야 합니다. 물질계에는 이런 현상이 가끔 일어나기 때문입니다.

인간의 영혼이란 물질에 완전히 매어 있기 때문에 때로는 어둠 속에서도 먼 곳에 있는 사물을 마치 가까이에 있는 사물처럼 느끼거나 볼 수가 있지요. 하지만 우리는 때때로 이 신비로운 기능을 잘 살리지 못할 뿐만 아니라, 많은 경우 그런 일에 매혹되어 도리어 물질계에 영혼을 빼앗기는 경우가 많습니다. 우리가 정신을 집중하고 주위에 있는 사물 현상에 초연해지면 그때 비로소 영혼은 완전히 순수해집니다. 그리고 그런 순수한 영혼을 지닐 때만이 행동의 자유를 얻게 되는 것입니다. 그 때문에 저의 스승님께서도 몸이 아프거나 하여 기도에 전념하지 않는 사람들이나, 남다른 재능을 타고난 사람들 중에는 환영을 보는 사람이 있지만, 그것은 영혼이 물질계에 휩쓸릴 때 일어나는 일시적인 현상일 뿐이지, 진정한 하느님의 은총은 아니라고 말씀하셨습니다.

따라서 우리는 직접적인 은총인 심장으로 하는 기도를 게을리하지 말아야 한다는 것을 깊이 깨달아야 할 것입니다. 그리고 마음이 감각적인 세계의 현상을 뛰어넘는 초자연적 은총을 향하도록 해야 합니다."

이 같은 말에 노인은 전보다도 더 열심히 귀를 기울이면서 심장으로 하는 기도가 뭔지를 이제야 똑똑히 알았다며 몹시 기뻐했습니다.

이윽고 토볼스크에 도착한 저는 이별을 아쉬워하는 노인을 그곳의 양로원까지 안내해 주고 또다시 순례의 길을 떠났습니다.

그 일이 있은 지 한 달이라는 세월이 순식간에 지났습니다. 그동안 저는 여기저기를 떠돌아다니며 영적 수련을 쌓았습니다. 그러고는 가끔《자애록》을 펼쳐 보면서 지난번 노인이 했던 말을 묵상해 보았습니다.

확실히 노인의 말은 제게 많은 도움을 주었고, 그 때문에 주님을 향한 사랑과 충성심이 더욱 불타오르게 되었습니다. 저는 참 행복했습니다. 심장으로 하는 기도도 점점 깊어졌고, 그에 따라 모든 자연 현상까지 저에게 주님을 찬송하고 찬양하라는 속삭임으로 느껴졌습니다. 그만큼 모든 자연이 저에게 친밀하게 느껴졌던 것입니다. 사람도 짐승도 식물까지도 저에게는 형제처럼 보였고, 그들 안에서 예수 그리스도의 모습을 발견하게 되었습니다.

그뿐만 아니라 제 마음은 차츰 공중으로 둥둥 떠오르는 느낌이 들기도 했고, 때로는 제 안에 깊이 잠기면서 자기도취에 빠지기도 했습니다. 물론 이러한 기쁨과 위안은 하느님으로부터 오는 것이었습니다. 이럴 때면 저는 되도록 빨리 천상지복을 맛보고 싶었습니다.

하지만 이런 생각이 마음에 일다가도 두려움과 공포가 문득 솟아나곤 했습니다. 이러한 감정은 전에 제가 '예수 기도'를 가르쳐 주었던 그 처자가 느꼈을 감정과 흡사할 것이라고 느꼈습니다. 이럴 때, 칼파토스의 요한 복자의 말씀이 떠올랐습니다.

"스승이란 이따금 존경을 받기는커녕 영적으로 도움을 준 그들 때문에 도리어 유혹이나 환난을 당하게 된다."

저는 이런 결과를 가져오지 않기 위해 더더욱 열심히 기도에 마음을 썼습니다. 그 결과, 제 마음에 일시적으로 일었던 두려움과 공포는 말끔히 사라지고 다시금 명랑하고 유쾌한 감정이 솟구쳐 왔습니다. 그래서 하느님께 감사의 기도를 드렸습니다.

"하느님의 뜻이 제게 이루어지소서. 저의 속죄하는 마음에 당신께서 친히 오시어 속속들이 은총으로 채워 주소서."

이러한 저의 간구는 곧 받아들여졌습니다. 그 결과로 저를 만나는 사람마다 기도에 대한 저의 가르침을 순순히 받아들였고, 저의 가르침 역시 전보다 잘 전달되었습니다.

그러는 동안 시간이 지나 우기가 닥쳤습니다. 연일 계속 비가 내렸지만, 그렇다고 순례의 길을 멈출 수는 없었습니다. 비를 맞으면서 사람이 아무도 살지 않는 곳을 헤매다가, 해가 질 무렵에야 길가에서 여인숙 하나를 발견하고 그곳을 향해 발걸음을 재촉했습니다.

여인숙에서 생긴 일

제가 여인숙 앞에 다다랐을 때, 군인 외투를 입은 한 노인이 제 쪽으로 걸어오고 있었습니다. 저는 조심스레 인사를 하고 이 근처에서 하룻밤만 묵어갈 데가 있는지 물었습니다. 노인은 비에 젖은 제 모습을 살피고 나서 말했습니다.

"저런, 비를 흠뻑 맞았구먼! 자, 우선 저리로 들어가서 이야기하세."

노인은 성큼성큼 앞장서서 여인숙 처마 밑으로 저를 인도한 다음 말했습니다.

"묵어갈 곳을 찾는 거야 어렵지 않지만 여권이나 증명서가 없으면 곤란하지."

보아하니 노인의 얼굴에는 약간 술기운이 돌고 있었습니다. 저는 눈치를 살피면서 속주머니에서 여권을 꺼내 보였습니다. 노인은 여권을 손에 받아들고 저에게 물었습니다.

"진짜 여권이겠지?"

그러더니 호주머니에서 안경을 꺼내 들고 한참 들여다보고는 말했습니다.

"음, 틀림없구먼. 나를 따라 오시게."

그러고는 문을 열고 여인숙 안으로 들어섰습니다. 저도 묵묵히 그 뒤를 따라 들어갔습니다. 이윽고 노인과 저는 어떤 방으로 들어갔습니다. 이때 여인숙에서 일하는 아주머니가 술상을 들고 들어와 우리 앞에 놓고 나갔습니다.

"젊은이, 우리 술이나 한잔할까?"

그러면서 노인은 술잔을 들어 제게 권했습니다.

"저는 술을 입에도 못 댑니다. 어르신께서나 드시지요. 제가 따라 드리겠습니다."

저는 술병을 들어 노인에게 권했습니다. 노인은 제가 권한 술잔을 들면서 말했습니다.

"거참 안됐구먼. 술 한 잔 쭉 들이켜면 추위도 가실 텐데……. 그럼, 어떻게 하나? 수프가 좀 있는데 이거라도 들게나."

저는 노인이 건넨 수프 그릇을 손에 들고 한 모금 마셨습니다.

"그래. 수프를 마시면 몸이 훈훈해질 거야."

노인은 술 한 잔을 거뜬히 비우고 이번에는 손수 술병을 들더니 술을 따랐습니다. 그러고는 혀가 꼬부라진 소리로 두서없이 말을 하기 시작했습니다.

"이보게, 젊은이. 나는 이 지역의 우체국장이야. 또 술 없이는 못 살아. 자네가 술을 먹지 못하니 나는 마누라랑 한잔 해야겠네. 조금 있으면 내 늙은 마누라가 오거든."

마음 깊이 느낀 불행

노인은 이렇게 이야기하고는 거듭 두 잔을 더 마셨습니다. 술기운이 확 퍼지는 모양이었습니다. 이때 노인의 부인이 들어와 자리를 같이했습니다. 부인은 저에 관해 몇 마디 묻고는 남편과 함께 술을 마셨습니다. 그러다가 만취한 노부부가 이러쿵저러쿵 말다툼을 하기 시작했습니다. 서로가 서로의 잘못을 따지기도 하고, 때때로 고함까지 쳤습니다. 정말 답답했습니다. 그러나 저는 그런 상황 속에도 그저 견뎌야만 했습니다. 여인숙에서 일하는 아주머니가 들어와 술상을 치웠는데도 둘의 싸움은 쉽게 끝날 기미가 안 보였습니다. 하는 수 없이 저는 아주머니를 붙들고 호소했습니다.

"아주머니, 제발 부탁이니 제게 하룻밤만 잘 수 있는 자리를 주십시오."

이 말에 아주머니는 친절하게도 저를 자기 방으로 데려가 담요를 깔아 주었습니다. 그러고는 불편하겠지만 마음 편히 쉬고 가라고 말하면서 조용히 방문을 닫고 나갔습니다. 저는 아주머니의 친절에 감사하면서 여행에 지친 몸을 뉘었습니다. 그러나 노부부의 말다툼을 들었기 때문인지 좀처럼 잠을 청할 수가 없었습니다.

바로 그때였습니다. 제가 누운 방 맞은편 현관 쪽에서 유리창이 깨지는 소리가 났습니다. 잇따라 한동안 잠잠했던 노부부의 고함 소리가 들렸습니다. 저는 점점 마음이 불안해져서 도저히 그냥 있을 수는 없었습니다. 일어나 현관 쪽으로 나가 보니, 마침 제복을 입은 한 젊은 집배원이 온통 피투성이가 되어 다른 집배원의 부축을 받으며 현관으로 들어왔습니다.

  나중에 안 사실이지만, 이 집배원이 야간에 운송할 우편물을 마차에 싣고 막 떠나려고 하는데 갑자기 말이 껑충 뛰는 바람에 마차가 여인숙에 부딪쳐 여인숙 가옥의 일부가 파손되고 마부는 깨진 유리 조각에 얼굴을 크게 다쳤다고 합니다. 이런 광경을 보고 만취한 우체국장 부부가 고함을 친 것입니다. 뒤늦게 달려온 여인숙의 아주머니가 술을 가져와 집배원의 머리에 상처난 부위를 소독하고 응급 처치를 했습니다. 저도 옆에서 아주머니를 도왔습니다.

  다행히도 집배원의 상처는 그다지 심하지 않았습니다. 그래서인지 그 집배원은 머리에 붕대를 감고 일어서며, 옆에 있는 다른 집배원에게 마차를 끌 말을 다른 말로 바꾸어 달라고 부탁했습니다. 다시 마차를 타고 길을 떠나겠다는 것이었습니다. 그런 모습을 지켜보던 저는 걱정이 되어 다친 집배원에게 하룻밤 쉬었다가 날이 새거든 길을 떠나는 것이 어떻겠냐고 조용히 말했습니다. 그런데도 집배원은 제 말을 듣지 않고 말을 바꾼 마차를 타고 어둠을 가르며 사라졌습니다. 저는 이렇게 뜻하지 않은 사건 때문에 밤잠을 설치고 말았습니다.

  이튿날 아침, 여인숙의 아주머니에게 감사 인사를 드리고 길을 나섰습니다. 간밤에 오던 비도 그치고 청명한 하늘에는 구름 한 점 없는 맑은 날씨였습니다. 그래도 어쩐지 마음이 무거워 저는 계속 기도를 바치면서 길을 걸었습니다. 그리고 지난밤에 겪은 일을 떠올려 보며 '불행이란 바로 이런 것이구나.' 하고 생각했습니다.

뜻밖의 해후

그로부터 6년이란 세월이 흐른 어느 날이었습니다. 그날 저는 어떤 지방의 수녀원에 가서 기도를 바친 다음, 그곳의 원장 수녀님을 만나 한동안 즐거운 환담을 나누었습니다.

잠시 후, 원장 수녀님은 찾아온 손님을 맞으러 가셨고, 그 사이 저는 다른 수녀님들과 함께 있었습니다. 이때 한 수녀님이 차를 들여왔는데 자세히 보니까 어디서 많이 본 듯한 얼굴이었습니다. 아니나 다를까 그 수녀님은 저를 보자 즉시 반색하며 인사했습니다.

"안녕하세요? 참으로 오랜만입니다. 저를 기억하시겠어요?"

수녀님은 진심으로 반가워하면서 저를 빤히 쳐다보았습니다. 저는 그 수녀님의 얼굴에서 지난날 여인숙에서 만났던 아주머니의 얼굴을 떠올렸습니다.

"참으로 반갑습니다, 수녀님. 그런데 어떻게 이곳에 계십니까?"

저는 이분이 어떻게 하여 수녀가 되었는지 궁금했습니다. 수녀님은 제 물음에 그동안의 이야기를 털어놓았습니다. 수녀님은 제가 불행을 느꼈던 그날 밤의 일로 큰 충격을 받아, 시름시름 앓다가 자리에 눕게 되었고, 그러다가 끝내는 정신이 이상해져서 그 집에서 나올 수밖에 없었다고 합니다.

그 이후에 병을 고치기 위해 어머니와 같이 성지 순례를 다니다가 다행히 병이 낫게 되자 곧바로 이곳 수녀원에 입회했다고 했습니다.

저는 수녀님의 이 같은 말을 들으면서 속으로 이분을 수녀님이 되게 하신 하느님의 안배에 감사를 드렸습니다. 그리고 얼마 후 수녀님과 작별 인사를 나누고 그곳을 떠났습니다.

성당에서의 체험

지금까지 제가 경험한 이야기를 들으신 신부님은 저에게 또 다른 이야기도 들려주기를 청하셨습니다. 그래서 저는 잠시 휴식을 취한 다음, 다른 이야기를 들려 드렸습니다.

어느 해 무더운 여름날이었습니다. 저는 공동묘지에 인접한 어느 산마을을 지나게 되었습니다. 한낮의 불볕이 대지를 녹이는데, 마침 기도 시간을 알리는 종소리가 들려왔습니다. 저는 무거운 발걸음을 재촉하여 성당이 있는 쪽으로 갔습니다. 이때 몇몇 마을 사람들도 성당으로 발길을 옮기고 있었습니다. 그런데 그들 중 한 사람이 제 옆으로 바싹 다가와 말을 걸었습니다.

"여보시오, 젊은이. 그렇게 서둘러 갈 것 없소. 아직도 미사 시간은 멀었다오. 게다가 신부님도 편찮으셔서 동작이 무척이나 느리다오."

그래도 저는 마음이 다급해져서 이들을 앞질러 성당에 도착했습니다. 미사 시간이 아직 멀어서인지 성당에는 텅 빈 의자들만 있었습니다. 그래서 저는 혼자 앉아서 시간 기도를 바쳤습니다.

한 30분이나 지났을까 그때서야 신자들이 조금씩 성당으로 모여들었고, 그들이 모두 모인 다음에야 미사가 거행되었습니다. 신자들이 바치는 입당송이 울려 퍼지자 본당 신부님이 복사와 함께 제단에 오르셨습니다.

과연 들은 대로 신부님은 젊은 나이지만 어딘가 아픈 사람처럼 얼굴이 창백하고 깡마른 분이셨습니다. 그래서인지 미사를 드리는 속도가 아주 느렸습니다. 그래도 그분이 드리는 미사는 무척이나 정성스러웠고 강론 또한 제 마음을 사로잡을 정도로 훌륭했습니다.

신부님의 고충

그래서 저는 미사가 끝난 다음, 신부님을 찾아뵈러 사제관으로 갔습니다. 신부님은 저를 반갑게 맞아 주시며 같이 식사를 하자고 권하셨습니다. 이윽고 식탁에 앉아 점심을 나눠 먹었습니다. 이런저런 대화가 오고 갔는데, 특히 신부님은 저의 신상에 관해 일일이 물으시며 저의 말에 귀를 기울이셨습니다. 덕분에 저는 신부님과 좀 더 편하게 대화를 나눌 수 있었습니다.

"신부님, 신부님이 정성껏 미사를 드리는 모습이 매우 인상 깊었습니다. 시간이 조금 걸리기는 했지만요."

신부님은 제 말을 받아 대답하셨습니다.

"잘 보셨습니다. 사실이 그렇습니다. 정성스레 미사를 드리다 보니 시간이 많이 걸려요. 그래서 이곳 신자들은 다들 저를 싫어하지요. 그러나 어쩔 수가 없습니다."

이렇게 말씀하시면서 음식을 한 입 드시고는, 다시 말씀하셨습니다.

"사실, 미사 중에 장엄하게 노래하고 깊이 묵상하다 보면 시간이 오래 걸립니다. 하지만 그렇게 하지 않으면 미사의 은총을 느끼기 어렵습니다. 깊은 믿음에서 우러나오는 열렬한 기도도 올리지 않고 심지어 경건한 마음도 없이 미사에 참여하는 사람이 얼마나 많은지요. 교우들의 잘못된 태도를 바로잡기 위해서라도 앞으로도 계속 지금처럼 미사를 드릴 생각입니다."

신부님은 잠시 후, 탄식을 섞으며 다시 말씀하셨습니다.

"교우란 모름지기 영적 빛을 소중히 여기는 마음을 가져야 합니다. 그런 빛이 없으면 영적인 사람으로 성장하기가 매우 어렵지요."

식사를 어느 정도 마친 신부님께 제가 궁금한 부분을 여쭤 보았습니다.

"영적 빛을 얻어 영적인 사람이 되려면 어떻게 해야 할까요?"

"그거야 조금도 어렵지 않습니다. 그렇게 되려면 성경을 주의 깊게 꾸준히 읽으면 됩니다. 이렇게 하면 자연스럽게 지각의 빛을 발견하게 되고, 영적 인간으로 성장할 수 있습니다.

또 한 가지, 우리가 영적 인간이 되기 위한 방법에는 기도가 있지요. 기도는 되도록 순수하고 열렬한 마음으로 짧게 바쳐야 합니다. 그리고 이 짧은 기도를 오랫동안 되풀이하는 습관을 길러야 합니다. 그래야 기도의 참맛을 알게 되니까요."

이 같은 신부님의 말씀은 제게 큰 교훈과 위안을 주었습니다. 그분의 말씀은 단순하면서도 현명했기 때문입니다. 그래서 저는 마음속으로 이런 참다운 목자를 주신 하느님께 감사드렸습니다. 식사를 마치신 신부님은 저에게 편히 쉬도록 일러 놓고, 서재로 가서 강론 준비를 하셨습니다.

할머니의 내심 기도

이때 저는 신부님께 방해가 되지 않도록 조심하면서 식당 문을 열고 밖으로 나오다가 부엌에 딸린 방에 홀로 앉은 할머니 한 분을 보았습니다. 할머니는 간간히 기침을 하셨는데, 연세가 지긋해 보였습니다. 저는 눈인사를 건네고 곧장 응접실로 나와 의자에 앉아서 《자애록》을 펴 들고 나지막한 목소리로 읽었습니다.

이때 부엌에서 여자의 음성이 들려왔습니다. 저는 책을 잠시 덮고 음성이 들리는 쪽으로 귀를 기울였습니다. 그랬더니 분명 제 귀에 '예수 기도'를 바치는 소리가 들렸습니다.

"아까 그 할머니가 바치는 기도 소리구나!"

저는 이렇게 중얼거리면서 의자에서 일어나 할머니의 방 앞으로 가서 들어가도 되는지 물었습니다. 앉아서 기도하던 할머니는 기도를 멈추고 일어나 저를 맞았습니다.

"어서 오세요. 신부님을 찾아오신 손님 아니신가요? 그렇게 서 있지 말고 들어오세요."

할머니는 상냥한 목소리로 말하면서 저의 손을 끌었습니다. 저는 할머니가 이끄는 대로 방으로 들어가 앉아, 할머니를 쳐다보며 솔직하게 말했습니다.

"할머니의 기도 소리가 참 좋습니다."

"이제 죽을 날이 멀지 않은 이 늙은이에게 더없이 소중한 기도지요."

할머니는 이렇게 말하면서 만족스러운 표정을 지었습니다. 저는 그 표정을 살피며 물었습니다.

"그렇게 기도하신 지 얼마나 되십니까?"

"아주 젊었을 때부터 바쳤지요. 저는 이 기도 덕분에 지금까지 목숨을 이어 온 거랍니다."

"기도 덕분에 목숨을 이어 오다니……. 무슨 죽을 고비라도 넘기셨단 말씀인가요?"

제가 이렇게 묻자, 할머니는 잠시 회상에 잠겼다가 입을 열었습니다.

"처녀 때 일이지요. 결혼식을 하루 앞둔 날 밤, 약혼한 남자와 함께 저희 집으로 가던 중에 그 남자가 갑자기 길에서 쓰러져 죽고 말았답니다. 그 때문에 우리 집에는 큰 소란이 생겼고, 저 또한 그 일로 마음에 상처를 입었지요. 이런 일을 당해 보지 않은 사람은 저의 비참한 심정을 이해하기가 어려울 겁니다.

하여간 저는 그 때문에 죽을 병에 걸린 사람처럼 며칠을 자리에 누워 지냈는데, 간신히 기운을 차렸을 무렵, 한 가지 결심을 하게 되었습니다. 이왕 결혼에 실패한 몸이니 예루살렘에 가서 세상을 잊고 기도에 전념하면서 지내리라 마음먹은 것이지요. 그러나 그것은 마음뿐이지 처녀의 몸으로, 그것도 혼자서 그 먼 길을 떠나기란 쉽지가 않았습니다.

그래서 저는 그런 소망도 이루지 못한 채 애만 태우고 있었는데, 마침 오래전부터 순례 생활을 해 오던 어떤 할머니가 저를 찾아왔습니다. 그러면서 저에게 그렇게 시름에 싸여 있지 말고 '예수 기도'를 바쳐 보라고 권했습니다. 이 기도를 계속 바치면 앞으로 어떤 위험이 닥치더라도 충분히 이겨 낼 수 있을 것이라고 힘주어 말하면서 말이지요. 그 말에 저는 '예수 기도'를 바치기 시작했고, 결국 부모님께 허락을 받고 홀로 그 먼 예루살렘으로 떠날 수 있었지요. 그 할머니가 말씀하신대로 그 여행에서 돌아올 때까지 저는 한 번도 위험한 일을 겪지 않았답니다. 그때 '예수 기도'의 효험이 얼마나 큰지를 실감했지요. 지금도 그때 그 시절을 생각하면 절로 감동을 받습니다. 지금은 이렇게 나이가 들어 이곳에서 신부님께 신세를 지고 있습니다만……."

할머니는 이 이야기를 저에게 들려주면서도 정말 자신이 지금도 그 시절을 살고 있는 것처럼 입으로 기도문을 외웠습니다. 저는 할머니의 이런 체험담을 감명 깊게 듣다가 잠시 후 다음 여정을 떠나기 위해 자리에서 일어났습니다. 그러고는 신부님께 강복을 청해 받고는 하느님께 감사드리며 성당 문을 나섰습니다. 할머니가 성당 문 앞까지 배웅해 주었습니다.

예수 기도의 힘

그로부터 몇 달 후, 제가 '카잔' 지방으로 들어서기까지 겪은 체험담이 또 하나 있습니다. 이 이야기는 '예수 기도'로 생긴 결과에 관한 이야기입니다. 저는 이때의 경험을 통해 무의식적으로 이 기도를 올리는 사람에게도 영적 선물이 주어진다는 사실을 알게 되었습니다.

어느 날 저녁, 제가 '타타르'라는 마을에 머물렀을 때의 일입니다. 마침 마을 앞길에서 마부 한 사람을 만났습니다. 그는 자기가 부리는 말을 풀어놓고 풀을 뜯게 하고 있었습니다. 저는 그에게 가서, 이곳에서 하룻밤을 묵어가게 해 달라고 청했습니다. 그는 곧 자기 주인을 모시고 크림 반도에 있는 카잔으로 가야 한다고 말하면서 오른손으로 옆에 세워 둔 마차를 가리켰습니다. 이때 마차 안에서 그의 주인인 듯한 노인이 창문에 드리운 커튼을 젖히면서 마부와 함께 있는 저에게 말했습니다.

"저 사람의 말대로 저는 지금 카잔으로 떠날 겁니다. 그러니 저의 잠자리는 이 마차 안이 되겠지요."

그는 마차에서 내려 제게 가까이 다가와서 인사를 청했습니다. 저도 그와 인사를 나누며 저를 소개했습니다. 그랬더니 그가 저에게 자신에 관한 이야기를 들려주었습니다.

"저는 예순다섯 살이 될 때까지 해군 장교로 복무했습니다. 그런데 제대한 다음 중풍에 걸렸는데, 요양하기 좋은 곳을 찾다가 아내가 좋아하는 크림 반도로 옮겨 왔습니다. 제 아내는 성품이 무척 활달해서 이웃들과 어울려 놀기를 좋아했고, 특히 카드놀이라면 사족을 못 썼지요. 그러다가 결국은 아픈 남편과 함께 사는 것이 지긋지긋하다면서 시집간 딸한테 가 버렸습니다.

그런데 아내가 딸네 집으로 갈 때 하인들마저 데리고 가 버려서, 여덟 살 난 대자 하나만 남게 되었습니다. 그렇게 대자와 단둘이서 살게 된 셈이지요. 그 아이는 나이답지 않게 영특해서 제 시중을 곧잘 들었습니다. 그러나 한편으로는 성격이 거칠고 장난기가 많아 종종 저를 성가시게 할 때도 있었지요.

그런 중에도 저는 신심 서적을 즐겨 읽었습니다. 그레고리오 팔라마스 성인의 훌륭한 책이었는데, 이 책에는 '예수 기도'에 대한 자세한 해설이 담겨 있지요. 저는 이 책을 읽으면서 끊임없이 기도하곤 했습니다.

그런데 문제는 제 대자가 수시로 소란을 피운다는 점이었습니다. 그 때문에 대자는 저에게 많은 근심을 주었습니다. 그래서 고심 끝에 그 아이의 소란을 막을 수 있는 한 가지 방법을 강구해 냈습니다. 그 방법이란 아이를 방에 있는 의자에 앉혀 놓고 '예수 기도'를 줄곧 듣게 하여, 아이가 외우게 하는 것입니다.

이러한 방법도 처음에는 저의 뜻대로 잘 되지 않았습니다. 그러나 끈기 있게 타이르는 동안, 대자는 제 기도에 많은 감화를 받았는지 그토록 산만했던 성격도 점차 점잖아졌습니다. 물론 아이의 성격을 바로잡기까지 많은 고충이 따랐습니다. 때로는 매를 들기고 했고, 큰 소리로 꾸짖은 적도 한두 번이 아니었습니다. 그렇지만 결과는 좋았습니다. 대자가 저를 따라 기도문을 외우기까지 했으니까요. 이렇게 되니까 집도 조용해지고 대자도 전보다 더 열심히 저를 도왔습니다.

그 후 우리 둘은 시간만 나면 기도하는 것을 낙으로 삼았습니다. 가끔 아이에게 기도의 보람에 대해 물으면 아이는 웃으면서 무척 기분이 좋다고 했습니다. 저는 이렇게 변한 아이를 볼 때마다 큰 은혜를 주신 하느님께 감사와 찬미를 드렸습니다.

그러던 중, 그 아이가 열두 살이 되던 해에 크림 전쟁이 발발했습니다. 전쟁통에 저는 이 어린것을 데리고 카잔에 있는 딸네 집으로 피난을 갔습니다. 그리고 우리 둘은 이 집 하인들이 사는 거처에서 함께 지냈습니다. 이런 대접을 받게 되니 어린것인들 어찌 불쾌하지 않겠습니까? 딸네 가족들은, 우리는 안중에도 없는 듯이 저희끼리 밤낮으로 어울려 낄낄거리면서 우리하고는 상종조차 하지 않았습니다. 심지어 외손주

들까지도 저를 멸시하고 대자를 눈엣가시처럼 여겼습니다. 이런 생활이 세 달이나 이어지니 오죽이나 서럽고 답답했겠습니까?

하루는 대자가 참다못해 저에게 '아버지, 우리 살던 집으로 돌아가요.' 하며 졸랐습니다. 저는 대자를 위로하며 이번 겨울이 지나거든 돌아가자고 타일렀습니다. 그렇지만 어린것은 보채면서 제 말을 듣지 않고 더욱 울어 댔습니다.

그런 일이 있던 다음 날 아침, 아이가 저 몰래 집에서 행방을 감추고 말았습니다. 사람을 시켜 사방에 수소문을 해 보았지만 헛일이었습니다. 저는 상심에 잠겨 며칠 밤을 뜬눈으로 지새웠습니다.

그러던 어느 날, 저는 크림에서 온 편지 한 통을 받았는데, 그곳에서 집을 지키는 사람이 제게 보낸 편지였습니다. 편지를 읽으며 저는 슬픈 심정을 달랠 길이 없었습니다. 제가 사랑하는 대자가 예수 부활 대축일 다음 날, 제가 떠나온 빈집에서 홀로 숨을 거두었다는 내용이 담겨 있었기 때문이었습니다.

그날, 집을 지키는 사람이 저의 집을 살피러 갔다가, 그 어린것이 자기와 제가 늘 거처하던 방 한가운데 누워 있는 것을 발견했다고 합니다. 양손을 모아 가슴 위에 얹어 놓고, 머리맡에는 모자 하나가 주인을 잃은 채 놓여 있는 광경을 보고 황급히 달려가 아이를 깨웠으나, 이미 숨을 거둔 뒤였다고 합니다. 그래서 하는 수 없이 시체를 업어다가 집 마당에 묻었다는 것입니다.

저는 이 편지를 단숨에 읽고는 슬픔에 젖어 잠시 의식을 잃었다가 다시 정신을 가다듬고 이 일이 어찌 된 영문인지 곰곰이 생각해 봤습니다. 왜냐하면 도무지 모든 사실을 믿기 어려웠기 때문이었습니다. 우선 대자가 크림에 있는 집까지 갔다는 사실이 믿기 어려웠습니다. 그 아이의 실종된 날짜와 아이가 죽었다는 날짜를 보면 아이는 400킬로미터를 한 달 남짓 걸려서 갔다는 계산이 나왔습니다. 그 어린것이, 그것도 전쟁터를, 그 엄동설한에 얇은 옷을 걸치고, 혼자 걸어갔다고는 도저히 믿을 수가 없었습니다. 그래서 저는 편지를 다시 보고 또 보았습니다. 그리고 이것은 틀림없이 기도의 힘이었고 그 아이가 그렇게 죽은 것도 다 하느님의 안배로 이루어진 은혜로움이라고 생각했습니다."

저는 노인의 긴 이야기에 귀를 기울이며 생각에 잠겼다가 그를 보며 입을 열었습니다.

"물론 기도의 힘이지요. 그런 일은 예삿일이 아닙니다. 그런데 어르신께서 읽으셨다는 그 책에 대해서 저도 알고 있습니다. 그 책에는 주로 소리 기도에 대한 해설이 들어 있지요. 그래서 드리는 말씀인데, 기도에 대해서 조금 더 깊이 알고 싶으시면 《자애록》이라는 책을 읽어 보셨으면 합니다. 이 책을 속속들이 읽으시면 심장으로 하는 '예수 기도'가 어떤 것인지 낱낱이 이해하실 수가 있을 것입니다."

그러면서 제가 가진 《자애록》을 그 노인에게 펼쳐 보였습니다. 노인은 부러운 눈으로 이 책을 살펴보다가 자기도 꼭 한 권 사서 읽겠다고 말했습니다. 그래서 저는 다음과 같은 말로 작별을 고했습니다.

"기도는 참 좋은 것입니다. 기도로 드러나는 하느님의 권능이 얼마나 놀랍습니까? 그 어린것에게 기도를 가르쳐 주느라고 더러는 매를 들어야 했던 어르신의 심정이 헤아려집니다. 우리가 매일같이 만나는 슬픔과 불행 또한 하느님의 매가 아닐까요? 그러니 하느님께서 내리시는 매를 우리는 결코 무서워하거나 두려워해서는 안 되겠지요. 그분은 우리를 무한히 사랑하시는 분이십니다. 그분은 우리를 사랑의 매로 가르치시고 부단한 기도로써 기쁨과 행복을 가져다주십니다."

저의 이야기는 일단 여기까지로 끝을 맺었습니다. 이야기

내내 신부님은 저의 말에 지극한 관심을 갖고 경청해 주셨습니다. 저는 감격했지만, 신부님께 겸손하게 말씀드렸습니다.

"신부님, 너무 지루하셨지요? 대단치도 않은 이야기를 오랜 시간 경청해 주셔서 감사합니다."

"아닙니다. 형제님의 이야기에는 진심이 숨어 있다는 것을 느낄 수 있었습니다. 저에게도 매우 유익한 이야기였지요."

신부님이 저를 위로하듯 말씀하셨습니다.

"고맙습니다, 신부님. 그러나 교부들의 말씀처럼 아무리 유익한 이야기라도 장황하면 좋지가 않거든요. 저는 이제부터 예루살렘까지 동행할 분을 만나러 가야 합니다. 그러니 신부님, 저의 앞날을 축복해 주시고 저를 위해 잊지 않고 기도해 주십시오."

저는 이렇게 부탁드리고 자리에서 일어났습니다. 신부님은 저를 문밖까지 배웅하시면서 말씀하셨습니다.

"형제님의 순례를 진심으로 축복합니다. 부디 하느님의 은총이 언제나 함께 머물기를, 라파엘 대천사의 가호가 따르기를 기도하겠습니다!"

제2부

제1장

다시 시작된 순례

돌아온 순례자

 제가 다시 이르쿠츠크로 돌아온 것은 예루살렘으로 성지 순례를 떠나고 1년이 지난 후였습니다. 저는 순례를 떠나기 전에 찾아뵈었던 신부님께 인사를 드리러 사제관을 방문했습니다. 1년 만에 뵌 신부님이었지만, 신부님은 변함없이 따뜻하게 저를 맞이해 주셨습니다.

 "오! 형제님, 어서 오세요. 하느님께서 형제님의 성지 순례를 축복해 주셔서 이렇게 무사히 돌아올 수 있도록 해 주셨으니 정말 은혜로운 일입니다. 자, 우리 하느님께 감사의 기도를 드립시다."

신부님과 저는 그 자리에 잠시 무릎을 꿇고 기도를 드렸습니다.

"모든 일에 은혜를 베푸시는 하느님 아버지께 찬미와 감사를 드립니다. 하느님은 낯선 땅에서 우리 순례자들과 또 멀리 이국에서 온 사람들을 항상 선하심으로 인도하셨습니다. 그 덕분에 작년에 신부님 곁을 떠났던 제가 또다시 신부님을 뵙고 따뜻한 환영을 받게 되었으니 참으로 하느님께 감사드립니다. 이 모든 영광을 하느님께 돌립니다."

기도를 마친 후에 신부님이 주신 차를 마시며, 그동안의 길고 긴 이야기를 나누었습니다.

갈 길을 잃은 순례

제가 그동안 겪은 일을 말씀드리겠습니다. 저는 정말 예루살렘 성지 순례를 원했습니다만, 계획대로 잘 되지 않았습니다. 죄인인 제가 거룩한 주 예수 그리스도의 발자취를 따라 밟는 것이 합당하지 않아서 그렇게 되었는지는 잘 모르겠습니다.

신부님도 기억하시겠지만, 작년에 제가 이곳을 떠날 때 귀가 들리지 않는 노인 한 분과 함께했습니다. 그때 저에겐 이르쿠츠크에 사는 한 상인이 써 준 편지가 한 통 있었지요. 그 편지는 오데사에 사는 자신의 아들에게 보내는 것이었는데, 편지에는 제가 예루살렘에 갈 수 있도록 도와주라는 내용이 있었습니다. 이곳을 떠나, 저는 노인과 함께 오데사에 도착했습니다.

저의 동행자였던 노인은 콘스탄티노폴리스로 향하는 배를 예약한 후 바로 그곳으로 떠났고, 저는 편지에 적힌 주소를 따라 그 상인의 아들을 찾았지요. 그의 집을 찾는 데는 큰 어려움이 없었으나, 찾고 보니 그 아들은 이미 이 세상 사람이 아니었습니다. 갑자기 병을 얻은 후 시름시름 앓다가 숨을 거두어, 장례를 치른 지 3주나 지났다는 것이었습니다. 참으로 당황스럽고 슬픈 일이었지요. 저는 낙심했지만 하느님의 크신 능력에 모든 것을 맡겼습니다.

그 집안의 어린 세 아이와 부인은 큰 슬픔에 잠겨 있었습니다. 특히 부인은 금방이라도 자기 남편을 따라서 죽을 것처럼 슬픔에서 헤어나지 못하고 있었습니다. 그런데도 부인은 저를 친절하게 맞아 주었고 성심성의껏 대접해 주었습니다. 갑자기 남편을 잃고 과부가 되어 버린 그녀는 하루에도 몇 번씩 슬픔에 잠겨 벗어나기 힘들어하면서도, 시아버지가 오면 여러 가지 힘든 일들을 해결해 주고 도와줄 것이라고 믿으면서 잘 견뎌 냈습니다. 그러면서 저한테 시아버지가 오데사에 올 때까지 머물러 달라고 부탁했습니다. 그래서 저는 어쩔 수 없이 그 집에 머무르기로 했습니다.

두 달 정도 지났을 무렵 시아버지가 오데사로 올 수 없다는 전갈을 받았습니다. 지금 경영하는 가게에 일이 너무 많아 도저히 갈 수 없으니 차라리 오데사의 집을 정리하고 자신이 있는 곳으로 오라는 것이었습니다.

그 전갈을 받고 부인과 아이들은 매우 기뻐했고, 저는 그 모습을 보며 이제 떠나도 되겠다는 생각이 들었습니다. 저는 그들의 친절한 대접에 고맙다고 인사를 한 후, 그 집을 나와 갈 곳도 정하지 않은 채 길을 떠났습니다.

이해할 수 없는 사건들

원래 제가 가고자 한 곳은 예루살렘이었는데, 그곳으로 갈 수 없게 된 상황이라 정말 앞길이 막막했습니다. 곰곰이 생각해 보고 또 생각해 본 후에 저는 '키예프'[23]에 가기로 결심했습니다. 그리고 이 여행을 모두 하느님께 맡기자는 생각이 들었습니다. 인간을 사랑하시는 하느님은 인간의 선한 지향을 어여삐 여기셔서, 덕행을 닦는 데 방해가 되거나 영적으로 무익한 여행이 되지 않게 하실 거라는 확신이 들었기 때문입니다. 모든 것을 하느님께 맡기고 나자 마음이 편안해졌습니다. 그리하여 저는 키예프를 향해 또다시 순례의 길을 떠나게 되었습니다.

그런데 순례의 길에서 전혀 예상하지 못했던 사람들을 만났고, 여러 가지 사건들을 통해서 하느님의 섭리를 깨닫게 되었습니다. 제 어두운 영혼에 구원의 빛이 비치는 것을 느꼈습니다. 하느님의 섭리가 아니었다면 저는 결코 영적 은인들을 만나지 못했을 것이라고 확신합니다. 키예프를 향하면서 낮에는 기도하는 사람들을 따라서 걸었고, 밤에는 《자애록》을 읽으며 잠시 걸음을 멈추기도 했습니다. 《자애록》은 보이지 않는 영적인 적들과 투쟁할 수 있도록 제 영혼을 강건하게 해 주고 격려해 주는 책이었습니다.

오데사에서 한 30분 정도 걸었을 때의 일입니다. 짐을 가득 실은 긴 마차 행렬에 30여 명의 사람들이 동행하고 있었는데, 선두의 마부는 말고삐를 잡은 채 걸어가고 있었고, 다른 마부들은 각기 자기 말 근처에서 일행들과 함께 걸어가고 있었습니다. 저도 부지런히 그 마차 행렬을 따라서 걸었지요.

마차 행렬은 한 연못가를 따라 이어졌는데, 그때가 막 겨울이 끝나 갈 무렵이어서 연못에는 녹은 얼음들이 빙빙 돌고 있었습니다.

그런데 무슨 영문인지 선두에 있던 젊은 마부가 갑자기 말을 멈추었습니다. 그러자 뒤따르던 마차들도 자연스레 멈추었습니다. 마부들은 선두 마차에 무슨 변이라도 났는지 걱정하면서 앞으로 달려갔는데, 선두 마차의 마부인 젊은이가 옷을 훌훌 벗고 있었습니다. 사람들이 왜 옷을 벗는지 물어보니, 그는 연못에 뛰어들어 목욕하고 싶다고 대답했습니다. 사람들은 그가 미쳤다고 말하면서 그를 비웃기도 하고 꾸짖기도 했습니다. 그의 친형으로 보이는 사람이 다시 마차로 돌아가라고 강하게 말리면서 자신의 동생이 연못에 들어가는 것을 막았습니다.

어떤 사람들은 옥신각신하는 형제들을 외면한 채 말 여물통에 연못의 물을 퍼 담았습니다. 그때 장난기가 동한 젊은이들이 "이봐, 우리가 목욕시켜 줄게."라고 하면서 그 마부의 머리와 등에 찬물을 마구 퍼부었습니다. 그러자 마부가 "오! 그거 참 시원하네!"라고 말하면서 땅바닥에 주저앉아 버렸는데, 장난을 치던 젊은이들이 그에게 물을 더욱 퍼부었습니다.

그런데 땅바닥에 앉은 그가 갑자기 옆으로 쓰러지더니 그만 조용히 숨을 거두고 말았습니다. 장난치던 젊은이들과 일행들은 모두 놀랐고, 왜 그런 일이 일어났는지 아무도 알 수가 없었습니다. 어떤 사람들은 그 젊은이의 죽음에 대해 원인을 밝혀야 한다고 했고, 또 어떤 사람들은 그 젊은이가 죽은 것은 그의 운명이라고 단정해 버렸습니다.

저는 약 한 시간 정도 그 일행들과 같이 있다가 다시 길을 떠났습니다. 그로부터 한 시간 반 정도 걸으니 언덕 위에 있는 마을 하나를 발견할 수 있었습니다. 저는 그 마을을 향해 부지런히 걸었습니다.

마을 입구에서 연로한 신부님 한 분을 만났습니다. 저는 신부님께 조금 전 연못가에서 일어났던 사건에 대해 말씀드리면서 그분의 의견을 여쭈어 보았습니다. 그러자 신부님은 사제관에 가서 이야기하자고 하셨습니다. 저는 사제관에 도착하자마자 왜 그런 이해할 수 없는 일이 일어나는지 설명해 달라고 재차 여쭈었습니다. 그러자 신부님은 다음과 같이 말씀하셨습니다.

"내가 무슨 말을 할 수 있겠나? 자연에는 우리가 이해할 수 없는 놀라운 일들이 많이 일어나고 있다네. 내 생각에 그런 일들은 자연의 법칙으로는 이치에 맞지 않는 사건을 통해 하느님이 우리에게 당신의 섭리와 질서를 보여 주시려는 것으로 여겨지네.

 전에 나도 그와 비슷한 사건을 목격한 적이 있었지. 우리 마을 근처에 아주 깊은 협곡이 있는데, 폭은 그리 넓지 않았지만 그 깊이는 약 27미터 정도 되었다네. 그 협곡 위에는 출렁다리가 있어서, 다리 위에서 아래를 내려다보면 아찔하고 무서운 느낌이 들지. 그런데 우리 성당의 교우 중에 평판이 좋은 농부가 어느 날 갑자기 아무런 이유도 없이, 충동적으로 출렁다리에서 깊은 협곡 아래로 뛰어내렸다네.

 그 농부는 일주일 전부터 감당할 수 없는 충동을 받고 있었다고 했네. 그는 이 충동에서 벗어나려고 애썼지만 이를 억제할 수 없었다고도 했지. 결국 충동을 이기지 못한 그는, 그날 아침에 일찍 일어나자마자 곧바로 그 출렁다리로 달려갔다고 하더군. 다리가 부러진 채 고통스러워하는 그 농부의 신음 소리를 듣고 동네 사람들이 그를 계곡 바닥에서 건져 냈다네. 그리고 '이 사람아, 도대체 왜 이런 짓을 한 건가?' 하고 물었지. 그러자 그는 누를 수 없는 욕구를 채우기 위해 어쩔 수 없이 뛰어내린 것이라고 하며, 오히려 이제는 마음이 편안해서 좋다고 했다네. 동네 사람들로서는 도저히 이해할 수 없는 대답이었지.

 그 농부는 그 후로 약 1년 동안 병원 신세를 졌는데, 내가 가끔 병문안을 가곤 했지. 어느 날 그를 진료한 의사들에게 그가 협곡 아래로 뛰어내린 원인이 무엇인지 물어보았더니, 의사들은 단순히 '일시적 광기' 때문일 거라고 말하면서도 명확히 해명할 수는 없다고 말하더군. 그래서 그에게 그런 위험한 충동을 일으킨 것은 무엇인지 물었더니, 의사들도 과학적으로는 설명할 수 없는 불가사의라는 것 외에는 어떤 대답도 할 수 없다고 말했지.

이처럼 우리는 일상생활 중에 인간으로서는 이해할 수 없는 일을 종종 접하게 된다네. 하지만 나는 열렬한 기도로 하느님께 마음을 돌리고, 선하고 현명한 사람들의 조언을 구한다면, 절대로 그러한 일시적 광기에 제압당하지 않을 거라고 생각한다네."

우리가 이야기를 나누는 동안 날이 저물었고, 저는 사제관에서 하룻밤을 보내게 되었습니다. 이튿날 아침, 그 마을의 대표가 신부님께 전날 갑자기 죽은 그 젊은 마부의 장례식을 주례해 달라고 요청했습니다. 그 마을의 의사들은 시신을 땅에 묻기 전에 부검해 보았으나, 별다른 사인은 찾을 수 없었고 갑작스러운 충격이 원인이었을 거라고 진단했습니다.

이 말을 들은 신부님은 저를 돌아보며 "그것 보게나. 그 젊은 마부가 충동을 억제하지 못하고 물로 뛰어들려던 것에 대해 의학적으로는 그 어떠한 원인도 밝혀낼 수 없다네." 하고 말씀하셨습니다. 저는 신부님과 작별 인사를 나눈 후 다시 길을 떠났습니다.

이름에 얽힌 놀라운 기적

그 후 저는 며칠 동안 계속해서 길을 걸었습니다. 그러다 너무 지쳐서 한 마을로 들어갔는데, 그곳은 '벨라야 체르코프'라는 곳이었습니다. 이미 어둠이 사방을 덮을 때쯤이어서 묵을 곳을 찾다가, 길거리에서 저처럼 순례자로 보이는 남자와 마주쳤습니다. 그는 그 마을에 살고 있는 어떤 사람의 집을 찾느라 이 사람 저 사람에게 물어보고 있었습니다.

그가 저에게 가까이 오더니 말을 걸었습니다.

"혹시 순례자인가요? 저도 순례자인데, 저와 함께 가시는 건 어떻습니까? 저는 예브레이노프(러시아어로 '유대인의 아들'이라는 뜻)라는 사람을 찾는데, 그 사람은 독실한 그리스도인으로 여인숙을 운영하며 순례자들을 환대한다고 합니다. 순례자들 사이에서 그가 친절하다는 소문이 자자하지요."

저는 그의 제안을 흔쾌히 받아들여, 같이 예브레이노프 씨의 집을 찾았습니다. 예브레이노프 씨는 외출 중이었지만, 나이가 지긋해 보이는 부인이 우리를 친절하게 맞아 주었습니다. 그리고 부인의 안내로 우리는 다락방에 짐을 풀고 쉴 수 있었습니다. 여인숙의 주인인 예브레이노프 씨는 저녁 식사 시간이 다 되었을 때 돌아왔습니다. 그는 소문대로 정말 친절한 사람이었습니다. 우리는 그와 함께 저녁 식사를 하면서 이런저런 이야기를 나누었습니다.

그러다가 우리는 그에게 예브레이노프라는 이름에 특별한 사연이 있는지 물어봤습니다. 그는 재미있다는 듯이 "제 이름이 왜 예브레이노프인지 말씀드리지요."라고 말하면서 이름에 관한 이야기를 시작했습니다.

"저의 아버지는 유대인입니다. 아버지는 '쉬콜로프'라는 곳에서 태어나셨는데, 어린 시절부터 유대교의 랍비가 되려고 준비했기 때문에 그리스도인들을 몹시 싫어했습니다. 그래서 그리스도교 신앙을 논박하는 유대인들의 모든 모임에 빠지지 않고 참석하며, 열심히 배우고 연구했습니다.

어느 날 아버지가 길을 가다가 우연히 그리스도인들의 묘지를 지나가게 되었는데, 그곳에서 사람의 두개골을 보았습니다. 그 두개골은 파헤쳐진 묘지에서 나온 것으로 보였는데,

그 두개골의 눈과 코의 자리는 움푹 파여 있었고, 턱에는 아직도 치아 몇 개가 붙어 있었습니다. 정말 끔찍한 광경이었습니다. 이를 보고 기분이 불쾌해진 아버지는 괜히 그 두개골에 침을 뱉은 뒤, 발로 걷어찼습니다. 심지어는 마치 새들을 쫓아 버리기 위해 허수아비를 세우듯이 그 두개골을 말뚝에 꽂아 놓았습니다. 아버지는 이렇게 기분이 나빠진 것에 대한 분풀이를 하고 집으로 돌아왔습니다.

그런데 막 잠자리에 들려고 할 때, 낯선 사람이 갑자기 나타나서 '네가 감히 어쩌자고 나의 해골을 능욕하는가? 그래, 나는 그리스도인이고 너는 그리스도의 적이다!' 하고 큰 소리로 아버지를 호되게 꾸짖었습니다. 그리고 그 이후로, 매일 밤 그 환영이 아버지에게 나타났습니다. 아버지는 잠을 잘 수도, 쉴 수도 없었습니다. 시간이 흐를수록 환영이 나타나는 빈도는 점점 잦아져서 밤에는 물론 낮에도 나타나 아버지를 꾸짖었습니다.

결국 아버지는 공포에 질려 아무것도 할 수 없게 되었습니다. 급기야 맥이 풀리고 기운까지도 잃게 되었지요. 아버지는 랍비를 찾아가서 구마 기도로 환영을 쫓아 보려고 애썼지만, 소용이 없었습니다. 오히려 더 자주 나타나서 위협을 가하며 꾸짖었습니다. 그리고 이러한 아버지에 대한 소문이 온 마을에 퍼졌습니다.

그런데 그리스도인이었던 마을 사람이 그 환영에서 자유로워지려면 그리스도교로 개종하는 길밖에 없다고 아버지에게 충고했습니다. 다른 유대인들은 아버지가 그리스도교로 개종하는 것을 몹시 싫어했습니다. 하지만 아버지는 '자신을 짓누르는 괴로움에서 자유로워질 수만 있다면, 그리스도인이 되겠다.'라고 말했습니다. 아버지에게 충고했던 마을 사람은 그 얘기를 전해 듣고 기뻐했습니다.

아버지는 개종하기 위해 유대교 지도자들에게 허락을 구했습니다. 그들은 달가워하지 않으면서도 한 사람을 고통에서 구해 내야 했기에 개종을 승인했습니다. 그런데 정말 이상하게도 유대교 지도자들이 개종 승인서에 서명하는 바로 그 순간부터 무서운 환영이 더 이상 아버지에게 나타나지 않았습니다. 아버지는 너무나 기뻐했습니다. 이윽고 아버지는 마음에 고요함과 평화로움을 되찾았으며 예수 그리스도에 대한 뜨거운 열정을 갖게 되었습니다.

아버지는 곧 주교님을 찾아가서 이 모든 이야기를 했습니다. 그리고 자신의 믿음을 고백했습니다. 또 아버지는 자신의 바람대로 성부·성자·성령의 이름으로 세례를 받아 그리스도교 신자가 되었고, 마을의 독실한 그리스도교 신자인 어머니와 결혼했습니다. 아버지의 생활은 매우 경건하고 안정되었고, 기쁨이 가득했습니다. 또한 아버지는 가난하고 어려운 사람들을 도우며 사셨습니다. 아버지는 저에게도 그러한 삶을 보여 주시면서 관대한 그리스도인이 되라고 늘 가르치셨지요. 그리고 아버지가 겪은 일을 잊지 말라는 의미로 저에게 '예브레이노프'라는 이름을 지어 주신 것입니다. 아버지는 임종 직전에도 그리스도인으로서 이웃 사랑을 실천하라는 유언을 남기셨습니다."

저는 경외감을 느꼈습니다. 아! 이 얼마나 영혼에 유익한 이야기인지요! 우리 주 예수 그리스도는 얼마나 선하시고 친절하시며 그 사랑은 얼마나 위대하신지요! 주님은 여러 오묘한 방법으로 죄인들을 구원으로 인도하십니다. 작고 사소한 일을 통해서도 죄인들을 구원으로 인도하시지요. 죽은 사람의 두개골을 가지고 못된 짓을 한 이에게 진정한 지혜를 불어넣어 주시고 경건한 삶으로 인도하신 하느님과 그리스도의 섭리를 그 누가 상상이나 할 수 있겠습니까? 그저 주님의 사랑에 탄복할 뿐이었습니다.

저녁 식사를 마친 후 다락방으로 돌아온 우리는 밤늦도록 이야기를 나누었습니다. 저와 함께 머물게 된 사람은 '모길레

프'의 어떤 상점에서 일한 적이 있다고 했습니다. 그는 '베사라비아' 지역 수도원에서 수련자로 2년간 수련하고, 수도원 정식 입회 추천서를 받고자 자신이 전에 일하던 곳으로 가는 길이라고 했습니다. 그는 저에게 수도원의 생활이 얼마나 좋은지를 설명하면서 함께 입회하자고 했습니다. 그는 이렇게 말했습니다.

"베사라비아의 수도원은 정말 매력적인 곳입니다. 저는 베사라비아의 수도원 덕분에 수도 생활에 매료되었습니다. 그곳의 규칙과 원로 수사님들의 경건한 생활이 제가 수도 생활을 잘하게끔 인도해 줍니다."

우리가 수도 생활에 관해 이야기꽃을 피우고 있을 때, 여인숙 주인이 우리와 같이 머물 손님 한 분을 데려왔습니다. 그 손님은 군대에서 장교로 근무하다가 전역하여 집으로 돌아가는 길이라고 했습니다. 먼 길을 걸어온 탓인지 그는 무척 피곤해 보였습니다. 우리 셋은 함께 기도를 드린 후 곧 잠이 들었습니다.

이튿날 아침 일찍 일어난 우리는 주인에게 감사의 인사를 드린 후, 서둘러 떠날 채비를 하는데 아침 기도 시간임을 알리는 성당 종소리가 들려왔습니다. 예비 수사님과 저는 어떻게 해야 할지 잠시 망설였습니다. 하지만 아침 기도를 알리는 종소리를 듣고도 그냥 떠난다는 것이 마음에 걸렸습니다. 그래서 함께 아침 기도를 드린 후, 행복한 마음으로 홀가분하게 떠나는 것이 좋겠다고 생각하고, 그 전역 장교에게 성당에 같이 가자고 했습니다. 그랬더니 그는 "왜 성당에 가야 합니까? 갈 길이 얼마나 먼데 굳이 성당에서 시간을 낭비할 필요가 있을까요?"라고 말했습니다. 그러면서 덧붙였습니다.

"우리가 성당에 가서 기도한다고 하느님께 무슨 큰 선행이 될 수 있겠습니까? 그냥 떠나시죠! 걸어가면서 기도하면 되지 않습니까? 그래도 정 원하신다면 두 분은 성당으로 가십시오. 저는 가능한 한 빨리 집에 가고 싶습니다. 두 분이 아침 기도를 드리는 동안 저는 이미 8킬로미터는 앞서 있을 겁니다."

그래서 저는 그에게 "형제님, 그렇게 서두르지 말고, 하느님의 뜻을 헤아려 보세요." 하고 말했습니다. 그러나 그는 자기 길을 떠났고, 우리는 성당으로 갔습니다.

예비 수사님과 저는 성당에서 아침 기도를 드린 후, 짐을 가지러 여인숙으로 돌아왔습니다. 그때 여인숙 주인이 주전자를 들고 오면서 말했습니다. "어디로 떠나십니까? 가시기 전에 같이 식사라도 하시지요. 빈속으로 떠날 수야 없지 않습니까?" 하면서 우리를 붙잡았습니다.

그런데 우리가 여인숙에 들어가 앉은 지 30분도 채 되지 않았을 때 먼저 길을 떠났던 그 전역 장교가 헐레벌떡 뛰어들어 왔습니다. 깜짝 놀라서 "무슨 일이 생겼습니까?" 하고 묻자, 그는 이렇게 대답했습니다.

"길을 떠나 한참 걷다가 선술집을 발견하여 술을 한잔했습니다. 선술집에서 계산을 하고 나와서 가벼운 발걸음으로 다시 걸었는데 4킬로미터도 채 못 갔을 때, 술집에서 거스름돈을 제대로 받았는지 세어 보고 싶다는 생각이 들었습니다. 그래서 잠시 길가에 쭈그리고 앉아서 지갑을 꺼내 보았습니다. 돈은 제대로 있었습니다. 그런데 지갑 안에 있던 여권이 보이지 않았습니다.

저는 너무나 놀라서 정신을 잃을 정도였습니다. 그 순간, 아까 선술집에서 술값을 내고 서둘러 나오면서 지갑을 주머니에 넣을 때 여권을 떨어뜨렸을 거라는 생각이 들었습니다. 그래서 가던 발걸음을 되돌려 숨이 막힐 정도로 달렸습니다. 그렇게 되돌아가는 내내 불길한 생각이 저를 괴롭혔습니다.

부리나케 달려서 도착한 선술집에서 주인에게 혹시 여권을 보지 못했느냐고 물어봤지만, 보지 못했다는 대답만 들었습니다. 저는 정말 낙심했지만, 그래도 여권이 있을 만한 곳을 이리저리 살펴보았습니다.

제가 지나온 길을 따라 걸으며 한참을 살펴보니 제 여권이 사람들에게 밟혀서 흙과 두엄이 묻은 채로 바닥에 떨어져 있는 것을 발견했습니다. 정말 다행이었습니다! 제 여권에는 흙먼지가 잔뜩 묻고 거름 냄새도 났지만 얼마나 반갑고 기뻤는지 모릅니다. 그래서 저도 모르게 '하느님 감사합니다!' 하고 외쳤습니다.

하지만 여권 때문에 멀리 갔던 길을 되돌려 열심히 뛰어오느라 발바닥이 부르트고 피가 나서 더 이상 걸을 수 없었습니다. 그래서 치료를 받기 위해 여기까지 다시 찾아왔습니다."

이 말을 들은 예비 수사님이 말했습니다.

"형제님에게 그런 일이 생긴 것은 저희와 함께 성당에 가지 않으려고 했기 때문이라고 생각합니다. 형제님은 빨리 길을 떠나려고 했지만, 오히려 도로 돌아온 데다가 발까지 아파 절룩거리게 되었지요. 형제님이 성당에 가지 않은 것이 큰 잘못은 아니지만, '우리가 성당에 가서 기도한다고 하느님께 무슨 큰 선행이 될 수 있겠습니까?' 하고 말했던 것은 큰 잘못이었습니다. 물론, 하느님은 우리 같은 죄인들의 기도가 그렇게 필요하지 않으신 분입니다. 그러나 우리가 당신을 사랑하는 마음으로 기도하는 것을 좋아하십니다. 그리고 우리가 경건하게 기도드리면 우리의 간청도 들어주십니다.

'내 안에 머물러라. 나도 너희 안에 머무르겠다.'(요한 15,4)

하신 말씀을 우리가 깨달으면, 그것은 하느님께 기쁨이 됩니다. 말뿐만 아니라 우리의 모든 지향과 충동과 생각이 하느님께 영광을 드리게 됩니다. 그리고 우리 자신의 구원이 하느님 안에서 가치를 가지게 됩니다. 이처럼 하느님의 무한한 사랑은 우리에게 후한 보상을 주십니다.

또한 하느님은 우리의 행동에 합당한 은총보다 백배, 천배 더 큰 은총을 주십니다. 만약 형제님이 다른 사람에게 아주 약간의 자선을 베푼다면, 하느님은 형제님에게 황금으로 갚아 주실 것입니다. 그리고 형제님의 목적이 하느님 아버지께로 나아가는 것이라면 하느님은 형제님을 맞이하실 것입니다. '주님, 이 죄인을 불쌍히 여기시고 받아 주십시오.' 하고 아주 짧은 말 한마디를 진심으로 한다면, 하느님은 형제님의 목을 끌어안고 입을 맞춰 주실 것입니다. 하느님 아버지의 사랑은 우리처럼 보잘것없는 이들을 향해 있습니다. 이러한 사랑을 지니신 하느님은 우리가 하는 행동이 구원을 향한 것이라면, 아무리 작은 행동일지라도 기뻐하십니다.

형제님, 이를테면 형제님이 잠깐 기도를 드렸다고 합시다. 그러고 나서 금방 온갖 분심과 잡념으로 정신과 마음이 복잡해진다면 그 기도가 주님께 무슨 영광이 될까 하는 의문이 생길 것입니다.

그리고 기도문을 열심히 정성스럽게 외우거나, 어떤 선한 일에 관심을 두고 선행을 하거나, 호흡을 조절하면서 '예수 기도'를 하거나, 침묵 속에서 금식하며 어려움을 참고 견디는 것이 하느님께 무슨 영광이 되는지, 자신에게 무슨 큰 이득이 되는지, 오히려 자신의 구원은 아무 결실도 맺지 못하는 것은 아닌지 하는 생각도 들 것입니다.

그렇지만 아무리 사소한 일이라도 헛된 것은 하나도 없습니다. 만물을 꿰뚫어 보시는 하느님은 작은 일도 축복하시고, 우리가 하느님의 영광을 위해 행하는 모든 일, 심지어 아주 작은 일이라도 굽어보시고 축복해 주십니다. 그래서 우리가 주님을 위해 행한 작은 일들이 영생의 상급을 받게 되는 것입니다.

요한 크리소스토모 성인은 이렇게 말씀하셨습니다. '사소한 일 하나까지도 주님의 의로운 심판을 받게 됩니다. 이것은 선행의 경우에도 해당됩니다. 모든 죄가 상세히 밝혀진다면 우리의 생각이나 말이나 행동, 욕망들도 모두 심판을 받아야 될 것입니다. 그다음에 아무리 작은 일이라도 선한 행위라면 사랑이 가득하신 우리의 심판자, 주님 앞에서 우리의 선한 모습으로 평가를 받게 될 것입니다.'

작년에 수도원에서 함께 지냈던 어느 수사님의 이야기를 말씀드리지요. 제가 살았던 베사라비아의 수도원에는 한 원로 수사님이 있었습니다. 그 수사님은 평생을 아주 착하게 살며 규칙을 잘 지켜 왔는데, 어느 날부터인가 갑자기 고기가 먹고 싶다는 유혹에 시달리기 시작했습니다. 동방 교회 수도자는 본래 평생 동안 육식하는 것이 금기시되어 있는데, 그 수사님은 고기가 먹고 싶다는 욕구를 도저히 참을 수 없었습니다. 급기야는 수도원에서는 고기를 구할 수 없으니 시장에 가서 사야겠다는 유혹에 시달리게 되었습니다.

원래 수도자는 수도원에서 제공되는 음식으로 만족해야 하고, 지나친 탐욕을 억제해야 하며, 유혹을 이겨 내야 합니다. 그렇기에 수도자가 수도복을 입은 채로 고기를 사러 간다면 아주 잘못된 행위인 것이지요. 그러나 결국 자신과의 싸움에서 패한 그 수사님은 고기를 사러 갔습니다.

그런데 동방 교회 수도자는 서원식 때 받은 매듭 묵주를 손에 쥐고 쉴 새 없이 예수님의 이름을 부르는 기도를 늘 해야 합니다. 따라서 수도자가 휴식 시간을 보낼 때나 누군가를 기다릴 때, 특히 먼 길을 걸을 때 묵주로 기도하는 것은 식사할 때 수저를 드는 것처럼 자연스러운 일입니다. 그래서 수도자의 손에는 항상 묵주가 있는 것이 당연합니다. 그런데 시장으로 가던 그 수사님은 자기 손에 묵주가 없다는 것을 깨달았습니다.

'어떻게 된 거지? 나는 총 없는 군인과 같구나! 묵주도 들지 않고 시장을 돌아다니는 수도자를 신자들이 보면 어떻게 생각할까? 형편없는 수도자라고 비난하지 않을까? 아, 이 일을 어떻게 해야 하나? 내가 유혹에 빠진 걸까?'

여기까지 생각이 미친 그분은 서둘러 가던 길을 되돌아갔습니다. 길을 가면서 수도원에 놓고 온 묵주를 찾겠다는 마음이 더욱 강렬해졌습니다. 그러다가 혹시나 하는 마음으로 주머니마다 손을 넣어 묵주를 찾아보았는데 문득 하나가 손에 잡혔습니다. 그분은 몹시 기뻐하며 묵주를 쥔 손으로 성호를 긋고 '예수 기도'를 하면서 편안한 마음으로 다시 시장을 향해 갔습니다.

그분이 시장 근처에 다다랐을 때, 짐을 가득 실은 마차를 끌던 말이 갑자기 무엇에 놀랐는지 수사님 앞으로 내달리는 일이 벌어졌습니다. 그 수사님은 마차에 어깨를 스친 후 길바닥에 내동댕이쳐졌습니다. 그대로 근처 가옥에 부딪힌 마차는 크게 부서졌고, 실려 있던 짐은 길바닥에 널브러졌습니다. 그분은 크게 다치지는 않았지만, 너무나 놀라 몸을 덜덜 떨며 일어났습니다. 그러고는 즉각 하느님께 감사의 기도를 드렸습니다. 분명 하느님이 자기 생명을 구해 주셨다는 확신에 더욱 감탄하며 감사를 드렸습니다. 마차에 정통으로 부딪혔다면, 혹은 마차에 실렸던 짐 더미가 조금만 더 빨리 굴러떨어졌더라면 자신은 죽었을 것이라고 생각했습니다.

그분은 곧장 수도원으로 돌아가, 그날 하루의 일에 대해 참회와 감사의 기도를 드린 후 잠이 들었습니다. 그리고 꿈을 꾸었는데 처음 보는 인자한 모습의 수도자가 나타나 그에게 말했습니다.

'저는 이 수도원을 보호하는 수호자입니다. 그동안 당신을 계속 지켜봤는데, 당신에게 교훈이 될 만한 이야기를 해 주려고 합니다.

당신은 쾌락의 감정을 끊으려는 노력이 부족하고, 나태함 때문에 유혹을 절제하지 못하여 악의 세력에게 공격할 수 있는 빌미를 주었습니다. 즉 악의 세력이 계획한 일을 실행할 기회를 당신이 준 셈입니다. 하지만 당신의 수호천사는 그 속셈을 알아차리고 당신이 기도할 수 있도록 당신에게 묵주를 떠올리게 한 것입니다. 당신이 수호천사의 영적인 제안을 듣고 바로 묵주를 찾아 기도했기 때문에 갑작스럽게 다가온 흉악한 죽음에서 구원되었습니다. 이처럼 하느님은 아주 사소한 일이라도 우리가 하느님께 마음을 돌리면 그에 대해 보상해 주십니다.'

이 말을 마친 원로 수도자는 그 방을 떠났습니다. 수사님은 꿈에서 원로 수도자의 발아래 엎드려 가르침을 듣던 그 자세 그대로 잠에서 깨어났습니다. 그런데 그분이 엎드린 곳은 침대 위가 아닌, 꿈에서처럼 문지방 앞이었습니다. 그분은 이러한 영적 체험을 다른 사람들에게도 이야기해 주었습니다.

이처럼 우리 죄인들을 위한 하느님의 사랑은 정말 무한합니다. '예수 기도'가 생활화된 그 수사님은 단순히 묵주를 손에 쥐고, 매듭을 하나씩 넘기면서 '예수 그리스도'의 이름을 부르며 걸었을 뿐이지만, 큰 은총을 받았습니다. 순간적인 유혹에 빠져 나태함으로 시간을 낭비했지만, 묵주를 찾아 예수 그리스도의 이름을 부름으로써 얼마나 큰 보상을 받았는지 정말 놀라운 일입니다.

자, 형제님. 이제 우리가 예수님의 이름을 부르는 기도를 드릴 때, 예수님의 이름 자체만으로도 얼마나 위대한 능력이 있는지 아시겠습니까?

《자애록》을 보면 요한 카르파티스키 성인은 우리가 예수님의 거룩한 이름을 부르며 '죄 많은 우리를 불쌍히 여기소서.' 하고 기도를 드리면 하느님은 신비롭게도 '아들아, 너의 죄는 용서받았다.' 하고 응답하신다고 하셨습니다. 그리고 우리가 기도드릴 때, 우리는 성인들과 같아진다고 말씀하셨습니다. 왜냐하면 요한 크리소스토모 성인이 말씀하셨듯이 우리가 비록 죄로 가득 차 있을지라도 기도는 우리를 즉시 깨끗하게 해 주기 때문입니다.

하느님은 우리에게 무한한 자비를 주시는데, 그에 비해 우리는 너무나 인색한 감사와 기도를 드리지요. 단 한 시간만이라도 하느님과 함께하는 시간을 가질 수는 없을까요? 기도의 시간을 갖지 않는 사람들 대부분은 자신이 기도드리기에 너무 바쁘다고 말합니다. 그러나 한 시간도 앉아서 기도할 여유가 없는 바쁜 생활은 온갖 잡념과 근심 등을 만들어 우리가 하느님께 향하는 것을 방해합니다. 따라서 우리는 기도를 멀리할수록 하느님께 지혜를 받지 못하고, 그로 인해 더 큰 위험에 직면하게 되는 경우가 많습니다. 이는 인간을 지극히 사랑하시는 하느님이 우리의 마음을 당신께 향하게 하기 위해 여러 가지 방법으로 이끄시는 섭리입니다."

예비 수사님이 이야기를 마치자, 저는 큰 감동에 겨워 그분에게 말했습니다.

"수사님의 말씀은 죄 많은 저에게 큰 위안이 되었습니다. 저는 수사님의 발아래 엎드려 절하며 경의를 표하고 싶은 심정입니다."

"아! 형제님은 수도 생활에 관한 이야기를 진정으로 좋아하는 분이군요. 그러면 제가 또 다른 이야기를 해 드리겠습니다. 저는 《죄인들의 구원》이라는 책을 한 권 가지고 있습니다. 이 책에는 정말 놀라운 일들이 많이 담겨 있습니다."

그 예비 수사님은 주머니에서 그 책을 꺼내어 읽기 시작했습니다.

"경건한 신앙생활을 하는 부모님 밑에서 자라난 아가포니크라는 사람은 어려서부터 매일 성모상 앞에서 '하느님이신 예수 그리스도를 낳으신, 은총이 가득하신 마리아님, 기뻐하소서.'(루카 1,42 참조) 하며 기도드렸습니다. 그러나 아가포니크가 성장하면서 차츰 그 기도를 암송하는 횟수는 줄어들었고 자기 일에 열중할 때는 아예 기도하는 것을 잊어버리기도 했습니다.

어느 날 그는 한 순례자에게 하룻밤을 쉬어 가도록 숙소를 제공해 주었는데, 그 순례자가 그에게 신비한 말을 전해 주었습니다. 티베트 출신의 은수자가 자신의 꿈에 나타나서, 아가포니크를 찾아가 성모님께 기도하는 것을 왜 멈추었는지 꾸짖으라고 했다는 것입니다. 그 말에 아가포니크는 그 기도를 줄곧 해 봤지만 별다른 은혜를 받지 못했기 때문이라고 대답했습니다. 그러자 순례자는 이렇게 말했습니다.

'형제님은 눈멀고 감사할 줄도 모르는군요. 성모님께 드렸던 그 기도가 형제님을 얼마나 여러 번 도와주었으며 온갖 위험에서 구해 주었는지를 생각해 보십시오. 당신이 어렸을 때, 물에 빠져 위험한 순간에 어떻게 구조되었는지 기억합니까? 당신이 친구와 함께 마차를 타고 달리다가 마차가 전복되는 바람에 당신의 친구는 다리가 부러졌지만, 당신은 무사했던 일을 기억합니까? 당신이 잘 아는 사람이 전에는 건강했었지만 지금은 병석에 누워 고생하고 있는데도 당신은 여전히 건강하다는 사실을 깨닫지 못합니까?'

순례자는 아가포니크가 깨닫지 못했던 기적 같은 많은 일들을 깨닫게 했습니다. 그러면서 이렇게 당부했습니다.

'형제님이 그 짤막한 기도를 열심히 했기 때문에 하느님이 들으시고 성모님을 통해서 도와주신 것입니다. 형제님은 매일 기도로써 하느님과 일치하도록 마음을 하느님께 가까이 향하십시오. 그리고 주의를 기울여 꾸준히 성모님께 기도하는 것을 잊지 마십시오. 그분은 구세주 예수 그리스도의 어머니이십니다. 그분께 기도하는 것을 포기하지 않기를 거듭 당부합니다.'"

예비 수사님이 그 책을 다 읽었을 때 집주인은 우리를 저녁 식사에 초대했습니다. 우리는 영적으로 또 육체적으로 새로운 힘과 기운이 생긴 것을 느끼면서 주인에게 감사의 인사를 드렸습니다.

길 위에서 기도하는 젊은이

이튿날 우리는 각자의 길로 떠났습니다. 각자 자신의 목표대로 길을 떠난 것입니다. 그로부터 저는 약 5일 동안을 계속 걸었습니다. 벨라야 체르코프에서 훌륭한 예비 수사님에게 들은 이야기는 저에게 큰 힘이 되었고, 그 힘으로 생각보다 일찍 키예프 근처에 도착할 수 있었습니다.

그런데 그즈음에 저는 갑자기 우울해지면서 의기소침해졌습니다. 급기야는 기도하는 것이 어려워지고, 나태한 마음이 생기기 시작했습니다. 그래서 길가의 숲속에 들어가 잠시 앉아 쉴 곳을 찾았습니다. 그러고는 《자애록》을 꺼내어 읽었습니다. 책을 읽는 중에 저의 무기력함은 진정되었고 제 영혼은 다시 생기가 나는 듯했습니다. 저는 더 조용한 장소로 옮겨 앉아서 《자애록》을 읽기 시작했습니다.

한참을 기쁘게 책을 읽다가, 문득 약 100미터 앞에 한 남자가 무릎을 꿇은 채로 움직이지 않고 있는 모습이 눈에 들어왔습니다. 저는 그가 기도하고 있을 거라고 추측하고는 괜히 기뻤습니다. 저는 계속해서 책을 읽었습니다. 약 한 시간 동안 책을 더 읽다가 다시 그쪽을 힐끗 바라봤는데, 그 남자는 계속 움직이지 않고 무릎을 꿇은 채로 기도하고 있었습니다.

그 모습에 저는 큰 감동을 느꼈습니다. '참으로 신심이 깊은 하느님의 종들은 어디에나 있구나!'

그 남자를 보면서 감탄하고 있는데 갑자기 그가 땅바닥에 쓰러졌습니다. 저는 깜짝 놀랐지만, 그가 등을 제 쪽으로 돌리고 있었기 때문에 그의 얼굴이 보이지 않아 어떤 상태인지 가늠할 수 없었습니다. 저는 그에게 조용히 다가갔습니다. 가서 보니, 그는 얕은 잠에 빠져 있었습니다. 20대 중반 정도로 보이는 잘생긴 청년이었는데, 시골 출신인 듯 농부의 옷차림을 하고 있었습니다. 그는 아무런 소지품도 지니고 있지 않았습니다. 그는 제가 부스럭대는 소리에 잠에서 깨어 눈을 떴습니다. 그에게 어디서 온 누구인지 물었더니, 그는 스몰렌스크 지역에 사는 농부인데, 지금은 키예프로 가는 길이라고 했습니다.

"하지만 제 갈 길은 분명하지 않습니다. 하느님이 인도하시는 곳으로 가야지요."

"집을 떠난 지 오래 되었나요?"

"예, 4년이 넘었습니다."

"그전에는 주로 어디에서 생활했나요?"

"이 성당에서 저 성당으로, 이 수도원에서 저 수도원으로 옮겨 다니면서 살았습니다. 저는 고아여서 친척도 없고 다리도 절룩거립니다. 그래서 저는 그저 이 넓은 세상을 방황하고 있습니다."

"하느님을 두려워하는 사람은 세상을 방황하는 것보다 성지를 방문하는 게 더 좋습니다."

"예, 옳으신 말씀입니다. 저의 이야기를 좀 들려드리겠습니다. 저는 부모님이 계시지 않아서 어려서부터 마을에서 목동으로 일하면서 살았습니다. 5년 전까지는 그래도 별걱정 없이 잘 지냈습니다.

그런데 마을의 양 떼를 몰고 마을로 돌아오던 어느 날, 동네에서 가장 나이 많은 어른의 양 한 마리가 없어졌다는 사실을 뒤늦게 알게 되었습니다. 그런데 그 어른은 아주 고약한 사람이었습니다. 자신의 양이 없어진 걸 알게 된 그분은 제게 달려와서 온갖 욕을 퍼붓고 윽박질렀습니다. 그리고 양을 찾아오지 못하면 저를 죽도록 두들겨 패고 다리를 부러뜨리겠다고 협박했습니다. 저는 그분이 얼마나 포악한지 잘 알고 있었기에 두려운 마음으로 양들에게 풀을 먹이던 곳으로 가서 그 양을 찾아다녔습니다. 사방을 헤매고 다녔지만, 가을이라 금세 날이 저물어, 더 이상 양을 찾을 수가 없었습니다.

제가 숲속으로 더 깊이 들어갔을 때 갑자기 폭풍이 불기 시작했습니다. 캄캄한 밤중이라 나무들이 마치 바위처럼 여겨졌습니다. 저는 공포와 두려움으로 떨었습니다. 너무나 무서워서 금방 기절할 듯했습니다. 그래서 저는 땅바닥에 무릎을 꿇고 성호를 그었습니다. 그리고 진심으로 '주 예수 그리스도님, 저에게 자비를 베푸소서.' 하고 기도했습니다. 제가 그 기도를 하자마자 곧 고통과 공포가 사라지고 평화로움이 느껴졌습니다. 그리고 마음이 가벼워지면서 하늘을 나는 듯한 행복감이 번졌습니다. 제 마음은 기쁨으로 변했습니다. 저는 그 짧은 기도를 그치지 않고 계속했습니다. 폭풍이 어떻게 되었는지 밤이 어떻게 지나갔는지 전혀 느껴지지 않았습니다. 저는 무릎을 꿇었던 그 상태로 밤을 지새우고, 아침을 맞이했습니다. 아침이 다가오자, 저는 조용히 일어나 마을로 돌아왔습니다.

물론 양을 찾지는 못했지만, 마음은 한없이 편안하여 '주 예수 그리스도님, 저에게 자비를 베푸소서.' 하는 기도를 계속했습니다. 마을에 도착한 뒤, 저는 그 고약한 어른에게 양을 찾아오지 못했다며 몹시 두들겨 맞았습니다. 저는 쓰러질 때까지 맞았는데, 보시다시피 지금도 제가 다리를 저는 것은 그 포악한 어른이 뼈가 부서지도록 저를 때렸기 때문입니다. 저는 6주간이나 병상에 누워 고통스러운 나날을 보냈습니다. 하지만 저는 기도를 깨달았기에 그로써 위안을 받았습니다.

몸이 회복되기 시작했을 때 저는 여러 사람들 틈에서 이리저리 부딪히며 살 필요가 없다는 생각이 들어 그 마을을 떠났습니다. 그 후부터 이곳저곳을 정처 없이 떠돌아다니고 있습니다. 그러고 보니 이 숲에서 저 숲으로, 이 성지에서 저 성지로 옮겨 다닌 지도 벌써 5년이 되었네요."

저는 이 젊은이의 이야기를 들으면서 이렇게 착하고 훌륭한 사람을 만나게 해 주신 하느님께 기쁜 마음으로 감사를 드렸습니다. 제가 그에게 "형제님은 지금도 그 기도를 자주 하십니까?"라고 묻자, 그가 대답했습니다.

"기도하지 않고는 제가 존재할 이유가 없습니다. 제가 캄캄한 밤중에 공포에 떨면서 기도를 했을 때 제 스스로 무릎을 꿇은 것이 아니라 누군가가 제 뒤에서 저를 밀어 무릎을 꿇게 하고 기도하게 한 듯합니다. 제 기도가 하느님을 기쁘게 해 드렸는지 아닌지는 전혀 알 수 없습니다. 다만 기도를 드릴 때 저의 마음은 행복해집니다. 왜 행복해지는지도 모르면서 그저 행복하고, 마음이 가볍고 고요해집니다. 어떤 때는 마음이 무겁고 처지는 느낌이 들기도 하지만, 이러한 마음의 변화와는 관계없이 죽을 때까지 그치지 않고 계속 기도할 수 있기를 바라고 있습니다."

"형제님, 가끔씩 마음이 무거워지고 처지는 느낌이 들어도 너무 괴로워하지 마십시오. 기도할 때 일어나는 모든 현상은 하느님을 기쁘게 하며, 또한 우리 구원에 유익한 일입니다. 그래서 거룩한 교부들은 '기도할 때 마음이 가벼운지 무거운지는 전혀 중요하지 않다. 다만 마음이 좋든 나쁘든 어떤 처지에서든지 기도해야 하는데, 그렇게 하지 못하는 것이 하느님이 보시기에 좋지 않다.'라고 말했습니다.

또한 기도하면서 마음이 개운하고 따뜻하고 기쁜 것은 하느님이 우리 수고에 대해 위안을 주시고 보상해 주신다는 표지입니다. 그리고 마음이 무겁고 답답하여 캄캄한 듯하거나 메마른 듯이 느껴지는 것은 하느님이 우리의 영혼을 깨끗하게 해 주시며, 강하게 단련시켜 주신다는 것을 의미합니다.

이처럼 기도는 미래에 받을 행복과 기쁨을 누리기 위해 겸허하게 준비하는 것입니다. 이를 증거하는 의미에서, 요한 클리마코 성인[24]이 쓴 글의 일부를 읽어 드리겠습니다."

그는 제가 읽어 주는 요한 클리마코 성인의 글을 주의 깊게 들었고, 아주 기쁜 마음으로 저에게 고맙다고 했습니다. 그리고 나서 우리는 헤어졌습니다. 길을 걸으면서, 마음속으로 그에게 조금이나마 하느님에 대한 가르침을 줄 수 있게 해 주신 주님께 감사를 드렸습니다.

키예프에서의 고해성사

다음 날, 저는 키예프 근교에 도착했습니다. 성지에 도착하자마자, 그곳에 도착한 것을 하느님께 감사하는 마음으로 먼저 단식을 했습니다. 그리고 나서 고해성사를 보고 성체를 모시기 위한 마음의 준비를 했습니다.

저는 나이 지긋한 어떤 카자흐스탄인의 배려로 성당 가까운 곳에 머무를 수 있었습니다. 그 노인은 오두막집에서 혼자 살고 있었는데, 그 집에 고요함과 평화가 깃들어 있음이 느껴졌습니다. 거기서 머물다가 토요일이 되어 고해성사를 준비했습니다. 특히 총고해를 하기 위해 그동안 순례하며 있었던 일들을 기억해 냈고, 모든 죄를 성찰했으며, 그 죄들을 종이에 적었습니다.

그리고 키예프에서 8킬로미터 정도 떨어진 키타예바야 푸스티니아 성당에 계시는 신부님께 고해성사를 보았습니다. 신부님은 매우 현명하고 이해심이 많으신 분이며, 평소에도 금욕 생활을 하신 분이라서 그분에게 고해하러 오는 사람은 누구나 부드러운 분위기에서 고해성사를 보고 영혼의 구원과 평화에 대한 가르침을 얻는다는 소문을 들었습니다. 그래서 저도 신부님을 찾아가 신부님께 영적 충고를 요청하면서 종이에 적은 고해 내용들을 보여 드렸습니다. 신부님은 그것을 읽어 보신 후 저에게 말씀하셨습니다.

"형제님, 이렇게 많은 내용을 쓴 것은 참 훌륭합니다. 그렇지만 잘 들어 보세요.

첫째로, 형제님이 이미 회개하고 용서받은 죄는 또다시 고백하지 않아도 됩니다. 사실 이미 용서받은 죄는 되짚어 보지 않는 것이 좋습니다. 왜냐하면 하느님의 용서를 의심하는 것이 되기 때문입니다.

두 번째로, 자신이 잘못한 죄에 다른 사람을 끌어들이지 말고 자신의 잘못만 고백해야 합니다.

세 번째로, 거룩한 교부들은 우리가 죄를 짓게 된 상황에 대해서 말하는 것을 금하십니다. 그 대신 죄 그 자체를 시인하고 고백하라고 말씀하십니다. 그것은 고백자가 자신이 죄를 짓게 된 상황을 설명하면서 자기를 옹호하려는 유혹을 피하고, 고백을 듣는 사제는 죄 이외의 것을 판단하지 않도록 하기 위함입니다.

네 번째로, 형제님은 회개하러 왔지만, 회개할 수 없는 사실에 대해서는 회개하지 않고 있습니다. 즉 자신이 스스로 회개할 수 있다고 판단하는 죄만 회개하는 것입니다. 그렇기에 형제님의 참회에는 열의가 없습니다.

다섯 번째로, 형제님은 자기의 죄를 구체적으로 성찰해 왔지만 가장 중요한 점을 빠뜨렸습니다. 아주 중대한 죄는 고백하지 않은 것입니다. 형제님은 자신이 하느님을 사랑하지 않고 이웃을 미워하며, 심지어 하느님의 말씀을 믿지 않고, 자만심과 야심으로 가득 차 있다는 것을 인정하지도 기록하지도 않았습니다. 우리의 모든 영적 악행은 바로 이러한 죄로부터 나옵니다. 이러한 것들은 우리가 죄의 함정에 빠지게 되는 원인입니다."

저는 신부님의 충고를 듣고 매우 놀랐습니다. 저는 즉시 그분께 용서를 청하며 제 의견을 말씀드렸습니다.

"신부님, 저를 용서해 주세요. 제가 그런 줄 정말 몰랐습니다. 하지만 동시에 의문도 생깁니다. 우리의 창조주이시며 섭리자이신 하느님을 사랑한다는 것이 정말 가능한 일인가요? 그리고 저는 모든 이웃들에게 최선을 다하고 있습니다. 그런데 제가 왜 그들을 미워한다고 하십니까? 물론 저는 자랑할 것이 아무것도 없습니다. 게다가 수많은 죄를 지었고 칭찬받을 만한 일을 한 적이 없으며, 가난하기까지 합니다. 이렇게 병들고 힘없는 몸이기에 신부님이 말씀하신 죄를 짓는 것도 어렵습니다. 물론, 제가 교육받은 사람이었거나 부유한 사람이었다면 신부님이 말씀하신 대로 저는 유죄가 될 것입니다."

"형제님, 형제님이 저의 말뜻을 다 이해하지 못하니 안타깝군요. 제가 노트 한 권을 형제님께 드리겠습니다. 한번 읽어 보시면 유익할 것입니다. 제가 고해성사를 보기 위해 써 온 노트인데, 이것을 보면 제 말의 확실한 근거를 찾을 수 있을 것입니다."

겸손으로 인도하는 고해성사

오늘까지 살아온 과거를 조심스럽게 되돌아보고 나의 내적 상태를 성찰해 보면, 나는 하느님을 사랑하지 않았고, 이웃들을 사랑하지도 않았으며, 종교적 신념도 변변치 못했다. 그리고 과거의 행동을 통해 내가 자만심과 쾌락을 뒤쫓는 마음으로 가득 차 있음을 스스로 깨달을 수 있었다.

이 모든 것은 내가 나의 느낌과 행동을 구체적으로 고찰한 결과 깨닫게 된 점을 기록한 것이다.

1. 하느님을 사랑하지 않는다는 것을 깨달았다

만일 내가 하느님을 진심으로 사랑한다면 그분을 끊임없이 생각할 것이다. 내가 하느님을 계속 생각한다면 그분은 나에게 기쁨과 즐거움을 주실 것이다. 그러나 나는 세상일에 정신이 팔려 있어서 하느님에 관해서는 냉담하며 하느님을 생각한다는 것을 어렵게만 느낀다. 내가 하느님을 사랑한다면, 하느님과 기도로 대화하는 것이 나에게 영양분이 되고 기쁨이 될 것이므로 하느님께 완전한 기도를 드리게 될 것이다.

그러나 나는 기도해도 아무 기쁨도 얻지 못하며 심지어 기도를 위한 노력을 게을리했다. 그리고 나는 나태하고 불안정하며 별로 중요하지도 않은 일에 집착하고는 한다. 그래서 기도하는 것을 간단히 끝내고 내 영혼에 별로 유익하지도 않은 일에 시간을 허비했다. 이로 인해 하느님의 현존을 느끼지 못하고 기도와 더욱 멀어지게 되었다. 그러나 내가 하느님의 현존을 의식하거나 나 자신을 내어 맡길 때는 잠깐의 시간도 중요하고 가치 있게 여겼다.

어떤 소년이 한 소녀를 사랑한다면, 그 소년은 하루 종일 그 소녀를 끊임없이 생각할 것이고, 소녀를 마음으로 염려하며, 어떤 환경에서든지 소녀를 잊지 않을 것이다. 다시 말해 그 소녀는 항상 소년의 마음에 있을 것이다.

그런데 나는 하루 종일 하느님을 생각하고 하느님의 말씀을 명심하기는커녕 하느님을 사랑하는 마음을 하루에 단 한 시간도 마련하지 않았다. 반면에 다른 것에 마음을 뺏겨서는 하루 대부분의 시간을 기꺼이 바쳤다. 나는 내 영혼의 지위를 떨어뜨리는 보잘것없는 문제들에 관해 잡담하는 것을 은근히 즐겼다. 거기서 쾌락을 느낀 것이다. 그러다가 하느님께 돌아서서 나를 살펴볼 때 비로소 내가 정말 메마르고 게으르다는 것을 알 수 있었다. 그러나 나는 어리석게도, 내 영혼에 이로운 이끌림을 받을 때도 곧바로 나의 욕구를 충족시키기 위한 쾌락 위주의 대화로 마음을 돌리곤 했다.

나는 도시에서 일어나는 일에 계속해서 관심을 기울였으며, 특히 정치적 변동이나 사건들에 관심을 가졌다. 또 나의 욕구를 충족시키기 위해 예술을 즐기거나 내가 좋아하는 것들을 얻기 위한 방법에 몰두했다. 그러면서 하느님 말씀에 관한 공부, 즉 하느님을 아는 것과 교회에 대한 지식을 익히는 것은 나에게 감동을 주지 못하고, 내 영혼의 공허감을 메우지 못한다고 여겼다. 또한 성경 공부나 교회에 관한 배움은 그리스도인에게 필수적인 것은 아니며 여가 시간에 할 수 있는 부가적인 일 중 하나라고 생각했다. 다시 말해, 나는 하느님을 사랑하지 않았다. 따라서 나는 "네가 나를 사랑한다면 내 계명을 지켜라." 하고 말씀하신 예수 그리스도의 말씀을 지키지 않았을 뿐만 아니라 지키려는 시도조차 하지 않은 큰 죄를 지은 것이다.

대 바실리오 성인은 "하느님의 계명을 지키지 않는 인간의 행동들은, 인간이 하느님과 예수 그리스도를 사랑하지 않는다는 증거가 된다."라고 말했다.

2. 이웃을 사랑하지 않는다는 것을 깨달았다

나는 성경 말씀을 따르지 않았다. 내 이웃의 이익을 위해 나의 생활을 뒤로 미루지 않았으며, 나의 평안과 이익을 희생하지 않았다. 성경 말씀처럼 이웃을 내 몸같이 사랑한다면, 이웃의 불행에 슬퍼하고 이웃의 행복에 기뻐해야 할 것이다. 그러나 나는 그러지 않았다. 이웃의 불행을 관심 있게 듣지만 함께 괴로워하지 않았다. 어떤 경우에는 이웃의 불행에서 일종의 쾌감 같은 것을 느끼기까지 했다. 내 형제의 결점을 사랑으로 덮어 주지 않았고, 심지어 비난할 때도 있었다. 이웃의 안녕과 명예, 행복이 내 일처럼 기쁘지 않았고, 이방인의 일인 듯 나에게 아무런 느낌도 주지 않았다. 심한 경우에는 이웃들에 대해 묘한 질투와 경멸의 감정을 느끼기도 했다.

3. 종교적 신념이 없다는 것을 깨달았다

나는 영생이나 성경에 대한 믿음이 없다. 죽음 저편에 영원한 생명이 있고, 이 세상 삶에 대한 보상이 있음을 의심 없이 믿는다면, 나는 이러한 것들에 대해 끊임없이 생각해야 한다. 영생에 모든 생각의 초점을 맞추며, 두려운 마음을 가지고 항상 본향本鄉으로 돌아갈 준비를 하는 이방인의 자세로 이 세상을 살아야 하는 것이다. 그러나 나는 영생에 대해 생각조차 하지 않으며 현세적 삶의 끝을 내 존재의 한계로 여기고 있다. 내가 언젠가 죽음에 이르게 된다는 것을 누가 모르겠는가? 내가 영생을 믿는다면 그것은 내 생각 가운데 일부일 뿐이지 확신과는 거리가 멀다. 그리고 그것은 나의 현세적 삶을 만족시키려는 나의 탐욕과 행동, 그리고 끊임없는 근심 걱정들로 폭넓게 입증된다.

성경을 하느님의 말씀으로 마음에 받아들였다면, 성경에 끊임없이 몰두하고 공부하며 그 안에서 평화를 찾아야 했다. 성경에는 지혜와 자비, 사랑의 보화가 숨어 있다. 따라서 나를 행복으로 이끌 수 있는 성경을 밤낮으로 읽고 하느님의 말씀을 공부하는 데서 기쁨을 찾아야 했다.

또한 성경에서 매일매일의 일용할 양식과 영양분을 찾아야 했고, 성경의 가르침을 지키도록 노력했어야 하며, 세상의 그 어떠한 힘이 가해진다고 해도 성경에서 등을 돌리지 말았어야 했다. 하지만 내가 지금 하느님의 말씀을 읽고 듣는다 해도 그것은 단순한 필요나 세심한 관심과 주의 없이 지적인 욕구에 의해 성경에 접근하는 것이다. 따라서 성경에 금방 흥미를 잃고 지루함을 느낀다. 그래서 매번 성경 읽기를 그만두고 흥미롭고 쾌락적인 내용의 책을 읽으며 만족감을 찾는 것이다.

4. 자만심과 자기애自己愛로 가득 차 있다는 것을 깨달았다

나의 모든 행동이 자만심과 자기애로 가득 차 있음을 안다. 스스로 훌륭하다고 여기는 점을 남에게 드러내어 다른 사람들 앞에서 자랑할 때도 있고, 겉으로는 겸손을 보일 때도 있지만, 내적으로는 항상 자만심으로 가득 차 있었다. 나는 무슨 일이든 잘한다고 생각했고, 자신을 다른 사람보다 우월하게 여기거나 적어도 다른 사람들보다 나쁘지는 않다고 여겼다.

만약 스스로 결점을 발견하게 되면, "어쩔 수 없었어.", "나는 비난받고 싶지 않았어." 하면서 그것을 변명하려고 노력했다. 그리고 "나를 존경하지 않는 사람이나 나에게 고마워할 줄 모르는 사람에게 화가 난다."라고 말하면서 나 자신의 결점은 숨기고 재능만 자랑했다. 또한 나는 나의 경쟁자들의 불행에서 기쁨을 느꼈다.

그리고 내가 어떤 선한 일을 위해 하는 노력들은 영적인 자기 찬양이나 현세적 위신을 내세우려는 방향으로 기울어지게 되었다. 다시 말해서 나는 끊임없이 나 자신을 높이고, 나의 열정과 욕망과 쾌락을 유지하기 위한 자양분을 얻으려고 선한 일에 노력을 기울인 것이다.

이러한 모든 것을 검토해 볼 때, 나는 하느님에 대한 사랑과 믿음은 없고, 이웃을 미워하며, 나 자신만을 사랑했던 것이다.

이보다 더 죄 많은 영혼이 있을까? 내 영혼의 상태는 암흑에 있는 영혼의 상태보다 못한 것이다. 비록 암흑에 있는 영혼들이 하느님을 사랑하지 않고 이웃을 미워하며 자만심을 갖고 산다고 할지라도, 적어도 그들은 하느님을 믿고, 하느님을 두려워한다. 그러나 나는 어떠한가?

나는 나 자신을 대면하는 것이 너무도 두렵다. 겁도 없이 이렇게 어리석은 삶을 살고 있으니, 나에게 어떠한 선고가 내려질지 정말 두렵다.

저는 신부님이 주신 고해성사에 대한 글을 읽으면서 두려운 마음이 생겼습니다.

'이거 정말 큰일이군! 지금까지 내 안에 숨은 죄가 얼마나 많은지 몰랐으니……'

저는 죄에서 깨끗해지려는 바람과 또 죄의 근원을 알아내고, 그러한 죄를 용서받고 치유되는 방법을 가르쳐 주신 신부님께 감사드리며 다시 고해성사를 보는 마음으로 그분 앞에 앉았습니다. 신부님은 그런 저에게 영적인 훈계를 해 주셨습니다.

"형제님이 하느님을 사랑하지 않는 이유는 믿음이 부족해서이고, 믿음이 부족한 것은 확신이 없기 때문입니다. 확신이 없는 이유는 경건하고 진실한 지식을 찾는 데에 실패하고 영혼의 빛에 무관심했기 때문입니다. 그래서 확신을 갖기 위해서는 완전하고 명확한 지식을 얻어야 합니다.

이에 따라 하느님의 말씀을 묵상하고 공부하며 일상의 체험에 관심을 가지면, 형제님은 영혼 깊은 곳에서부터 하느님에 대한 사랑과 두려움을 느끼게 될 것입니다. 사랑과 두려움은 곧 '경외감'으로 표현할 수 있습니다. 이러한 경외감은 모든 일을 훨씬 꼼꼼하고 완전하게 수행하도록 만들어, 그 본질로 더 깊이 들어가 열렬한 소망을 품게 합니다.

어떤 영성 작가는 이렇게 말했습니다. '사랑은 대개 지식과 함께 성장하는데, 지식의 깊이와 정도가 클수록 사랑은 더욱 깊어질 것이며 마음이 훨씬 온화하게 되어 하느님의 사랑으로 가득해질 것입니다. 왜냐하면 인간에 대한 하느님의 무한하신 사랑은 신성한 지혜의 완전함과 아름다움을 보여 주기 때문입니다.'

형제님도 이 글을 통해서 영적인 일에 게으르거나, 그에 대한 생각이나 감정 자체를 억누르는 데에 죄의 원인이 있음을 이제 깨달았을 것입니다. 따라서 게으름이란 적을 극복하기 위한 방법을 알고 싶다면, 형제님이 영혼의 깨달음을 위해 노력하고, 하느님의 말씀을 공부해야 합니다. 묵상과 영적 상담을 통해 그리고 예수 그리스도 안에서 현명한 사람들과의 영적인 대화를 통해 적을 이겨 내야 합니다.

형제님, 우리가 하느님의 말씀을 통해 진리를 찾는 일에 게으르다는 이유 때문에 얼마나 많은 고난을 겪었습니까? 우리는 밤낮으로 하느님의 법도를 공부하지도 않고, 끊임없이 기도하지도 않습니다. 우리가 이렇게 하여 영적으로 춥고 굶주려 있기 때문에 올바른 구원의 길로 담대하게 걸어갈 수 없는 것입니다.

주님은 우리가 여러 가지 방법들을 이용해 우리의 영적 문제들을 해결하도록 도와주십니다. 그리고 하느님 나라의 일들에 대한 생각을 우리의 마음에 가득 채워 주십니다. 그러다 어느 순간, 높은 곳에서 내려온 하느님의 사랑이 우리 안에서 불꽃처럼 일어날 것입니다.

기도는 영적 문제를 해결하여 평화롭고 새로운 삶을 가져옵니다. 그래서 우리는 함께, 그리고 자주 기도해야 합니다. 우리는 거룩한 교회가 가르쳐 준 말씀대로 기도해야 합니다.

'하느님, 제가 과거에는 죄를 사랑했지만, 이제는 주님을 사랑하기에 합당하게 해 주소서.'"

저는 신부님의 말씀을 주의 깊게 들었습니다. 그분의 말씀에 크게 감동한 저는, 고해성사를 다시 보고 성체를 모시고 싶다고 말씀드렸습니다.

다음 날 아침, 저는 기쁜 마음으로 미사에 참례하고, 성체를 영했습니다. 그리고 홀가분한 마음으로 키예프를 향해 길을 떠나려 했습니다. 그런데 신부님이 자신은 며칠 동안 수도원 본원에 다녀올 예정이니, 그동안 이곳에 머물러도 좋다고 말씀하셨습니다. 그래서 저는 감사하는 마음으로, 아무런 방해도 받지 않는 고요한 사제관에서 오롯이 기도에 전념할 수 있었습니다. 그 며칠 동안 마치 천국에 와 있는 듯한 느낌이었습니다. 저는 비록 미천한 몸이지만 원로 수도자들의 기도와 그분들이 체험한 평화를 맛보면서 아주 기뻤습니다. 기도를 하는 내내 저의 마음 깊은 곳에 평안함과 행복감이 흘러들어 잡념들을 밀어냈고, 오직 예수 그리스도만이 저의 마음 안에 계셨습니다.

포차예프를 향해서

사흘 후, 신부님이 돌아오셨습니다. 저는 신부님께 순례자인 저를 축복해 주시기를, 또 제가 어디로 가야 할지 조언해 주시기를 부탁했습니다. 그러자 신부님은, 먼저 포차예프로 가서 지극히 순결하신 성모님의 '기적의 발자국'[25]을 순례하면 성모님이 평화의 길로 인도해 주실 것이라고 말씀하셨습니다.

신부님께 축복을 받은 후, 포차예프로 출발했습니다. 그런데 8킬로미터쯤 걸어가는 동안 제 마음이 줄곧 불편했습니다. 왜냐하면 길가에 많은 선술집과 유대인 마을이 죽 늘어서 있지만, 그리스도인의 집은 하나도 찾아볼 수 없었기 때문이었습니다. 그런데 한 농장 근처에서 동방 교회 신자가 운영하는 여인숙을 발견했습니다. 저는 몹시 기뻤습니다. 그래서 그곳에서 하룻밤을 묵고 먹을 빵도 구할 생각으로 발길을 재촉했습니다. 제가 갖고 있던 빵은 벌써 다 떨어진 상태였습니다.

그곳에는 인심이 넉넉해 보이는 주인이 있었습니다. 그는 연세가 지긋한 노인이었습니다. 잠깐 이야기를 나누어 보니, 그 노인과 저는 고향이 같았습니다. 그런데 대뜸 그 노인이 제게 "여보게, 자네의 종교는 뭔가?" 하고 물었습니다. 그래서 저는 "예, 저는 러시아 정교회 신자입니다." 하고 대답했습니다. 그러자 그 노인은 "정말 러시아 정교회 신자가 맞는가?" 하더니 무시하는 투로 말하기 시작했습니다.

"자네들은 말로만 정교회 신자이지 이교도나 마찬가지일

세. 나도 한때 어떤 신부님 때문에 러시아 정교회 신자가 될 뻔했지. 반년 정도 러시아 정교회 성당에 나가서 미사에도 참석했고, 교리도 배웠다네. 그러나 그것은 모두 엉터리였지. 미사 중에 독서자들은 신자들이 알아듣지도 못하는 것들을 읽어 대고, 성가라고 부르는 것은 술집에서 부르는 유행가만도 못하더군. 신자들은 미사 중에 잡담하거나 산만하게 주위를 돌아보고, 심지어 이리저리 걸어 다녔다네. 정말 평화롭고 고요한 가운데 기도할 수 있는 분위기가 아니었단 말일세. 자네는 그러한 미사 분위기를 어떻게 생각하나? 그곳에서 참된 미사가 진행된다고 여기냐는 말이야. 그건 죄라네, 죄!

그렇지만 지금 우리에게는 다행히도 신성한 미사가 있지. 미사 중에 진리를 들을 수 있고 성가는 활력이 넘치며, 모든 신자가 자신이 경배를 드려야 할 대상이 누구인지 또 언제 경배를 드려야 할지 알고 있네. 잘못된 것이라고는 찾아볼 수 없지. 자네가 우리 교회에 온다면 진정으로 하느님께 드리는 참된 미사를 체험할 수 있을 걸세."

그 노인의 설명을 들어보니, 그 노인은 분명 러시아 정교회에서도 보수파인 분리파[26]의 사람임이 틀림없어 보였습니다. 저는 그 노인과 대화하면서 노인의 마음을 변화시킬 수 없다는 생각이 들었습니다. 그 분리파 노인은 내적인 영성 생활에 대해서는 아무 관심이 없고, 그저 외형적인 것들에만 관심을 갖고, 자신의 의견과 다른 것을 비판했기 때문입니다.

그리스에서 온 수사 신부

노인과 헤어진 후 저는 여인숙을 떠나려고 복도를 지나가다가 우연히 문이 열린 방이 있어서, 그 안을 보게 되었습니다. 그때 방에 있는 사람과 눈이 마주쳤는데, 그는 러시아인처럼 보이지는 않았습니다. 그런데 그가 저에게 들어오라는 손짓을 했습니다. 그는 벽에 비스듬히 기대어 선 채 한 손에는 책을 들고 있었는데, 제가 방에 들어가자, 그는 저에게 뭐하는 사람인지 물어보았습니다. 그에게 제 소개를 간단히 했더니, 그가 말했습니다.

"형제님, 저는 아토스 산[27]에서 온 수사 신부입니다. 우리 수도원을 위해 러시아에 모금하러 왔는데 도중에 넘어져서 다리를 다쳤고, 지금은 다리가 너무 아파서 걸을 수가 없는 상태입니다. 그래서 여기에 묵고 있는데, 바쁘지 않으시다면 한 일주일만 저를 좀 도와주십시오. 그러면 제가 걸을 수 있을 것 같습니다. 형제님이 수고하신 대가는 꼭 지불하겠습니다. 부디 저를 도와주십시오."

그분의 부탁에 저는 대답했습니다.

"대가는 필요 없습니다. 다만 하느님의 이름으로 제가 할 수 있는 한 최선을 다해서 신부님을 돌봐 드리겠습니다."

저는 그분의 요청을 받아들였고, 그분과 함께 머물었습니다. 저는 그 수사 신부님과 같이 지내면서 영혼의 구원에 대해 많은 것을 배웠습니다.

그 수사 신부님은 저에게 아토스 산의 위대한 은수자들을 소개해 주었습니다. 그분은 그리스어판 《자애록》을 가지고 있었는데, 저와 함께 제가 가진 슬라브어판 《자애록》과 대조하면서 읽었습니다. 그리스어판 《자애록》은 슬라브어판 《자애록》과 다른 점이 하나도 없었습니다.

저는 그 수사 신부님이 늘 기도하고 있으며, 내적인 기도에도 숙달되었음을 깨달았습니다. 그 신부님은 제게 《자애록》에 관해 상세히 설명해 주었습니다. 그분의 말씀 중에서 꼭 기억해 두고 싶은 내용은 노트에 적어 두었습니다. 그분은 '예수 기도'의 위대한 힘에 관해서도 설명해 주었습니다.

"'예수 기도'의 힘은 참으로 위대합니다. '예수 기도'는 두 부분으로 구성되어 있지요. 앞부분의 '주 예수 그리스도님'은 우리를 예수 그리스도의 삶으로 이끕니다. 그리고 그것이 성경 전체의 요약이기도 합니다.

뒷부분의 '저에게 자비를 베푸소서.'에서는 죄 가운데에 사는 우리가 영적인 각성을 하고, 구원에 이르도록 이끌어 줍니다. 즉, 우리 삶 전체를 하느님이신 구세주 예수 그리스도께 내맡기도록 이끄는 것입니다. 죄 많고 미천한 영혼의 소망과 청원이 '저에게 자비를 베푸소서.'라는 표현보다 더 현명하고 확실하게 표현될 수는 없을 것입니다. 또한 그 어떠한 말도 이토록 만족스럽고 완전하지는 못할 것입니다.

예를 들어서, 어떤 사람이 '저를 용서해 주십시오. 저의 죄를 잊어 주시고, 저를 깨끗하게 해 주십시오.'라고 말한다면 그것은 오직 한 가지 청원만을 표현한 것입니다. 즉 벌을 두려워하는 겁 많고 생기 없는 영혼이 자유롭게 되기를 청하는 것입니다.

그러나 '저를 불쌍히 여기소서.' 하고 말하는 것은 두려운 마음으로 용서를 구하는 것일 뿐만 아니라, 하느님께 희망을 거는 진정한 인간적 사랑의 외침이 됩니다. 그 외침은 우리가 나약하다는 것을 겸손하게 인정하는 것이며, 주님께 보호를 청하는 것이고, 하느님의 자비와 은총을 구하는 것이기도 합니다. 우리는 이러한 기도를 통해서 유혹에 대항하고 죄로 가득한 우리의 나약함을 극복할 힘을 얻을 수 있습니다. 이는 마치 무일푼의 채무자가 인정 많은 채권자에게 빚을 탕감해 줄 것을 간청하는 것일 뿐만 아니라 자신의 지독한 가난에 대해서도 동정을 구하는 것과 비슷합니다.

'저에게 자비를 베푸소서.' 하는 이 심오한 말은, '은혜로우신 주님, 저의 죄를 용서해 주시고 저를 올바르게 살도록 도와주십시오. 그리고 제 영혼에 주님의 명령을 따르려는 강한 열망을 일으켜 주십시오. 또한 저의 모든 죄를 용서하시고 저의 부주의한 마음을 바꾸어 늘 주님을 바라보게 하는 은총을 내려 주소서.'라고 말씀드리는 것과 같습니다."

저는 수사 신부님의 지혜에 탄복하며, 죄 많고 무지한 저에게 가르침을 주신 데 감사드렸습니다. 수사 신부님은 이것 이외에도 제게 많은 가르침을 주었습니다.

"형제님이 좋으시다면, '예수 기도'에서 표현하는 방식에 대해서 말씀드리겠습니다. 저는 하느님을 두려워하는 많은 그리스도인이 성스러운 교회의 전통에 따라서 '예수 기도'를 드린다는 것을 알게 되었습니다. 그리스도인들은 개인이나 공동체에서 '예수 기도'를 많이 합니다.

'예수 기도'를 기도 문구에 초점을 맞추어 주의 깊게 들여다본다면, 기도 문구가 기도하는 사람에 따라서 다양하게 변한다는 것을 알게 될 것입니다. 어떤 이는 '주 예수 그리스도님'

이라고 말할 때 '예수'라는 부분을 힘주어 말합니다. 또 어떤 이는 처음부터 끝까지 평이하게 기도 문구를 읊습니다. 그리고 또 어떤 이들은 '저에게 자비를 베푸소서.'라는 부분을 힘주어 말합니다.

그러나 '예수 기도'를 할 때 어디에 강세를 주든지 그것은 상관없습니다. 결국은 하나의 기도이기 때문입니다. 신자들은 모두 하나의 신앙을 고백합니다. '예수 기도'의 내용 안에는 주 예수 그리스도에 대한, 그리고 그분을 향한 호소가 들어 있습니다. 그렇기에 각 개인에 따라서 또는 공동체에 따라서 다양한 기도 문구를 읊거나 강세를 붙이는 것은 아주 자연스러운 현상입니다.

우리가 어떻게 기도해야 할지 모를 때 성령께서는 우리를 위해 기도해 주십니다. 사람들이 예수 그리스도의 이름으로 성령 안에서 기도한다면 사도들이 말씀하신 것처럼 성령께서 신비롭게 역사하시어 기도하는 사람들의 부족함을 채워 주시고 하느님의 자비로운 선물을 풍성히 주실 것입니다.

먼저 하느님을 향한 경건한 마음을 주실 것이고, 그다음에는 사랑과 확고한 믿음을 주실 것이며, 품위 있는 겸손함 또한 선물로 주실 것입니다. 이러한 선물을 받는 이들은 전능하신 하느님의 능력을 경외하고 찬양하게 됩니다. 그들은 자신의 기도에서 '주님'을 강조할 것이며, 세상 만물을 창조하신 그분의 위대함과 능력을 체험하게 될 것입니다. 그리고 마음 깊은 곳에서 사랑의 신비도 체험하게 될 것입니다.

예를 들어, 한 수도자가 사랑이나 충만한 기쁨도 없고, 일상생활에서 예수님의 이름을 말하거나 들을 수도 없이, 무미건조한 생활을 하다가 언젠가부터 '예수 그리스도'의 이름을 쉴 새 없이 부르고 듣게 된다면, 분명 그의 마음속 깊은 곳에서부터 충만한 기쁨이 샘솟을 것입니다.

또한 자신의 나약함을 인식하여 '저에게 자비를 베푸소서.' 하는 기도 문구를 강조하는 이는 겸손을 선물로 받아, 하느님의 인자하심에 의탁하고 하느님께 희망을 거는 한편, 죄에 빠지는 것을 아주 두려워할 것입니다.

예수님의 이름을 부르는 기도(예수 기도)에는 다양한 내용과 방법이 있습니다. 제 생각에 형제님이 가능하다면, '예수 기도'를 하는 사람들이 경험한 하느님의 영광과 하느님께 받은 교훈, 감동, 그리고 다양한 영적 선물을 기록해 두면 좋겠습니다.

어떤 사람들은 왜 '예수 기도'에 숨은 영적 선물들이 모두 합쳐져 하나로 나타나지 않는지 물어보기도 합니다. 이에 대해서 저는, 하느님의 은총은 성경에서 보듯이 사람의 능력에 따라 하느님의 지혜 안에서 분배되는 것이라고 대답해 줍니다. 옹기장이가 진흙을 가지고 자기 뜻대로 여러 가지 그릇을 만드는 것과 같은 이치입니다. 인간의 유한한 지혜로는 하느님을 온전히 이해할 수 없는 것이지요."

저는 수사 신부님과 지냈던 5일이라는 시간이 정말 빠르게 지나갔다고 느꼈습니다. 지난 5일간은 저에게 굉장히 유익한 시간이었습니다. 우리는 그 작은 방에 앉아 오직 예수님의 이름을 부르며 기도하거나 내면의 기도에 대한 주제로 대화를 나누었습니다.

하루는 한 나그네가 우리를 만나러 왔습니다. 그는 유대인에 대해서 심한 불만을 털어놓더니 욕까지 퍼부었습니다. 그는 유대인 마을에서 잠시 머물렀는데, 유대인들이 자신에게 배타적이었고 자신을 속이기까지 했다며 화를 냈습니다. 그는 유대인들에 대해서 이 세상에 존재할 가치도 없는 족속이라고 비난하며 온갖 욕을 다 퍼부었습니다. 가만히 그 나그네의 불만을 듣던 수사 신부님이 그의 말이 끝나자 이렇게 말했습니다.

"형제님은 자신이 유대인을 욕하고 저주할 권리가 있다고 생각합니까? 하느님이 우리를 만드신 것처럼 유대인들도 만드셨습니다. 형제님은 유대인들을 저주할 것이 아니라 그들에게 사과해야 하고 그들을 위해 기도해야 합니다. 형제님이 유대인에게 느끼는 혐오감은 형제님이 하느님의 사랑 안에 있지 않다는 사실과 내면에 기도가 없음을 나타내는 것입니다. 다시 말해서 형제님에게는 내적인 평화가 없다는 것입니다.

교부들의 말씀에 따르면, 내적으로 하느님과 일치를 이루는 사람의 영혼은 항상 기쁨을 느끼게 되고, 착하고 단순한 마음을 가진 어린아이처럼 된다고 합니다. 어린아이 같은 영혼은 그리스도인이든 유대인이든 이교도이든 죄인이든 누구도 비난하지 않습니다. 그들은 깨끗한 눈으로 모든 사람을 똑같이 봅니다. 그래서 어떤 종교를 믿는 사람이든 간에 세상의 모든 사람과 함께 기쁜 마음으로 하느님을 찬양하기를 원합니다. 이집트의 마카리오 성인은 내적 묵상에 잠기는 사람은 커다란 사랑으로 타오르게 된다고 말씀하셨습니다.

형제님, 저는 형제님이 교부들의 가르침을 잘 이해하고 있다고 생각합니다. 그래서 저는 형제님이 그러한 분노를 버리고, 모든 것을 다 아시는 하느님께 의지하고, 인내와 겸손이 부족한 자신을 꾸짖기를 바랍니다. 그렇지 않으면 언젠가 하느님의 진노에 직면하게 될지도 모를 일입니다."

이 말을 듣고 그 나그네는 무언가 깨닫는 것이 있는지 말없이 생각에 잠겼습니다.

일주일이 지난 후, 수사 신부님의 건강이 회복되자, 저는 그분이 제게 주신 모든 축복과 교훈에 진심으로 감사를 드리며 작별 인사를 했습니다. 건강해진 수사 신부님은 수도원으로 돌아갔고, 저는 계획된 길을 다시 떠났습니다.

길에서 만난 군인

저는 포차예프를 향해 열심히 걸었습니다. 40킬로미터쯤 걸었을 때, 제 앞에서 걷고 있는 군인 한 사람을 발견했습니다. 저는 그 군인에게 다가가, 어디로 가는지 물어보았습니다. 그는 자신의 고향인 카메네츠-포돌스키로 가는 길이라고 대답했습니다. 우리는 서로 아무 말 없이 한참을 걸었습니다. 제가 그 군인을 자세히 살펴보니 걱정과 슬픔에 싸여 무언가를 고민하고 있는 듯했습니다. 때때로 한숨도 쉬곤 했습니다. 저는 그에게 무슨 말 못 할 고민이 있는지 조심스럽게 물어봤습니다. 그 군인은 한참 후에 깊은 한숨을 쉬고는 입을 열었습니다.

"예, 걱정과 근심으로 죽을 지경입니다. 그렇다고 제 고민을 누구에게 호소할 데도 없고 해서 이렇게 한숨만 쉬고 있었지요. 비밀을 지켜 주신다면 이야기해 드리겠습니다. 사실 저는 원래 농부였는데 어느 날 군대에 가게 되었습니다."

저는 그의 이야기를 들으며, 직감적으로 그가 그리스도인이라는 것을 느꼈습니다. 저는 마음속으로 같은 신앙인으로서 그의 근심을 푸는 데 조금이라도 도움을 주었으면 좋겠다는 생각이 들었습니다. 그래서 그의 이야기를 더욱 열심히 들었습니다.

"저는 5년 동안 군 생활을 했습니다. 군 생활이 하도 고달프고 힘들어서 술을 마시는 날도 많았고, 어떤 때는 과음하여 술에 취하기도 했습니다. 그런데 군인이 술에 취해 건들거리는 모습을 상관에게 들키면, 채찍으로 사정없이 매를 맞게 됩니다. 어느 날에는 만취했다가 들켜서 너무나 심하게 매를 맞았습니다. 그 후 기회를 봐서 탈영하겠다고 결심했습니다. 결국 틈을 보아 군대에서 탈영했고, 탈영병이 된 지 어느덧 15년이 흘렀습니다.

처음 6년 동안은 숨어 다니면서 도둑질을 했습니다. 주로 농장이나 창고 같은 데로 숨어들어 물건을 훔쳤는데, 어떤 때는 말을 여러 마리 훔쳐서 팔기도 했습니다. 저는 항상 혼자서 도둑질을 했는데, 훔친 물건들을 팔아서 늘 술을 마셨습니다다. 그 밖에도 온갖 나쁜 짓을 했습니다. 하지만 꼬리가 길면 밟힌다는 말처럼 저는 결국 체포되어 감옥 신세를 지게 되었습니다. 그러나 그곳에서도 도망칠 기회를 엿보다가 결국 탈옥했습니다.

탈옥하여 도망을 다니던 중에 막 전역한 군인 한 사람을 만났는데, 그는 고향으로 돌아가는 길이었습니다. 그러나 그는 발이 몹시 아파 걸음걸이가 아주 불편했습니다. 그래서 저는 기꺼이 그를 가까운 마을의 여인숙까지 부축해 주었습니다. 그 마을의 경찰이 우리를 발견하고는 친절하게도 건초를 쌓아 둔 창고로 안내하여 하룻밤 쉬어 가게 해 주었지요.

그러나 아침에 눈을 떠 보니, 밤새 신음하면서 앓던 그 군인은 숨을 거둔 상태였고 몸은 이미 싸늘하게 굳어 있었습니다. 저는 급히 그의 주머니를 뒤져서 그의 여권을 찾아냈습니다. 그리고 그의 제대증도 찾아냈습니다. 그는 저와 나이가 비슷했고, 지갑에는 상당히 많은 돈이 들어 있었습니다. 아직 이른 아침이었기에, 저는 다른 사람들의 눈을 피해 창고에서 빠져나와, 오솔길을 따라 일단 숲속으로 도망쳤습니다. 이제 도망자의 신세에서 벗어났다고 생각하니 너무나 기뻤습니다. 그 이후로는 죽은 사람의 여권과 제대증으로 신분을 위장하고서 떳떳하게 살아갔습니다.

저는 '아스트라칸'이란 지역에서 일자리를 얻게 되었는데 그곳의 주인은 과부가 된 딸과 같이 살았습니다. 제가 1년 정도 성실하게 일하면서 주인과 그의 딸에게 좋은 사람으로 보인 모양인지, 주인의 딸과 결혼하게 되었습니다. 그리고 결혼한 지 얼마 후, 장인이 돌아가셨습니다. 그러나 우리 부부는 장인이 하던 사업을 잘 운영할 능력이 없었기 때문에 사업은 점점 어려워졌습니다. 그러는 동안 저는 다시 술을 많이 마시게 되었고, 제 처도 저처럼 술을 많이 마시게 되었습니다.

그로부터 1년 동안 우리 부부의 상황은 최악으로 치달았습니다. 제 처는 병을 얻어 시름시름 앓다가 죽었고, 저는 집과 재산을 모두 탕진했습니다. 더 이상 먹고살 길이 없었습니다. 그래서 하는 수 없이 옛날에 하던 도둑질을 하고 훔친 물건을 팔아서 근근이 살아갔습니다.

그렇게 지낸 지 1년이 다 되어 갈 때쯤, 저는 어느 시골에서 늙고 볼품없는 말 한 필을 훔쳤습니다. 그다음 그 늙은 말을 도살업자에게 팔아넘기고 얻은 돈으로 술집에 가서 술을 진탕 마셨습니다. 술을 마시면서 사람들이 떠드는 소리를 듣게 되었는데, 마침 근처 큰 마을에 혼인 잔치가 있다는 것이었습니다. 그 말을 들은 저는, 혼인 잔치에서 모두가 술을 마시고 취하면 깊은 잠에 빠질 것이니 밤에 그 동네로 들어가서 도둑질해야겠다고 생각했습니다.

저는 해가 지기 전에 숲속으로 들어갔습니다. 그리고 밤에 도둑질을 하려면 잠을 조금 자 두는 게 좋겠다고 생각하여 잠을 청했습니다. 그러다가 깊은 잠에 빠져 꿈을 꾸게 되었는데, 넓고 아름다운 초원에 제가 홀로 서 있는 꿈이었습니다. 그런데 갑자기 시커먼 구름이 하늘을 덮더니 천둥소리가 나고 땅이 흔들렸습니다. 어떤 큰 힘이 저의 어깨를 짓누르는 것 같았습니다. 그러더니 저를 두렵게 하던 그 검은 구름이 갑자기 땅속으로 사라졌습니다.

그런데 그곳에서, 20년 전에 돌아가신 저의 할아버지가 나타났습니다. 할아버지는 심성이 대쪽같이 곧은 분이었습니다. 그분은 생전에 아주 열심히 신앙생활을 하셨습니다. 그런 할아버지가 화난 표정으로 저에게 다가왔습니다. 제 주위에는 그간 제가 도둑질했던 물건들이 저를 에워싸고 놓여 있었습니다. 저는 겁에 질려 몸이 떨리기 시작했습니다.

할아버지는 첫 번째 물건을 가리키면서 '그 물건을 돌려주어라.' 하고 명령했습니다. 그러자 갑자기 어떤 힘이 저를 조였습니다. 저는 어찌할 줄 몰라 하다가 점점 심해지는 고통을 견딜 수 없어서 신음하기 시작했습니다. 할아버지가 두 번째 물건을 가리키면서 '저것은 무엇이냐? 이놈을 좀 더 심하게 다루어라.' 하고 말하니, 또다시 어떤 힘이 저를 마구 짓눌렀습니다. 저는 그 고통을 참다못해 비명을 질렀습니다. 그때 제가 당한 고통은 이 세상에서 이제껏 단 한 번도 겪어 본 적 없는 극심한 고통이었습니다.

할아버지는 또 어젯밤에 훔쳤던 그 늙은 말을 몰고 와서 '이 말은 어디서 났느냐? 이 말을 주인에게 돌려주어라.'라고 명령했습니다. 저는 다시 온몸이 비틀리면서 조이는 고통을 당했습니다. 말로 표현할 수 없을 정도의 고통으로 인해 숨이 막힐 지경이었습니다. 더 이상은 참을 수가 없어서 금방이라도 기절할 듯했습니다. 그때 제가 훔친 말이 뒷발로 저를 걷어차는 바람에 저의 한쪽 뺨이 찢어졌습니다. 한참을 극심한 공포에 시달리다가 겨우 깨어났는데, 온몸에 식은땀이 흐르고 몸을 가눌 수 없을 만큼 한기가 들어서 몸이 와들와들 떨렸습니다.

때는 벌써 새벽녘이었습니다. 그런데 문득 제 뺨을 만져 보니 꿈에서와 똑같이 정말 살갗이 찢어져 피가 흐르고 있었습니다. 너무 놀란 마음에, 저는 한참 동안 얼굴을 감싸고 그 자리에 앉아 있었습니다.

그때 난 상처는 오래갔습니다. 보십시오. 지금도 그때 생긴 흉터가 있지 않습니까? 그 후로 저는 자주 두려움과 공포에 휩싸이곤 했습니다. 지금도 저는 고통을 받고 있습니다. 그러나 제가 무엇을 해야 할지도 모르겠습니다. 저는 여전히 방황하며 허우적거리고 있습니다. 저는 그 무섭고 고통스러운 꿈이 잊히지 않고, 모든 사람이 제가 저지른 과거의 죄를 다 알고 있는 것 같아 늘 두려움에 떱니다.

그 이후부터 저는 먹지도 마시지도 못했고, 그저 죽음을 향해 걸어가는 느낌이 듭니다. 정신도 점점 혼미해지고 있습니다. 이럴 바에는 차라리 탈영했던 예전의 부대로 돌아가서 모든 것을 고백하고 어떠한 처벌이라도 받는 게 낫지 않을까 하는 생각이 문득문득 떠오르기도 했습니다.

지금 제가 당하는 고통이 하느님이 내리신 벌이라면, 이미 고통을 주셨으니 하느님이 저를 용서해 주시리라는 생각이 들면서도, 한편으로는 두렵습니다. 하느님이 저의 죄에 더 큰 형벌을 내리실지 모른다는 생각 때문입니다. 그래서 차라리 목매달아 죽어 버리는 편이 낫겠다는 생각도 했습니다. 어차피 죽을 몸, 더 큰 고통을 받기 전에 자살하는 것이 나은 것 같다는 생각도 듭니다. 이제는 정말 세상을 살아갈 용기가 없습니다.

더 이상 살 힘도 없고 어차피 죽는 길만 남았습니다. 그래도 죽기 전에 가족들의 얼굴이라도 보고 죽으려고 지금 열심히 집으로 가는 길입니다. 엄청난 절망과 고통 속에서 오랫동안 헤맨 저는, 더 이상 견딜 수가 없습니다. 죽는 길 이외에는 방법이 없습니다. 제가 무엇을 할 수 있겠습니까? 저는 더 이상 버틸 수 없습니다."

저는 그의 사연을 주의 깊게 들었습니다. 참으로 놀라운 사연이었습니다. 그리고 곧 하느님의 지혜와 선하심을 찬양드렸습니다. 선하신 하느님이 다양한 방법으로 죄인을 구원의 길로 인도하셨다는 것을 깨달았기 때문입니다. 저는 그에게 이렇게 말했습니다.

"형제님, 형제님은 두려움에 떨며 고통을 당하는 동안에 하느님께 기도를 드렸어야 했습니다. 기도를 했다면 형제님에게 닥친 어려운 문제들이 풀렸을 것입니다."

그가 대답했습니다.

"물론 기도를 드렸지만, 저는 하느님이 저를 파멸시킬 것이라는 생각밖에 할 수 없었습니다."

"형제님, 그것은 어리석은 생각입니다. 그러한 생각이야말로 사탄의 유혹이지요. 사탄이 순간적으로 형제님의 생각을 그렇게 유도한 것입니다. 하느님의 자비는 무한하십니다. 그래서 하느님은 죄인들을 불쌍히 여기시고 진심으로 회개하는 사람들을 용서해 주십니다. 형제님이 '예수 기도'를 알았더라면 좋았을 텐데요……. '예수 기도'는 아주 간단합니다. '주 예수 그리스도님, 저에게 자비를 베푸소서.' 하고 말하면 됩니다. 이 기도를 끊임없이 하십시오. 하느님의 은혜가 분명히 형제님에게 내리실 것입니다."

"예, 물론 저도 '예수 기도'를 압니다. 도둑질할 때 용기를 얻기 위해서 '예수 기도'를 하곤 했지요."

"그렇게 기도하라는 것이 아닙니다. 형제님은 그동안 잘못된 기도와 잘못된 생각을 하고 있었던 것입니다. 형제님이 잘못한 점을 뉘우치고 다시 기도를 시작해 보세요. 이제부터는 사탄이 형제님을 파멸로 이끌 수 없을 것입니다. 제 말을 믿고 기도해 보세요. 그러면 어떠한 나쁜 생각이 떠오르든, 어떠한 나쁜 마음이 생기든 그러한 유혹은 금방 물러가고 말 것입니다. 형제님은 곧 평안해질 것입니다. 모든 두려움과 긴장은 사라지고 마침내 평화로 충만해지며, 신심이 깊어질 것입니다. 반드시 그렇게 되리라고 확신합니다."

저는 '예수 기도'의 능력을 체험한 사례 몇 가지를 그에게 들려주었습니다. 저는 그 형제를 설득하여 함께 포차예프로 향했습니다. 그는 제 이야기를 열심히 들었고, 앞으로 고해성사를 보고 성체를 모시겠다고 저와 약속했습니다.

우리는 포차예프로 걸어가는 동안 서로에게 말 한마디도 건네지 않고 오직 '예수 기도'만을 반복했습니다. 우리는 종일 걸었고, 다음 날도 하루 종일 걸었습니다. 그제야 그가 저에게 마음이 편안해졌다고 말했습니다. 사흘째 되는 날, 우리는 포차예프에 도착했습니다.

저는 그에게 잠을 자지 않는 한 '예수 기도'를 중단하지 말라고 당부했습니다. 그리고 예수님의 이름은 우리의 영적 원수들이 견딜 수 없게 하는 강한 힘을 갖고 있으며, '예수님'의 이름을 계속 부르는 이는 분명히 구원을 받는다고 그에게 확신을 심어 주었습니다.

저는 《자애록》에서 우리가 평소에 꾸준히 '예수 기도'를 하더라도, 특히 성체를 모시기 전에는 반드시 '예수 기도'로 마음을 준비해야 한다고 기록된 부분을 찾아서 읽어 주었습니다. 그는 제 조언을 잘 받아들였습니다. 그는 고해성사를 보고 난 후 미사에 참례하여 성체를 모셨습니다. 그는 때때로 악한 생각들이 떠오르고 분심과 잡념이 생길 때 '예수 기도'를 함으로써 다 물리쳤다고 했습니다.

그는 주일 아침 기도에 참석하기 위해 일찍 잠자리에 들었습니다. 그가 잠든 지 약 한 시간쯤 지났을 무렵이었습니다. 저는 아직 잠들지 않고 기도하고 있었는데, 잠자던 그가 갑자기 놀란 모습으로 벌떡 일어났습니다. 그러더니 눈물을 흘리며 침대에서 내려와 제 앞으로 바싹 다가와 앉았습니다. 그의 얼굴에는 행복이 넘쳐 보였습니다.

"형제님, 저는 지금 너무나 행복합니다. 하느님이 죄 많은 저를 불쌍히 여기시어 모든 잘못을 용서해 주셨습니다. 오, 주님께 영광을 돌립니다. 주님께 영광!"

저는 정말 놀랐습니다. 저는 그에게 어떠한 평화와 행복을 느꼈는지 자세히 말해 달라고 청했습니다. 그랬더니 그는 이렇게 설명했습니다.

"꿈을 꾸었는데, 꿈속에서 제가 끔찍한 고통을 당했던 그 숲에 서 있었습니다. 처음에는 섬뜩하고 끔찍한 느낌이 들었지만, 금방 구름이 걷히고 밝은 태양이 비치기 시작했습니다. 온 숲과 초원은 햇빛을 받아 빛나 보였습니다. 저는 그 자리에 선 채로 푸른 잔디와 빨간 꽃들을 보았습니다.

그런데 갑자기 저의 할아버지가 나타나 저에게 다가왔습니다. 할아버지는 그 어느 때보다도 인자한 모습으로 저를 친절하게 맞아 주었습니다. 그러면서 지토미르의 성 제오르지오 성당으로 가라고 말했습니다.

'그곳에서 너를 보호해 줄 것이니, 거기서 평안히 살도록 해라. 그리고 기도하는 일을 게을리하지 말고 항상 기도해라.

하느님께서 너에게 은혜를 베풀어 주실 것이다.'

이렇게 말하고는, 저에게 십자 성호를 그어 주면서 축복 기도를 해 주었습니다. 그러고는 사라졌습니다.

제가 체험한 행복을 어떻게 표현해야 할지 모르겠습니다. 마치 양 어깨에 지워진 무거운 짐을 내려놓고 하늘을 날아갈 듯 가벼워진 느낌이 들었습니다. 제가 잠에서 깨어났을 때 온 정신과 마음은 너무나 평안해졌고 기쁨으로 충만해졌습니다. 저는 할아버지의 지시대로 지토미르로 곧장 출발하려고 합니다. 기도하면서 간다면 더욱 마음이 평안해질 것 같습니다."

"하지만 형제님, 잠깐 기다리세요. 컴컴한 밤중에 길을 떠나는 것은 위험합니다. 조금만 더 기다렸다가 아침 미사를 드리고 기도한 다음에 떠나는 게 좋을 것입니다."

우리는 그런 대화를 나눈 후에, 더 이상 잠을 청하지 않은 채 밤을 새우고, 아침 미사에 참석했습니다. 그는 눈물을 흘리면서 열심히 기도했습니다. '예수 기도'를 쉬지 않고 하면 더 행복해질 수 있다는 확신을 가진 듯 그는 계속 '예수 기도'를 했습니다.

그는 미사에서 성체를 받아 모셨고, 미사가 끝난 후에는 저와 함께 음식을 나누어 먹고 지토미르로 가는 길목까지 같이 걸어갔습니다. 우리는 갈림길에서 눈물을 흘리며 기쁜 마음으로 작별했습니다. 그와 작별 인사를 나눈 후, 저는 그 자리에 앉아서 '나는 어디로 가야 하나?' 하며 제 자신의 앞길에 대해 곰곰이 생각해 보았습니다.

한참 생각해 본 끝에 저는 다시 키예프로 가기로 결심했습니다. 그리고 예루살렘이나 아토스 산으로 순례할 수 있다면, 그 길에서 그리스도의 정신과 사랑으로 충만한 주님 안의 형제들을 만나게 될 것이라는 생각이 들었습니다.

저는 포차예프에서 일주일을 보냈습니다. 그곳에서 많은 시간을 들여 그동안 여행을 하면서 만난 사람들과, 그들에게 배운 모든 것을 회상하고, 유익했던 일들을 기록했습니다. 그러고 나서 또다시 순례의 길을 떠나기 위해 짐을 챙겨 성당으로 갔습니다. 미사를 드리며 성모님과 모든 성인들처럼 제 자신을 주님께 맡겼습니다. 그리고 특별히 성모님께 보호해 주시기를 청했습니다.

또 하나의 큰 가르침

미사가 끝난 후 저는 성당 벽에 기대어 서 있었습니다. 그때 어떤 남자가 저에게 다가와서 양초를 어디서 파는지 물었습니다. 그 남자의 옷차림과 외모를 보니, 부유한 귀족인 듯했습니다. 저는 양초 파는 곳을 알려 주고 성당을 떠나서 다시 길을 따라 걸어갔습니다.

한참 걷고 있는데, 어떤 집의 열린 창문 사이로 누군가가 책을 읽는 소리가 들렸습니다. 저는 그 창문 바로 옆으로 지나가면서 책 읽는 사람을 보았는데, 그 사람은 성당에서 양초 파는 곳이 어디인지 물었던 바로 그 남자였습니다. 제가 모자를 벗고 목례를 하면서 지나가려는데, 그 남자가 다가왔습니다. 그러면서 "제가 보기에 당신은 순례자인 것 같은데, 정말 순례자가 맞는지요?"라고 묻기에, 저는 맞다고 대답했습니다.

그러자 그는 제게 집으로 들어오라고 했습니다. 집으로 들어가서 저에 관해 묻는 그의 물음에 대답했습니다. 저는 숨김없이 저에 관해 말했습니다. 그러자 그는 저에게 따뜻한 차를 대접하면서 자신의 이야기를 시작했습니다.

"형제님, 혹시 소로베츠키 수도원에 있는 안제르스키 스케테(대여섯 명 이하의 수도자가 공동생활을 하는 작은 수도원)에 가는 것은 어떠십니까? 안제르스키 스케테는 아주 평화로운 곳으로 사람들은 그곳을 제2의 아토스 산이라고 부릅니다. 그곳은 누구에게나 열려 있는데, 그곳 수도자들은 하루 24시간 중 4시간 동안 시편 봉독을 한다고 들었습니다. 그래서 저도 그곳으로 가는 길입니다. 저는 걸어서 가겠다고 결정하고 지금까지 걸어왔지요. 만약 형제님과 함께 걸어간다면 더욱 기쁘게 갈 수 있을 것입니다. 혼자 걷기에는 외로운 여정이거든요. 다행히도 제게 돈이 좀 있으니, 가는 길에 필요한 것이 있다면 제가 사겠습니다. 함께 독서를 하거나 묵상을 하며 걸어갑시다. 잘 생각해 보세요. 우리가 같이 간다면 형제님에게도 좋고, 가치가 있는 일일 것입니다."

저는 뜻밖의 제안을 듣고 성모님께 감사를 드렸습니다. 성모님께 순례 길을 축복해 달라고 했던 기도의 응답이라는 생각이 들었기 때문입니다. 저는 깊이 생각할 겨를도 없이 그의 제안에 바로 동의했습니다.

다음 날, 우리는 함께 길을 떠났습니다. 우리는 사흘 동안 앞뒤로 조금 떨어져 걸으면서 약속한 대로 각자 책을 읽거나 묵상을 했습니다.

그런데 그와 함께 순례하면서 특이한 점을 발견했습니다. 그것은 그가 손에서 책을 놓지 않는다는 것이었습니다. 심지어 식사 시간에도 책을 읽으면서 식사했습니다. 저는 그것이 성경이라는 것을 알게 되었습니다. 그래서 그에게 물어보았습니다.

"왜 밤낮없이 손에서 성경을 놓지 않고 늘 지니고 다니십니까?"

그러자 그가 대답했습니다.

"저는 성경에서 끊임없이 가르침을 받기 때문입니다."

"무엇을 그렇게 쉴 새 없이 배우십니까?"

"그리스도인의 생활은 한마디로 기도 생활이라고 말할 수 있습니다. 제 생각에 기도는 구원을 위해 꼭 필요한 요건이며, 그리스도인의 첫째 의무입니다. 기도는 신앙생활의 첫 번째 단계이며 신심 생활의 정점이기도 합니다. 그 이유는 성경에서 끊임없이 기도를 하라고 나오기 때문입니다. 어떤 신앙 활동은 시간이 따로 마련되어 있지만, 기도는 그 시간이 생활과 따로 분리되어 있지 않습니다. 따라서 기도 없는 선행은 무의미한 것입니다.

그런데 성경 말씀을 모르고서는 기도를 잘 배울 수가 없습니다. 내적 신앙생활로 구원에 이르고자 하는 사람이나, 하느님의 말씀을 전하는 성직자나 은수자, 그리고 하느님을 공경하는 모든 사람은 성경을 끊임없이 읽으며 하느님의 가르침을 받은 사람들입니다. 그들 중 많은 사람이 손에서 항상 성경을 놓지 않고 늘 지니고 있었으며, 성경에서 구원에 대한 가르침과 충고를 받았습니다. 형제님, 홀로 조용한 방에 앉아서 성경을 읽고 또 읽어 보세요. 그러면 제가 성경을 소중히 여기는 까닭을 깨닫게 될 것입니다."

저는 그가 성경을 바탕으로 기도에 관해 말하는 것을 듣고 너무나 기뻤습니다. 그래서 저는 성경에 대해 계속 질문했습니다. 그러자 그가 대답했습니다.

"신약 성경을 처음부터 순서대로 읽어 보세요. 저는 특히 4복음서(마태오·마르코·루카·요한 복음서)를 오랫동안 읽어 왔습니다. 저는 성경 말씀을 읽으면서 말씀에 담긴 깊은 의미를 깨닫게 되었지요. 그리고 성경에서 기도에 대한 가르침의 순서와 기도 사이의 연결 고리를 설명했다는 것을 알게 되었습니다.

또한 성경 말씀이 체계적으로 저술되었다는 것도 이해하게 되었습니다. 예를 들면, 먼저 기도에 대한 가르침을 소개한 후, 기도의 형태나 표현 양식을 기술했다는 것도 알게 되었습니다. 또한 우리가 기도를 배우는 의미와 기도를 하기 위해 꼭 필요한 것들을 사례를 통해 설명하고 있음을 알게 되었습니다.

끝으로, 예수 그리스도의 이름을 부르며 하는 영적이고 내적이며 끊임없는 기도는 형식적인 기도보다 더 고귀하고 유익한 것이며, 이러한 기도를 계속하면 축복의 결실이 따른다는 것도 알게 되었습니다. 한마디로 말해서 성경을 읽으면 기도 훈련에 관한 지식을 완전하고 상세하게, 처음부터 끝까지, 그리고 체계적이고 연속적으로 깨닫게 됩니다."

그의 말을 듣던 중에 기도와 성경 말씀에 관해 좀 더 자세히 알고 싶다는 마음이 생겼습니다.

"저는 그 어떠한 것보다도 기도에 관해 더 자세한 설명을 듣고 싶습니다. 제가 기도에 대한 가르침을 받고 신비스러운 비밀의 열쇠를 갖게 된다면 정말 행복할 것입니다. 그러니 저에게 성경에 나온 기도에 대해 가르쳐 주십시오."

그는 저의 청을 기꺼이 들어주었습니다.

"자, 우선 성경을 펴서 마태오 복음서 6장을 보세요. 그리고 5-8절을 정독하십시오."

그는 저에게 연필을 건네주면서 그 구절을 적으라고 했습니다.

"여기서 우리는 요란하게 기도할 것이 아니라 혼자만의 장소에서 고요하게 기도를 시작해야 하며, 하느님과의 더 좋은 관계를 위해서, 또 자신의 죄를 용서받기 위해 기도해야 한다는 것, 그리고 이방인들처럼 세상의 일에 대해서 불필요하고 많은 청원을 하지 말아야 한다는 가르침을 얻게 됩니다.

그리고 같은 장 9-13절을 읽어 보십시오. 여기서 기도의 형식을 배울 수 있습니다. 바로 이 부분에서 형제님은 우리가 생활을 위해서 필요한 모든 위대한 지혜들을 배울 수 있게 됩니다.

그다음에 14-15절을 보세요. 그러면 형제님은 기도의 효과가 나타나도록 하기 위해 반드시 지켜야 하는 필수적인 조건이 있다는 것을 알게 될 것입니다. 그것은 바로 우리에게 상처 입힌 사람들을 우리가 용서하지 않는다면, 하느님도 우리의 죄를 용서하지 않으신다는 것입니다.

자, 이번에는 마태오 복음서 7장으로 넘어가 봅시다. 7-12절을 읽어 보면 기도의 방법과 희망 속에서 담대해지는 법을 알 수 있습니다. '청하여라, 찾아라, 두드려라!'와 같은 강력한 표현들은, 기도할 때 절박함을 가지고 행해야 함을 나타내는 것입니다. 이로써 기도는 행동과 함께 이루어져야 할 뿐만 아니라 심지어는 행동보다 기도가 먼저 이루어져야 한다는 것을 가르쳐 줍니다. 이는 기도의 주된 특성이지요.

마르코 복음서 14장 32-42절은 기도의 실행에 대한 사례를 볼 수 있습니다. 거기서 예수 그리스도께서는 같은 기도를 되풀이하십니다. 그리고 루카 복음서 11장 5-8절에 나오는 한밤중에 친구에게 찾아가 빵을 얻으려는 사람의 비유와 루카 복음서 18장 1-8절에 나오는 끈질긴 과부의 청을 들어주는 재판관의 비유는 끊임없이 간청하여 원하는 바를 얻는 사례라고 볼 수 있습니다.

이 구절들은 우리가 언제나, 어떠한 장소에서도 늘 기도해야 한다는 교훈을 줍니다. 다시 말해서, 기도하는 데 게으름을 피우지 말아야 한다는 것을 예수 그리스도의 명령으로 설명하는 것이지요.

요한 복음서에서는 주님 안에 머무는 기도인, 내적인 기도에 대한 핵심적인 가르침을 줍니다. 먼저 예수님이 사마리아 여인과 나누신 심오한 대화에는 하느님이 원하시는 참되고 영적인 내적 예배가 계시되어 있습니다. 이처럼 예배는 마치 영원한 생명으로 흐르는 물과 같기에, 진실한 기도는 끊임이 없는 것입니다(요한 4,1-42 참조).

더 나아가서, 요한 복음서 15장 4-8절은 우리가 훨씬 더 분명하게 내적인 기도의 필요성과 그러한 기도의 힘과 능력을 깨닫도록 이끌어 줍니다. 즉 내적인 기도를 통해 하느님 아버지를 계속 기억하고, 그리스도 안에서 영혼이 현존할 수 있게 되는 것입니다.

끝으로 요한 복음서 16장 23-24절을 읽어 보세요. 여기에는 또 하나의 신비가 계시되어 있습니다. 이 말씀을 통해 형제님은 예수 그리스도의 이름으로 바치는 기도 또는 '예수 기도'로 알려진, '주 예수 그리스도님, 저에게 자비를 베푸소서.'

라는 기도의 문구를 이해하게 될 것입니다. 이 부분에서는 이 기도를 자주 되풀이할 때 기도의 위대한 힘을 알게 되고, 아주 쉽게 마음이 열려 하느님의 축복을 받게 된다는 사실을 잘 보여 줍니다.

이 기도의 힘은 사도들의 행적에서 아주 분명하게 드러납니다. 사도들은 예수님의 제자가 되었습니다. 그들은 예수님께 '하늘에 계신 우리 아버지'라는 고백으로 시작하는 '주님의 기도'를 배웠습니다. 또한 예수 그리스도는 고난을 받으시기 전에 제자들이 잘 이해하지 못했던 기도의 신비를 자세히 가르쳐 주셨습니다. 제자들의 기도가 성공적인 단계로 나아가도록 결정적인 가르침을 주신 것입니다.

'내가 진실로 진실로 너희에게 말한다. 너희가 내 이름으로 아버지께 청하는 것은 무엇이든지 그분께서 너희에게 주실 것이다. 지금까지 너희는 내 이름으로 아무것도 청하지 않았다. 청하여라. 받을 것이다. 그리하여 너희 기쁨이 충만해질 것이다.'(요한 16,23-24)

사도들이 예수 그리스도의 이름으로 기도하는 법을 배운 이후, 그들은 예수님의 이름으로 기도함으로써 놀라운 일들을 행하게 되었습니다.

이제 형제님은 성경에 나온 기도에 대한 가르침들이 이토록 넘치는 지혜로 완전하게 연결되어 있다는 것을 아시겠습니까? 앞으로 형제님이 계속해서 사도행전을 잘 읽는다면, 서로 연결된 기도에 대한 가르침을 다시금 발견하게 되실 것입니다.

제가 이미 형제님에게 말씀드렸던 것들을 더 자세히 알기 위해서 기도의 특성들을 설명해 주는 구절 몇 가지를 말씀드리겠습니다. 사도행전에는 기도의 실행에 대해서 잘 기록되어 있습니다. 즉, 쉬지 않고 부지런히 기도를 드린 초기의 그리스도인들은 예수 그리스도 안에서 그들의 믿음으로 기도를 통달하게 된 것입니다(사도 4,23-31 참조).

끊임없이 기도하여 성령께서 넘치도록 충만해지면, 기도의 열매로 성령의 선물을 받게 됩니다. 이는 사도행전 16장을 읽어 보시면 잘 이해될 것입니다. 특히 25-26절을 읽어 보십시오. 그런 후에 사도들의 서간 순서에 따라서 기도를 하시면 다음과 같은 사실들을 알게 될 것입니다.

- 기도는 어떠한 처지에서도 꼭 필요한 것이다(야고 5,13-16 참조).
- 성령께서는 우리가 기도하는 것을 도와주신다(유다 1,20-21; 로마 8,26 참조).

- 성령 안에서의 기도는 아주 절실하다(에페 6,18 참조).
- 기도는 고요함과 내적 평화를 준다(필리 4,6-7 참조).
- 끊임없이 기도해야 한다(1테살 5,17 참조).
- 우리 자신을 위해서 기도해야 할 뿐만 아니라 모든 이들을 위해서 기도해야 한다(1티모 2,1-5 참조).

그리고 우리가 성경에서 기도의 깊은 의미를 알아내고 주의 깊게 오랫동안 묵상함으로써 하느님의 말씀에 숨은 신비한 계시들을 더 많이 발견할 수 있게 됩니다. 그런데 어떤 사람이 하느님 말씀의 의미를 생각하지 않고 그저 급하게 대충 읽어 버린다면 그것은 하느님의 계시를 무시하는 꼴이 됩니다.

제가 지금까지 형제님에게 일러 준 바와 같이 성경이 어떠한 지혜와 체계를 갖고 예수 그리스도의 가르침과 기도를 드러내는지, 그리고 그것을 우리가 어떻게 밝혀 왔는지 이해하게 되었습니까?

4복음서에는 주님의 가르침이 잘 나타나 있습니다. 마태오 복음서에는 기도에 대한 소개, 기도의 실제적인 형식, 기도의 조건, 마르코 복음서에는 기도의 사례들, 루카 복음서에는 비유 이야기들이 있습니다. 요한 복음서에는 내적인 기도에 관해 이야기하고, 사도행전에는 기도의 실행과 그 결과들을 볼 수 있습니다. 또한 사도들의 서간과 요한 묵시록에는 기도의 실행과 밀접하게 관련된 많은 특성들이 나타나 있습니다. 이렇게 성경을 묵상하다 보면 형제님도 오직 성경만이 구원을 위한 유일한 스승이라는 것을 깨닫게 될 것입니다."

그분이 성경 말씀을 일일이 제시하며 가르쳐 주시는 동안에 저는 저의 성경에 밑줄을 그으면서 모든 설명을 마음에 새겼습니다. 너무나 소중한 교훈을 얻게 되어 큰 감사의 마음이 들었습니다.

그리고 나서 우리는 침묵한 채 5일 동안을 계속 걸었습니다. 그런데 그만 저의 순례 동반자가 발병이 났습니다. 아마도 먼 여행길에 익숙하지 않았기 때문인 듯했습니다. 그는 마차 한 대를 빌려서 저와 같이 타고 가다가 그가 잘 아는 마을에 도착하여 3일을 머물렀습니다. 이렇게 긴 휴식을 취하고 나니 그의 병도 나았습니다. 그래서 우리는 그의 순례의 목적지인 안제르스키 스케테를 향하여 다시 걷기 시작했습니다.

그렇게 며칠을 걷다가 한 수도원을 발견했습니다. 우리는 잠시 여독을 풀기 위해 그 수도원의 장상 신부님을 뵙고 이곳에서 쉬어 갈 수 있는지 여쭤 보았습니다. 장상 신부님은 흔쾌히 허락해 주셨습니다.

이윽고 밤이 깊어 저는 일찍 잠자리에 들었습니다. 저의 순례 동반자는 수도원을 거닐다 장상 신부님을 만나 그동안의 순례 체험담을 나누었습니다. 그러다 자연스레 저에 관한 이야기도 나누게 되었고, 이에 깊은 감명을 받은 장상 신부님은 다음 날 우리를 특별히 초대했습니다.

제2장

체험과 은총을 나눈 시간

시작하며

장상 신부 반갑습니다. 초대에 응해 주셔서 정말로 감사 드립니다. 오늘 두 분을 모신 것은 두 분의 순례 체험담을 자세히 듣고 싶어서입니다. 형제님들이 함께 나누었다는 성경 말씀에 관한 이야기가 저에게 뜨거운 열정을 느끼게 해 주었고, 또한 큰 교훈을 주었습니다. 이런 위대하고 축복받은 신비가 형제님들에게 드러난 과정을 알게 된다는 것은 매우 뜻 깊은 일입니다. 그리고 그 체험담은 저희 영혼에 큰 도움이 될 것입니다. 이 자리를 위해 저희 수도원에 방문하신 훌륭한 신부님과 원로 수사님도 모셨습니다.

예수 그리스도의 이름으로 둘이나 셋이 모인 자리에 주님도 함께하신다고 하셨습니다. 지금 여기에 예수님의 이름으로 다섯 명이 모였으니, 예수님께서 분명히 넘치도록 풍성한 축복을 우리에게 내려 주실 것입니다.

순례 동반자의 체험담

순례 동반자 만물을 사랑하시며, 온 인류가 구원받고 진리를 깨닫게 되기를 바라시는 하느님은 그분의 위대하신 자애를 저에게 드러내셨습니다. 그 어떠한 인간의 중재도 없이, 놀라운 방법으로 말이지요.

저는 5년간 교수직에 있었습니다. 하지만 예수 그리스도의 가르침을 따르지 않고 세상의 헛된 철학에 사로잡혀 있었고, 그로 인해 어두운 생활에 빠져들게 되었습니다. 다행히도 신심 깊은 어머니와 사려 깊고 성실한 여동생과 함께 살았기 때문에 죽음의 길에서 빠져나올 수 있었습니다.

하루는 공원의 가로수를 따라서 산책하다가, 잘생긴 프랑스인 청년을 만났습니다. 그는 파리에 도착한 지 얼마 안 된 학생이었는데 가정 교사 자리를 찾고 있었습니다. 저는 그의 높은 학구열에 깊은 인상을 받아, 저희 집으로 초대했습니다. 그는 초대에 응해 저희 집을 방문했고, 우리는 금세 친해졌습니다. 그 후로 저는 가끔씩 집을 방문하는 그와 함께 산책을 하면서 유익하고 즐거운 대화를 나누었습니다.

어느 날, 그가 저를 어떤 모임에 초대했습니다. 그는 그 모임에 저를 참석시키기 위해 그 모임의 장점을 설명하며 저를 설득하려 했습니다. 그런데 이런저런 이야기를 하던 그가 갑자기 서재에서 나가 거실에서 이야기를 하자고 했습니다. 저는 그가 서재에 있기 싫어한다는 것을 전에도 눈치챈 적이 있어서 이번에는 서재를 싫어하는 이유가 무엇인지 물었습니다. 그러면서 거실은, 어머니의 방과 누이의 방하고 가깝기 때문에 우리가 대화하기에는 적절하지 못하다고 말했습니다. 하지만 그는 여전히 서재에서 나오고 싶어 하면서 이렇게 말했습니다.

"책꽂이에 《성경》이 있군요. 저는 《성경》이 있으면 편하게 이야기를 할 수 없습니다. 그 《성경》을 치워 주셔야 자유롭게 대화할 수 있습니다."

저는 웃으면서 책꽂이에서 《성경》을 꺼내 들고 와서 그에게 건네주며 말했습니다.

"왜 진작 이야기를 하지 않았습니까? 자, 이 《성경》을 아무

데나 놓으셔도 좋습니다."

그런데《성경》이 그의 몸에 닿자마자, 그가 갑자기 벌벌 떨더니 곧바로 방문을 박차고 뛰쳐나갔습니다. 저는 그의 반응에 너무 놀라서 정신을 잃고 바닥에 쓰러졌습니다. 이 소리를 듣고 가족들이 저에게로 달려왔지만, 저는 한참 동안 정신을 차릴 수 없었습니다. 제가 간신히 정신을 차렸을 때, 손발이 다 마비되어 움직일 수 없음을 알았습니다. 의사는 큰 충격에 놀라서 몸이 마비된 것이라고 진단했습니다.

그 후 1년 동안 많은 의사들이 다녀갔지만 조금도 나아지지 않았습니다. 그로 인해 저는 직장을 그만두어야 했고, 엎친 데 덮친 격으로 그 시기에 연로하신 어머니마저 돌아가셨습니다. 유일하게 남은 가족인 누이는 수녀원에 들어갈 준비를 했습니다. 이러한 모든 상황이 제 병을 더욱더 악화시켰습니다. 병상에 있는 동안 저에게 위안을 준 것은 오직 성경을 읽는 것이었습니다. 저는 고통이 느껴질 때도 절대로 손에서 성경을 놓지 않았습니다. 그것은 저에게 일어난 하나의 기적 같은 일이었습니다.

어느 날, 한 은수자가 저를 찾아왔습니다. 그는 자신의 수도원을 위해 모금을 하고 있었습니다. 그는 육체적이든 영적이든 모든 병을 고치는 가장 강력한 방법이 기도라면서 저에게 너무 약에만 의존하지 말라고 말했습니다. 그의 말에 제가 탄식하며 물었습니다.

"저는 어떠한 공경도 드릴 힘이 없고, 십자 성호조차 긋지 못합니다. 이러한 처지에서 제가 어떻게 기도할 수 있겠습니까?"

"글쎄요. 어쨌든, 어떻게 해서든지 기도하세요."

그 은수자는 이렇게 대답해 주었을 뿐 제가 실제적으로 기도할 수 있는 방법을 설명해 주지는 않았습니다. 그가 떠나고 나서, 저는 기도와 기도의 힘 그리고 효력에 대해 생각하기 시작했습니다. 그러면서 오래전 학창 시절에 배운 종교적인 지식을 떠올려 보았습니다. 그런데 종교적인 지식들을 마음속으로 되새기는 과정에서 제 마음은 따뜻해지고 행복이 느껴졌습니다. 그와 동시에, 저는 제가 앓고 있는 병에서 어떠한 구원을 느끼기 시작했습니다.

성경이 언제나 저와 함께했다는 깨달음이 들자, 그 순간, 놀랍게도 성경에 대한 믿음이 생겼습니다. 그리고 어떤 강의에서 들었던, 기도에 대한 내용들은 전체적으로 성경에 기초를 두었다는 사실이 기억났습니다. 또한 성경의 가르침 안에서 기도와 그리스도인의 헌신에 대해 연구해야 가장 훌륭한 결과를 얻을 수 있을 거라는 말 또한 떠올랐습니다.

저는 이러한 내용을 깊이 생각하며, 풍부한 샘물처럼 샘솟는 구원의 생활과 진실한 내면의 기도가 어우러진 완전한 체계를 성경에서 발견했습니다. 저는 경건한 마음으로 이 주제에 대한 모든 구절을 표시했습니다. 그리고 그때부터 저는 이 신성한 가르침을 배우려고 노력했습니다. 물론 어려움도 있었지만, 모든 힘을 다해서 그것을 실행에 옮기기 위해 최선을 다했습니다.

그 후로 제 건강이 점차 회복되었고, 그러면서 더 많은 것을 깨닫게 되었습니다. 저는 하느님의 자비에 감사드리며 이제까지와는 다르게 살아야겠다고 다짐했습니다. 그리하여 제 누이처럼 하느님의 말씀 안에서 영원한 생명을 얻기 위해, 마음을 다스리며 홀로 조용히 사는 생활에 제 자신을 바치기로 결심했습니다. 이렇게 해서 소로베츠키 수도원에 있는 안제르스키 스케테를 향해 제가 여기까지 오게 된 것입니다. 그곳이 명상 생활을 위한 가장 좋은 장소로 명성이 높다고 들었기 때문입니다.

마지막으로 제가 말씀드리고 싶은 것이 한 가지 더 있습니다. 성경은 저의 여행길에 커다란 위안을 주었고, 저의 무딘 정신에 깨달음을 주었으며, 저의 차가운 마음을 따뜻하게 해 주었습니다. 그러나 저는 성스러움과 구원을 이루기 위해서 필요한 조건들, 즉 헌신과 철저한 자기 부정, 금욕적 수행, 그리고 성경이 명하는 가장 심오한 겸손 등을 제대로 실천한다는 것은 불가능한 일이라는 생각이 듭니다. 저는 그저 나약한 인간이고, 과거의 죄로 인해 상처받은 영혼을 갖고 있기 때문입니다. 그래서 저는 지금 절망과 희망 사이에 있고 앞으로도 저에게 무슨 일이 생길지 모릅니다.

장상 신부 형제님, 그런 불안정하고 부정적인 생각은 우울함에 항복하는 것일 뿐만 아니라 하느님의 보호와 도우심을 의심하는 것입니다. 요한 크리소스토모 성인은 이렇게 말했습니다.

"어느 누구도 우울해져서는 안 됩니다. 그리고 성경의 가르침들을 실행할 수 없다는 것은 거짓입니다. 인간의 구원을 계획하신 하느님은 인간을 위반자로 만들기 위해 계명을 주신 것이 아닙니다. 따라서 우리가 영원한 삶으로 나아가고 미덕의 생활을 하기 위해서는 신성한 계명들이 꼭 필요합니다."

물론, 우리가 하느님의 계명을 철저하게 따른다는 것은 어려운 일입니다. 그러므로 구원은 쉽게 달성되는 것이 아닙니다. 계명을 주시는 하느님의 말씀에서 수행의 방법뿐만 아니라 수행을 하기 위한 용기와 위안도 얻게 될 것입니다.

이러한 것들은 처음에는 신비의 베일에 숨어서 보이지 않습니다. 이는 우리가 겸손하게 열렬히 기도할 수 있도록 하기 위한 것이고, 하느님 아버지의 도움에 의지하게 하여 마침내 하느님과의 유대에 이르기 위한 것입니다. 여기에 바로 구원의 비밀이 있는데, 구원은 인간의 노력에 달린 것이 아니라, 하느님께 의지하는 데 달려 있다는 것입니다.

순례자 나약한 제가 어떻게 그러한 비밀을 알 수 있을까요? 또한 그 비밀을 알게 된다면, 하느님의 영광과 저의 구원을 위해 저의 나태한 생활을 올바르게 바꿀 수 있을까요?

장상 신부 형제님, 형제님은 《자애록》을 통해서 이미 그러한 신비에 대해 알고 계십니다. 그 신비의 열쇠는 형제님이 책으로 열심히 읽고, 또 그토록 열정적으로 수행하여 위안을 찾았던 '끊임없는 기도'에 있습니다.

순례자 신부님, 그렇다면 하느님의 사랑과 구원의 신비로 이끄는 내적 기도에 대한 신부님의 말씀을 듣고 싶습니다. 저는 다른 무엇보다도 제게 힘을 주고 죄 많은 저의 영혼을 위로해 주는 기도에 대하여 읽고 듣는 것을 좋아합니다.

장상 신부 저는 이러한 존귀한 주제에 대해 형제님의 소망을 만족시킬 수 없습니다. 왜냐하면 제 경험이 너무나 미천하기 때문입니다. 그러나 이 주제에 대해 영성 작가들이 쓴 훌륭한 글이 있습니다. 여러분이 원하신다면, 제가 지금 그 글을 읽어 드리겠습니다.

끊임없는 기도에서 드러난 구원의 신비

인간은 어떻게 구원될까요? 이는 진실과 정의를 추구하는 본성을 가진 한편, 상처받고 약해진 본성을 가진 그리스도인이라면 누구나 자연적으로 마음속에 일어나는 질문일 것입니다. 영원한 삶과 내세에서의 보상에 대해서 어느 정도 믿는 이들조차도 때로는 '내가 어떻게 구원될까?' 하는 의문을 갖습니다.

일반적으로 사람들은 하늘나라를 향해 눈을 돌리고 구원에 대한 해결책을 찾아야겠다는 생각이 들면, 우선 주위의 현명하고 교양 있는 사람들에게 물어봅니다. 그런 다음, 그들의 안내에 따라 이런 주제를 다룬 영성 작가들의 교훈적인 책을 읽습니다. 그리고 그들이 이해한 진리와 규칙을 자신도 이해하고, 그를 확고하게 따르고자 노력합니다.

이러한 모든 가르침은 구원에 이르기 위한 필수적인 조건이 있다고 말합니다. 그것은 바로 경건한 생활을 하는 것, 그리고 자신과의 영웅적인 투쟁을 통한 단호한 자기 부정을 하기 위해 노력하는 것입니다. 이를 통해 선행을 하고, 하느님의 법을 계속적으로 완수하며, 흔들리지 않는 확고한 믿음을 증언하게 되는 것입니다.

더 나아가서 영성 작가들은, 구원을 향한 가르침은 겸손한 마음으로 실천해야 한다고 설교합니다. 즉 햇빛이 돋보기를 통해서 한 지점으로 초점이 맞춰졌을 때만 불꽃이 이는 것처럼 선행을 실천해야 한다는 것입니다. 성경에도 작은 일에 정성을 다하지 못하면 큰일에도 정성을 다하지 못한다는 말씀이 있습니다. 심지어 미덕을 실천했을 때 그에 따르는 칭찬과, 미덕을 실천하지 않았을 때 받을 수 있는 비참한 결과에 대해서도 나와 있습니다. 이러한 모든 것은 다가올 삶에 받을 큰 보상과 영원한 행복, 또는 영원한 고통의 형벌과 비참함으로 마음에 새겨집니다.

이러한 가르침을 듣고 구원을 열렬히 원하는 사람은 그가 배운 것과, 듣고 읽은 것을 수행하기 위해 모든 것을 기쁘게 시작합니다. 그러나 안타깝게도 그는 첫 번째 단계에서 자신의 목적을 성취하는 것이 불가능하다는 것을 깨닫습니다. 미약한 본성이 마음의 확신들을 누르기 때문에, 자유 의지는 더 이상 자유롭지 않게 되고, 영혼은 힘을 잃고 지쳐 버립니다. 그러면서 그는 '구원과 성스러움을 이룩한 성인들이 실천한 대로 하느님의 법을 따르며, 그리스도적 헌신의 삶으로 나아가는 좋은 방법은 없을까?' 하고 생각합니다. 고민 끝에 그는 자신의 인간적 나약함과 이성, 그리고 양심의 요구 사이에서 해결책을 찾기 위해 주위의 성직자나 수도자를 찾아가 질문합니다.

"어떻게 제가 구원될 수 있을까요? 구원의 조건들을 수행하기에 이토록 무능력한데 어떻게 해야 하나요?"

그러면 그는 이러한 대답을 들을 것입니다.

"하느님께 구하세요. 하느님께 기도하세요. 하느님의 도우심을 청하며 기도하세요."

이런 답을 들으면 질문을 했던 사람은 이런 결론을 맺습니다.

"아, 기도는 그리스도교 신앙이 요구하는 모든 것이며 그 모든 것을 성취하는 힘이로구나. 만약 내가 기도에 관해 계속 연구했다면 지금처럼 결심이 없진 않았을 텐데……."

그리고 나서 그는 그런 주제에 관해 글을 쓴 사람들의 가르침을 묵상하고 연구합니다. 그리고 심오한 지식과 위대한 말씀들을 발견합니다. 어떤 작가는 기도의 필요성에 대해 강조하고 또 어떤 작가는 기도의 힘과 은혜, 기도의 필요 조건(열의, 관심, 따뜻한 마음, 순수한 정신, 적들과의 화해, 겸손, 회개)에 대해서 쓰기 때문이지요.

그러나 "기도는 본질적으로 무엇인가요? 신자 대부분은 어떻게 기도하나요?" 하는 질문에 대해서는 답을 찾기 어렵습니다. 특히 모든 사람들이 이해할 수 있는 대답, 말하자면 가장 기초적인 대답을 찾는 것은 더더욱 어렵지요. 이러한 이유 때문에 기도에 대한 열렬한 탐구자는 신비의 베일 앞에 다시 남겨집니다. 그래서 독서를 통해 기도가 성스러운 것임을 알았음에도 불구하고, 단지 외적인 기도의 모습만을 생각하게 되는 것이지요.

그리하여 기도란 교회에 가서 십자 성호를 긋고 경배를 드리며, 무릎을 꿇은 채 시편이나 찬미가를 읽고 노래하는 것이라는 결론에 도달하는 것입니다. 이러한 결론은 내적인 기도에 관한 교부들의 글을 모르는 사람들이 일반적으로 내리는 결론입니다.

그러던 중 마침내 기도에 대한 열렬한 탐구자는 《자애록》이라는 책을 우연히 접하게 되는데, 그 책에서는 스물다섯 명의 교부들이 진리와 내적인 기도의 핵심에 대해 알기 쉽게 설명해 줍니다. 이제 구원과 기도의 신비에 대한 베일이 걷히기 시작합니다. 그는 진정으로 기도한다는 것은 마음과 정신이 하느님을 끊임없이 기억하는 것이며, 깊이 명상을 함으로써 하느님의 사랑을 깨닫고, 호흡과 심장의 고동에 맞추어 예수님의 이름을 부르는 것임을 알게 됩니다. 그는 모든 장소에서, 언제나, 어떤 일을 하든지 끊임없이 예수 그리스도의 이름을 부르게 됩니다. 이렇게 진리는 마음을 일깨우고, 기도를 배우고 성취하게 하며, 현명한 가르침을 지체 없이 따르게 합니다.

하지만 경험 있는 스승이 《자애록》에 있는 기도의 신비를 그에게 명쾌하게 설명해 주고, 내적인 기도를 완성하고 구원으로 나아가는 유일한 길이 바로 '지속적인 기도'라는 것을 알려 주기 전까지, 그는 주기적으로 계속 어려움을 겪습니다.

지속적인 기도는 모든 영적 수행의 기본이 됩니다. 시메온 성인도 "쉬지 않고 기도하는 사람은 모든 선한 것을 하나로, 즉 기도에 합일시킨다."라고 말했습니다. 결국 그는 스승을 만나 이러한 가르침을 얻습니다.

구원에 필요한 첫 번째 조건은 진실한 믿음입니다. 성경에는 "믿음이 없이는 하느님 마음에 들 수 없습니다."(히브 11,6)라는 구절이 있습니다. 믿음이 없는 사람은 심판을 받을 것입니다. 그러나 사람은 겨자씨와 같이 작은 믿음이라도 자기 스스로 믿음이 생기게 할 수는 없습니다. 성경에 쓰인 것처럼, 믿음은 하느님의 선물이며 영적인 선물은 성령에 의해 주어지는 것이기 때문입니다.

그렇다면 우리는 어떻게 해야 믿음의 필요성을 알고, 자기 스스로 믿음을 만들 수 없다는 점을 극복할 수 있을까요? 바로 성경이 그 방법을 알려 주고, "구하라, 그러면 받을 것이다." 하고 확신을 줍니다.

사도들은 완전함에 이르게 되는 믿음을 스스로 생기게 할 수 없었기에, 예수 그리스도께 "주님, 우리의 믿음을 강하게 해 주소서." 하고 기도했습니다. 이것은 믿음을 얻는 방법의 예이며, 이로써 우리는 기도를 통해 믿음을 얻을 수 있음을 알게 됩니다.

믿음 이외에도 구원을 위해서 꼭 필요한 조건이 있는데, 바로 실천입니다. 성경에도 "믿음에 실천이 없으면 그러한 믿음은 죽은 것입니다."(야고 2,17)라는 구절이 있습니다. 또한 인간은 믿음뿐만 아니라 행동에 의해서 판단됩니다. 따라서 우리는 이러한 성경의 계명들을 모두 지켜야만 합니다. "살인해서는 안 된다. 간음해서는 안 된다. 도둑질해서는 안 된다. 거짓 증언을 해서는 안 된다. 아버지와 어머니를 공경하여라.",

"네 이웃을 너 자신처럼 사랑해야 한다."(마태 19,18-19)

이에 대해 야고보 사도는 이렇게 말했습니다. "누구든지 율법을 전부 지키다가 한 조목이라도 어기면, 율법 전체를 어기는 것이 됩니다."(야고 2,10) 또한 바오로 사도는 인간의 약함에 대해서 다음과 같이 말했습니다. "어떠한 인간도 율법에 따른 행위로 하느님 앞에서 의롭게 되지 못하기 때문입니다. 율법을 통해서는 죄를 알게 될 따름입니다."(로마 3,20), "우리가 알고 있듯이 율법은 영적인 것입니다. 그러나 나는 육적인 존재, 죄의 종으로 팔린 몸입니다. 나는 내가 하는 것을 이해하지 못합니다. 나는 내가 바라는 것을 하지 않고 오히려 내가 싫어하는 것을 합니다. …… 그러나 내 지체 안에는 다른 법이 있어 내 이성의 법과 대결하고 있음을 나는 봅니다."(로마 7,14-15.23)

인간이 자신의 약함으로 인해 하느님의 법을 따를 수 없다면 어떻게 계명들을 지킬 수가 있을까요?

이러한 계명들을 지킬 수 있도록 기도하지 않는다면 인간이 계명을 지키는 것은 불가능합니다. 성경에는 이러한 구절이 있습니다. "여러분이 가지지 못하는 것은 여러분이 (하느님께) 청하지 않기 때문입니다."(야고 4,2) 또한 예수 그리스도는 이렇게 말씀하셨습니다. "너희는 나 없이 아무것도 하지 못한다."(요한 15,5), "내 안에 머무르고 나도 그 안에 머무르는 사람은 많은 열매를 맺는다."(요한 15,5)

예수 그리스도 안에 있다는 것은 예수님의 현존을 끊임없이 의식한다는 것이며, 그로써 예수님의 이름을 쉬지 않고 부른다는 것입니다. "너희가 내 이름으로 청하는 것은 무엇이든지 내가 다 이루어 주겠다."(요한 14,13)

그러므로 실천은 기도를 통해서 실현됩니다. 이것은 바오로 사도의 이야기에서 잘 드러나는데, 사도는 고통을 없애 달라고 하느님께 세 번 기도드렸고, 무릎을 꿇고 내적인 강함을 구했습니다. 사도는 원하는 것을 쉬지 않고 구하라는 말씀에 인도된 것입니다. 이처럼 인간의 구원은 기도에 달려 있습니다.

다시 말해, 구원을 위해 가장 중요한 것은 기도입니다. 기도는 믿음과 모든 덕의 근원이므로 그 어떠한 것보다 더 중요합니다. 한마디로 기도는 모든 좋은 것을 가져오고, 기도 없이는 어떠한 그리스도적 선행도 할 수 없습니다. 이러한 까닭에 끊임없이 기도하며, 규칙적으로 기도하는 자세가 꼭 필요합니다. 다른 미덕들은 제각기 정해진 시간에 이루어질 수 있지만, 쉬지 않고 기도를 드리는 것은 우리가 반드시 언제나, 어디서나, 항상 행해야만 하는 행동이기 때문입니다.

그런데 참된 기도를 하기 위해서는 순수한 정신과 마음,

뜨거운 열정, 집중, 경외감, 깊은 겸손이 필요합니다. 하지만 이러한 조건들을 모두 만족시키기는 어려우며, 기도에 대한 순수한 사랑으로 기도를 하기보다는, 자신의 필요에 의해 기도하게 되기 쉽습니다.

성경에서는 인간은 스스로 자신의 영혼을 견고하게 할 힘이 없으며, 나쁜 생각으로부터 자신의 마음을 깨끗하게 할 능력도 없다고 말합니다. 의지와 행동 모두 하느님으로부터 나오기 때문에, 오직 하느님만이 우리에게 순수한 마음과 견고한 영혼을 주실 수 있습니다. 바오로 사도도 이렇게 말했습니다. "내가 신령한 언어로 기도하면, 나의 영은 기도하지만 나의 이성은 아무런 수확이 없습니다."(1코린 14,14), "우리는 올바른 방식으로 기도할 줄 모릅니다."(로마 8,26 참조)

그렇다면 이렇게 나약한 인간이 어떻게 구원을 받을 수 있을까요? 인간은 스스로 믿음을 가질 수도 없고, 기도하지 않고는 선행을 할 수도 없으며, 스스로의 힘으로는 기도도 제대로 할 수가 없습니다. 그러면 도대체 구원을 위해서 인간이 자유롭게 할 수 있는 일은 무엇일까요? 구원을 받기 위해서 인간이 할 수 있는 일이 과연 있기나 할까요?

모든 일에는 완전함이 있으나 하느님은 이 완전함을 당신의 의지에 두셨습니다. 그리하여 하느님은 인간이 하느님께 의지해야 함을 확실히 인식하고 진정한 겸손을 배우도록 하셨습니다. 따라서 오직 '끊임없는 기도'만이 인간이 구원을 위해 할 수 있는 자유이자 능력입니다. 하느님은 우리에게 쉬지 말고, 언제나, 어디서나 기도하라고 명령하십니다. 여기에 진정한 기도, 믿음, 계명의 수행, 그리고 구원의 비밀이 있습니다. 사람에게는 규칙적으로 자주 기도할 수 있는 능력이 있습니다. 교부들은 이 점에 대해 명확히 언급했습니다.

이집트의 마카리오 성인은 "자주 기도하는 것은 우리의 의지에 달려 있지만, 진심으로 기도하는 것은 하느님이 주시는 은총의 선물이다."라고 말했습니다. 이시키 성인은 "지속적인 기도는 하나의 습관이 되어 제2의 본성이 된다. 예수 그리스도의 이름을 자주 부르지 않고 마음을 정화한다는 것은 불가능하다."라고 말했습니다. 또한 갈리스토 성인과 이냐시오 성인은 자주 기도하는 행동은 부주의한 기도를 완전한 것으로 변화시킨다고 하면서 어떤 기도를 올리든지, 또 어떤 선한 행동을 하든지 간에 가능한 한 자주, 예수 그리스도의 이름 안에서 기도하기를 권했습니다. 디오도크 복자는 "인간이 주님의 이름을 자주 부르면 부를수록 죄에 빠지지 않을 것이다." 하고 말했습니다.

이러한 지혜와 경험이 풍부한 교부들의 가르침은 우리의 마음을 얼마나 따뜻하게 합니까? 교부들은 경험에서 우러난 단순함으로 우리를 완전함에 이르는 길과 방법으로 안내합니다.

그런데 이러한 교부들의 가르침과 이론적인 이성에 의한 도덕적인 교훈은 얼마나 대조적입니까? 일반적으로 이성은 이렇게 말합니다. '용기를 가지고 의지의 힘을 발휘하라. 도덕적 삶의 행복한 결실을 생각하면서 정신과 마음을 정화하고 선행을 하라. 그러면 타인에게 존경을 받을 것이고 양심에 따라 살 수 있을 것이다.'

그러나 이것은 너무도 어리석은 생각입니다! 이러한 모든 이성적인 힘은 끊임없는 기도와 그를 통해 나오는 기도의 힘 없이는 생기지 않기 때문입니다.

우리의 영혼을 정화하는 것에 대한 교부들의 가르침을 다시 봅시다. 요한 클리마코 성인은 "깨끗하지 못한 생각으로 마음이 어두워질 때는, 계속해서 예수 그리스도의 이름을 부름으로써 극복할 수 있었다."라고 말했습니다. 그리고 시나이의 그레고리오 성인은 "어느 누구도 자신의 생각을 통제할 수 없다는 것을 깨달으십시오. 만약 부정한 생각이 마음속에 일어나면, 예수 그리스도의 이름을 자주 부르십시오. 그러면 나쁜 생각들이 잠잠해질 것입니다." 하고 말했습니다.

이 얼마나 단순하면서도 실질적인 방법인가요? 이는 경험에 의한 것입니다. 그래서 우리는 교부들의 이러한 가르침을 생각하고 실천해 볼 수 있습니다. 그리고 구원과 영적 완성에 이르는 가장 훌륭한 방법은, 아무리 미약하더라도 아무런 방해 없이 쉬지 않고 기도를 드리는 것이라는 결론에 도달할 수 있습니다.

만약 당신이 영적으로 참되게 하느님께 경배드릴 힘이 없을수록 그리고 내적이고 정신적인 기도의 따뜻함과 기쁨을 마음으로 느끼지 못할수록 당신의 힘과 의지를 다해 기도하십시오. 먼저 당신의 입술이 아무런 방해 없이 기도하며 계속 예수 그리스도의 이름을 부르는 데 익숙해지도록 하십시오. 이것은 대단한 노력이 필요한 것이 아니라, 누구나 가능한 것입니다.

바오로 사도는 자신의 풍부한 경험을 통해 다음과 같이 말했습니다. "예수님을 통하여 언제나 하느님께 찬양제물을 바칩시다. 그것은 그분의 이름을 찬미하는 입술의 열매입니다." (히브 13,15) 지속적인 기도는 확실히 습관이 되고 제2의 본성이 되어, 언젠가는 정신과 마음을 올바르게 할 것입니다.

한번 상상해 보십시오. 만약 어떤 사람이 이 하나의 가르침, 즉 끊임없는 기도를 철저하게 지킨다면, 그는 이 기도를 통해 다른 모든 가르침 또한 완수하게 될 것입니다. 왜냐하면, 비록 처음에는 어려움이 있겠지만 언제나, 어디서나, 무엇을 할 때든지 성스러운 예수 그리스도의 이름을 조용히 부른다면, 그는 죄스러운 육체적 쾌락을 좇을 시간조차 없게 되기 때문입니다. 모든 나쁜 생각이 그의 머리에서 일어나기도 전에 눌릴 것입니다. 또한 모든 잘못된 행동에 대한 생각은 금방 사그라지고, 불필요한 잡담도 하지 않게 되며, 모든 잘못이 주님의 이름을 자주 부르는 은총에 의해 즉시 깨끗해질 것입니다. 끊임없는 기도의 훈련은 영혼을 죄에서 멀어지게 하고, 하느님과 일치하게 해 줄 것입니다.

이제 끊임없는 기도가 얼마나 중요한지 아시겠습니까? 이것은 순수하고 진실한 기도를 위한 유일한 방법이자 최상의 준비이고, 기도의 목적을 달성하고 구원에 이르는 가장 확실한 방법입니다. 끊임없는 기도를 드려야 하는 이유를 분명히 알고, 그 결실에 대해 확신을 가지기 위해서는 세 가지를 명심해야 합니다.

첫째, 기도에 대한 모든 열망과 생각은 성령께서 우리 안에서 하시는 일이고, 우리를 보호해 주시는 수호천사의 음성임을 기억하십시오.

둘째, 기도할 때 부르는 예수 그리스도의 이름은 그 자체로 영광의 힘을 가진다는 것을 기억하십시오.

셋째, 자신의 기도가 불완전하고 메마르다고 해서 그만두지 마십시오.

인내를 가지고 성스러운 이름을 끊임없이 부를 때 생겨날 결실을 기다리십시오. 쉬지 않고 부르는 기도가 무의미하고 공허한 말들로 가득하다는, 세속적인 사람들의 미숙하고 헛된 말을 귀담아듣지 마십시오. 그들의 생각과는 정반대로, 우리가 주님의 이름을 자주 부르면 거룩한 주님의 이름이 아주 적절한 때에 그 결실을 드러낼 것입니다. 이에 대해 한 영성 작가는 이렇게 말했습니다.

"영적인 척하거나 지혜로운 척하는 많은 철학자들은 이성과 자만심의 눈에 고상한 듯 보이는 거짓된 행동들을 추구합니다. 그들은 이성의 불안정한 토대 위에 기도의 지식을 만듭니다. 그래서 자주 기도하는 것이 중요하지 않거나 불필요하다고 보게 됩니다. 그러나 그들은 불행하게도 중대한 과오를 범하는 것이며, '내가 진실로 너희에게 말한다. 너희가 회개하여 어린이처럼 되지 않으면, 결코 하늘나라에 들어가지 못한다.'(마태 18,3)라고 하신 예수님의 가르침을 잊어버린 것입니다."

우리가 "주 예수 그리스도님, 저에게 자비를 베푸소서." 하고 열렬히 기도하는 데에 많은 학식과 지식이 필요한가요?

오히려 단순한 기도이기 때문에 이러한 기도가 바로 우리의 스승이신 주님이 바라시는 것이 아닐까요? 용기를 내어 주님의 이름을 부르는 것을 멈추지 마십시오! 비록 집중할 수 없다거나 세속적인 일로 채워져 있더라도 걱정하지 마십시오. 오직 계속 기도하며 주님의 이름을 부르는 것을 멈추지 말고 평정을 찾도록 노력하십시오. 왜냐하면 계속 기도하는 그 행동 자체가 우리의 기도를 정화시키기 때문입니다. 성경에서도 이렇게 언급하고 있습니다. "여러분 안에 계시는 그분께서는 세상에 있는 그자보다 더 위대하십니다."(1요한 4,4 참조), "하느님께서는 우리의 마음보다 크시고 또 모든 것을 아십니다."(1요한 3,20 참조)

이처럼 끊임없는 기도는 인간의 나약함에도 개의치 않는 아주 강한 힘을 가지고 있습니다. 그러므로 자신의 의지를 통해 계속 기도하려고 노력해야 합니다. 처음엔 단 하루만이라도 하겠다고 결심을 해야 합니다. 쉬지 않고 예수 그리스도의 이름을 부르도록 노력하고, 세속적인 일보다도 기도에 더 많은 시간을 쏟으려 해야 합니다. 결국 나중에는 하루 24시간을 다 채울 정도로 기도하게 됩니다. 그러면 기도로 보낸 그 하루가 없어진 날이 아니라 구원에 한발 더 가까이 다가간 날이었음을 알게 될 것입니다. 신성한 심판의 척도 안에서 끊임없는 기도는 당신의 약점과 악행을 성찰하도록 하여 속죄하게 합니다. 나아가 당신이 정의의 길로 나아가도록 성스러움과 영원한 생명에 대한 희망을 줍니다.

기도와 환경

순례자 신부님, 진심으로 감사합니다. 신부님의 말씀은 죄 많은 제 영혼에 기쁨을 주셨습니다. 신부님이 읽으셨던 하느님의 자비에 대한 내용을 제가 필사하도록 허락해 주십시오. 그것은 교부들이 동일한 주제를 다룬 책인 《자애록》처럼 어리석은 제가 명확하게 이해할 수 있도록 도와주었습니다. 예를 들면, 《자애록》 제4권에서 요한 카르파티스키 성인은 이렇게 말했습니다. "자기 조절을 위한 힘과 금욕적인 성취를 위한 힘이 없다면 기도하라. 기도를 하면 하느님이 그 힘을 우리에게 기꺼이 내려 주신다."

신부님을 통해 아름답고 알기 쉬운 글을 들려주신 하느님께 감사드립니다. 그리고 제가 그 내용을 듣도록 허락해 주신 신부님께도 감사드립니다.

순례 동반자 신부님, 저도 신부님이 읽어 주신 글을 매우 관심 있게 들었습니다. 저 역시 끊임없이 드리는 기도가 모든 헌신과 성화聖化에서 하느님의 도움을 얻는 강력한 수단이라는 데에 동의합니다. 하지만 저는 그러한 기도는 조용한 환경에서 홀로 침묵할 수 있을 때에만 가능하다고 생각합니다.

눈앞의 여러 문제들, 근심과 걱정거리나 자신의 주의를 산만하게 하는 것들에서 멀리 떨어져 있다면, 자주, 심지어는 끊임없이 기도할 수 있습니다. 그때에는 자신의 게으름이나 산만함과 싸워야겠지요. 그렇지만 우리가 여러 가지 일들로 계속 바쁘고 소란한 주위 상황을 피할 수가 없다면, 아무리 쉬지 않고 기도하려는 열의가 강해도 행하기가 어렵습니다. 따라서 어떤 환경에 있는지에 따라 끊임없는 기도가 가능한지 여부가 정해진다고 생각합니다. 그래서 이 기도가 모든 사람에게 적절한 것은 아니며, 모든 사람에게 해당되지도 않는다고 봅니다.

장상 신부 형제님의 생각은 맞지 않습니다. 내면의 기도에 익숙해지면 항상 기도할 수 있습니다. 우리는 어떤 때라도 즉, 신체적인 문제가 있든 정신적인 문제가 있든, 어떤 산만한 상황에 있든, 방해받지 않고 하느님의 이름을 부를 수 있습니다. 끊임없는 기도를 할 수 있는 사람들은 이를 경험으로 알고 있으며, 끊임없는 기도를 하지 못하는 사람들은 이를 점진적으로 훈련하면 됩니다. 저는 어떤 외적인 상황도 진정으로 기도하기를 원하는 사람의 기도를 방해할 수 없다고 확신합니다.

왜냐하면 인간의 깊은 내적인 사고는 외적인 환경에 좌우되지 않으며, 본질적으로 환경에 자유롭기 때문입니다. 그러한 내적인 사고는 언제나 조절될 수 있기에 기도를 향해 나아갈 수 있습니다. 심지어는 열심히 일하면서도 사람들 앞에서 소리 내지 않고 조용히 기도할 수 있습니다.

게다가, 사실 마음만 먹으면 우리가 일을 하거나 심지어 다른 사람과 대화를 하면서도 예수 그리스도의 이름을 얼마든지 부를 수 있습니다. 즉, 끊임없는 기도에 단련되어 있지 않더라도 항상 기도하는 것이 가능합니다. 물론 집중해서 끊임없이 기도를 하려면 반드시 고요함을 지켜야 하고 산만함을 피해야 합니다.

따라서 침묵과 고요함 속에서 기도할 수 없다고 해서 자주 기도하지 않는다면 반성해야 합니다. 왜냐하면 건강한 사람이든 아픈 사람이든 시간을 할애하여 자주 기도하는 것은 각자의 의지에 달려 있는 것이기 때문입니다. 우리는 이를 너무 많은 일이나 혼란스러운 상황, 온갖 고민과 걱정 등에 빠져 있는 사람들이 예수 그리스도의 성스러운 이름을 부르며 끊임없이 내면적인 마음 기도(심장 기도)를 하며, 그 안에서 평화를 찾는 모습을 통해 확인할 수 있습니다.

포시오 성인[28]은, 콘스탄티노폴리스의 주교로 있는 동안, 하느님의 이름을 부르는 기도를 하며 계속 인내하여, 마음에서 저절로 우러나오는 마음의 기도가 높은 경지에 이르렀습니다. 아토스 산의 갈리스토 성인은 요리사로서 바쁘게 주방 일을 하면서도 끊임없이 기도드리는 습관이 있었습니다. 그 밖의 다른 많은 사람들도 이와 비슷하게 하느님의 이름을 계속 부르는 기도를 실천했습니다.

혼란스러운 일을 할 때 또는 다른 사람들과 대화할 때 기도하는 것이 불가능하다면, 애초에 끊임없는 기도가 우리에게 주어지지도 않았을 것입니다. 요한 크리소스토모 성인은 기도에 대해 이러한 가르침을 주었습니다.

"세속적인 걱정들이 너무 많고, 바빠서 성당에 갈 수 없다는 핑계로, 쉬지 않고 기도하는 것이 불가능하다고 생각해서는 안 됩니다. 당신은 언제 어디에서나 기도를 드릴 수 있고, 기도를 통해 당신의 마음속에 하느님의 제단을 만들 수 있습니다."

여행할 때나 시장에서 물건을 사려고 할 때와 같이 머리를 쓰지 않는 단순한 일을 할 때에는 언제 어디서나 기도하기가 더 편리하고 수월합니다. 또한 그러한 때 우리가 자기 자신에게 주의를 기울인다면, 기도가 우리의 일을 돕고 있음을 깨닫게 될 것입니다. 그래서 모든 일에 앞서서 기도를 해야 한다고 확신한다면, 모든 장소에서도 기도할 수 있을 것입니다.

여기서 기도가 우리의 일을 돕는다는 것은, 우리가 일을 보다 지혜롭게 하게 된다는 의미입니다. 예를 들어 사람들과 불필요한 대화를 하기보다는 간결한 대화를 하여 전보다 고요함을 유지하게 되는 것처럼 말이지요. 이렇게 기도하는 사람은 고요하게 기도하기 위해 더 많은 시간을 마련하게 될 것입니다. 그런 생활의 질서 속에서 그는 하느님의 이름을 부르는 기도의 힘으로 많은 일을 성공적으로 이루어 낼 것입니다. 그리고 예수 그리스도의 이름을 부르는 기도로 자신을 훈련하면, 끊임없는 기도만이 인간의 의지로 달성할 수 있는 유일한 구원의 수단이고, 이러한 기도가 정신과 마음으로 하는 기도로 발전한다는 것을 경험으로 알게 될 것입니다. 그리고 바로 거기서, 우리 안에 하느님의 나라가 열리게 될 것입니다.

순례 동반자 반복적인 일을 하는 동안에는 기도하는 것이

가능하고 심지어는 끊임없이 기도하는 것도 어렵지 않다는 생각에 동의합니다. 왜냐하면 육체적인 단순 작업은 심오한 정신적 훈련이나 대단한 사고를 요구하지 않기 때문입니다. 그러므로 손으로는 계속 일하면서도, 정신은 끊임없는 기도에 열중할 수 있고, 입술은 동일한 방법으로 기도를 따라 할 수 있습니다.

그러나 그와는 달리, 지적인 일을 해야 한다면, 예를 들어 주의 깊게 독서하거나, 어떤 일에 대해 깊이 생각하거나, 문학적인 작품을 쓰는 경우에 어떤 정신으로 기도할 수 있겠습니까? 특히나 기도는 정신적인 활동인데, 어떻게 한 가지 정신으로 동시에 다른 종류의 일을 할 수 있겠습니까?

장상 신부 끊임없이 기도하는 사람이 크게 세 부류로 나뉜다는 것을 고려한다면 형제님이 제기한 문제를 해결할 수 있습니다.

첫 번째는 초심자들이고, 두 번째는 조금 발전한 사람들이고, 세 번째는 완전하게 훈련된 사람들입니다.

우선 초심자들은 정신적인 일을 하는 동안에도 순간순간 하느님께 정신과 마음이 향하는 것을 자주 경험할 수 있고, 입술로는 짧은 기도를 되풀이할 수 있습니다. 그리고 약간의 진전을 보인 사람들과 내면적으로 안정된 사람들은 기도의 기초인 '끊임없는 하느님 현존의 인식' 속에서 묵상하거나 글을 쓸 수 있습니다.

예를 들어서 설명해 드리겠습니다. 아주 무섭고 엄한 왕이 한 남자에게 자신 앞에서 난해한 주제에 관한 글을 쓰라고 명했다고 상상해 보십시오. 그 남자는 온 힘을 다해 글쓰기에 완전히 몰두하더라도, 자신의 목숨을 좌지우지할 수 있는 왕의 존재를 한순간도 잊지 않을 것입니다. 오히려 그는 글을 쓰는 동안에도 왕에 대한 특별한 공경과 존경, 예절을 나타내야 한다는 것을 계속 염두에 둘 것입니다. 이 이야기는 실질적인 인식이 필요한 지적인 일을 하는 동안에도 끊임없이 내면의 기도를 할 수 있다는 것을 명확하게 보여 줍니다.

오랫동안 기도하여, 기도가 습관이 된 사람들이나 하느님의 자비를 입은 사람들은 정신의 기도에서 발전하여 마음의 기도에 다다릅니다. 그들은 심오한 정신적인 일을 하거나 심지어 잠자는 동안에도 끊임없는 기도를 멈추지 않습니다. 많은 현자들은 "나는 잠들었지만 내 마음은 깨어 있었습니다." (아가 5,2 참조) 하고 말했습니다. 이렇게 마음으로 하는 기도의 방법을 성취한 많은 사람들은 신성한 이름을 부르는 방법을 터득하여 저절로 기도하도록 자신을 일깨울 것입니다. 그래서 어떤 상황에서 기도하더라도, 또 아무리 지적인 활동에 몰두하더라도, 자신의 영혼이 끊임없는 기도로 충만해지도록 자신을 움직일 것입니다.

사제 장상 신부님, 저도 한 가지 여쭈어 보고 싶은 것이 있습니다. 신부님이 읽어 주신 글에서는 우리가 드리는 기도가 아무리 보잘것없어 보여도 구원에 이르는 유일한 수단이며, 그 완성은 '끊임없는 기도'에 있다고 강조합니다. 하지만 저는 잘 이해가 되지 않습니다. 제가 하느님의 이름을 입술로만 끊임없이 부르면서 제가 말한 것에 주의를 기울이지 않고, 제가 말한 것을 이해하지 못한다면 무슨 소용이 있겠습니까? 그것은 단지 헛된 반복에 불과할 것입니다. 그리고 이렇게 하는 기도는 오히려 묵상에 방해가 되어, 마음이 더욱 혼란스러워질 것입니다.

하느님께 드리는 기도는 문구가 중요한 것이 아니라, 신실한 정신과 순수한 마음으로 기도했는지가 더 중요하다고 봅니다. 짧게 기도하거나, 심지어 드물게 하더라도 정해진 시간에 억지로 기도하는 것보다는 관심, 열정, 따뜻한 마음, 적절한 이해를 가지고 기도하는 것이 더 낫지 않겠느냐는 것입니다. 그렇지 않다면 비록 우리가 밤낮으로 기도할지라도 헌신적인 일을 수행한 것이 아니며, 구원을 위한 일을 한 것도 아닐 테니까요. 저는 우리가 단지 외적인 형태에만 치우친 것이 아닌지 우려됩니다. 결국 그로 인해 기도를 하면서도 우리의 믿음은 점점 작아지고, 급기야 기도를 포기하게 될 테니까요.

성경에도 입으로만 하는 기도는 헛되다고 나와 있습니다. 이러한 구절들은, 외적인 형태에 의존하는 기도는 부주의한 기도가 될 수 있다는 것을 보여 줍니다. "이 백성이 입술로는 나를 공경하지만 그 마음은 내게서 멀리 떠나 있다."(마태 15,8), "나에게 '주님, 주님!' 한다고 모두 하늘 나라에 들어가는 것이 아니다."(마태 7,21), "교회에서 신령한 언어로 만 마디 말을 하기보다, 다른 이들을 가르칠 수 있게 내 이성으로 다섯 마디 말을 하고 싶습니다."(1코린 14,19)

장상 신부 입으로 암송하는 기도가 끊임없이 나오도록 노력하지 않으면, 그 기도가 저절로 나오게 할 수 없습니다. 끊임없이 기도를 해도 기도 자체에 집중하여 열망에 이르지 못한다면, 자신의 머릿속에 생각이 너무 많아 복잡하지는 않은지 돌아봐야 합니다. 그리고 이제까지 기도를 얼마나 자주, 오래, 끊임없이 했는지 등을 성찰해 봐야 합니다. 이에 대해 한 영성 작가는 빈번한 기도의 위대한 가치와 결실을 이렇게 강조했습니다.

"소위 유식하다는 사람들 중에는 기도를 헛되게 여기는 이들이 많고, 심지어는 하찮게 여기거나 단순한 사람들의 생각 없는 기계적인 행동이라고 생각하기도 합니다. 그러나 불행히도 그들은 습관적이고 반복적인 실천이 어떤 결과로 나타나는지 모릅니다. 즉, 그들은 입술로 하는 기도가 어떻게 마음의 진정한 호소로 변화되고 마음속 깊이 자리 잡아, 자연스러운 기도가 되는지, 나아가 우리 영혼을 풍성하게 하고 깨달음을 주며, 하느님과 하나 되게 하는지 알지 못합니다."

빈번한 기도에 대해 비판적인 사람들은 처음 글을 배우는 아이들과 같습니다. 아이들은 공부에 싫증을 내며 "하루 종일 연필로 종이 위에 철자를 되풀이하며 쓰는 것보다 아버지처럼 낚시나 하러 가는 것이 낫지 않을까요?" 하고 투덜거립니다. 아이들은 글자를 계속 쓰는 지루한 연습을 하지 않으면 읽고 쓰는 능력을 얻을 수 없다는 것, 그리고 그 능력이 매우 가치 있는 것이며, 그 능력을 통해 즐거움까지 느낄 수 있다는 것을 알지 못하기 때문입니다.

마찬가지로 하느님의 이름을 쉬지 않고 순수하게 부르는 것은, 그 기도의 결과와 기도의 위대한 가치에 대해 모르는 사람들에게는 하나의 비밀인 셈입니다. 그런 사람들은 자신들의 미숙하고 근시안적인 이성으로 믿음의 행동을 평가합니다. 그래서 인간이 두 가지 본성을 가지고 있고, 이 두 가지 본성이 서로에게 영향을 준다고 말하는 이도 있습니다. 그러나 그것은 인간이 육신과 영혼으로 창조되었음을 망각한 것이지요.

왜 신부님은 영혼을 순수하게 하고자 할 때 몸을 깨끗이 하고 단식을 합니까? 그것은 깨끗해진 몸이 영혼의 깨달음을 돕는 수단이 되도록 하기 위해서입니다. 육체의 단식은 내적인 완전함과 덕을 수행하고자 하는 의지를 되새기게 합니다. 그리고 육체의 단식을 통해 내적으로 정신을 정화하고 마음의 평화를 달성할 수 있다는 것을 경험으로 깨닫게 됩니다. 따라서 외적인 단식으로 내적이고 영적인 이익을 얻는 것입니다.

입술로 쉬지 않고 하는 기도도 이와 같은 방식으로 이해해야 합니다. 즉, 지속적인 기도로 내적인 기도를 이끌어 내고 하느님과의 정신적인 일치를 촉진시키는 것입니다.

이러한 외적인 기도의 노력이 내적인 기도에 비해 중요하지 않다고 보는 것은 이해의 부족으로 인한 어리석은 생각입니다. 그러나 쉬지 않고 하는 기도를 경험해 본다면 그 중요성에 관해 명확하게 알 수 있습니다.

예수 그리스도의 이름을 끊임없이 부르는 것, 즉 '예수 기도'를 실천하기로 결심한 사람들은 먼저 자신의 게으름과 투쟁해야 합니다. 결국에는 입과 혀가 저절로 기도하는 능력을 얻어 심지어는 어떠한 노력을 하지 않아도 저절로, 그리고 소리를 내지 않고도 기도하게 됩니다.

그와 동시에, 온몸도 기도에 자연스럽게 적응이 되어 오히려 기도를 멈출 때마다 뭔가 부족한 것처럼 느끼게 됩니다. 그것은 순서대로 일어나는 일인데, 그의 정신이 외치기 시작하면 입에서 무심결에 기도를 시작하게 되는 것입니다. 그리고 끊임없는 기도를 하면 참된 은혜를 선물로 받는다는 것을 깨닫게 됩니다.

분명히 말하면, 어떠한 노력도 하지 않으면서, 내적인 기도 자체를 이해하지 못하는 사람들이 기도하는 것과는 반대의 결과를 얻게 됩니다.

신부님이 반론하셨던 것을 성경 구절과 관련시켜 보면, 이렇게 설명할 수 있습니다. 성경에는 하느님께 입으로만 드리는 경배나 겉치레만 차린 경배, 또는 "주님, 주님" 하고 말로 외치기만 하는 그릇된 모습들이 나옵니다.

예를 들어 바리사이들이 입으로만 하는 기만적인 믿음은 그들의 양심을 조금도 바르게 하지 않을뿐더러 예수님은 그러한 양심의 존재 자체를 인정하지도 않으셨습니다. 이러한 일들은 예수님이 바리사이들에게 직접 말씀하신 것입니다.

바리사이들이 기도에 대해 언급하지 않는 데 비해, 예수님은 기도하는 것에 대해 직접적이고 명백하게, "너희들은 믿음이 약해지지 않도록 항상 기도하라."(루카 22,40 참조) 하고 말씀하셨습니다.

이와 비슷하게 바오로 사도는 교회 안에서 생각 없이 말하거나, 이상한 언어나 방언으로 말하기보다는 이해할 수 있는 몇 마디 말을 하는 것이 낫다고 했습니다. 바오로 사도는 특별히 기도에 관한 것뿐만 아니라 일반적인 가르침에 대해서도 말하는 것입니다. "성을 내거나 말다툼을 하는 일 없이, 어디에서나 거룩한 손을 들어 기도하기를 바랍니다."(1티모 2,8), "끊임없이 기도하십시오."(1테살 5,17)

이제 쉬지 않고 열렬하게 하는 간단한 기도가 얼마나 큰 결실을 주는지 깨달으셨습니까? 그리고 이러한 기도를 이해하기 위해서는 성경을 정확하게 해석해야 한다는 것도 알게 되셨는지요?

순례자 신부님, 저는 아주 무지하고 따로 교육을 받은 적이 없으면서도, 심지어는 집중이 무엇인지 모르면서도, 입으로는 끊임없이 '예수 기도'를 하는 사람들을 많이 봐 왔습니다. 저는 그들의 입과 혀가 기도를 그칠 수 없는 단계에 이르렸다는 것을 알았습니다. 그 기도는 그들에게 행복과 깨달음을 주었고, 약하고 태만한 사람들을 교부들과 같은 미덕의 승리자들로 변화시켰습니다.

장상 신부 다시 말해, 기도가 사람을 다시 태어나게 한 것이지요. 기도의 힘은 엄청난 것이어서, 어떠한 고통도 물리칠 수 있습니다. 여러분이 좋다고 하시면, 제가 짧지만 흥미로운 글을 읽어 드리겠습니다.

기도의 힘

기도는 매우 강력한 힘을 지녔습니다. 그래서 기도는 당신이 올바르고 정당한 행동을 하도록 이끌어 줍니다. 하느님은 당신이 하느님께 사랑을 드리는 것을 가장 기쁘게 여기십니다. 이에 대해 아우구스티노 성인도 "사랑하십시오. 그리고 여러분이 하고자 하는 것을 하십시오. 왜냐하면 여러분에게 진실로 사랑하는 사람이 있다면, 여러분은 상대방이 기뻐할 만한 행동을 할 것이기 때문입니다."라고 말했습니다.

기도는 마음에서 흘러나오는 사랑의 실천입니다. 따라서 구원을 위해서는 끊임없는 기도보다 더 중요한 것은 없습니다. 기도하십시오. 그리고 당신이 하고자 하는 것을 하십시오. 그러면 당신은 기도의 목표에 이르게 될 것이고, 기도로 성스러움과 깨달음을 얻게 될 것입니다. 기도를 실천할 때 기억해야 할 사항들을 들어 보겠습니다.

1. 기도하십시오. 그리고 당신이 하고자 하는 것을 생각하십시오.

시나이의 그레고리오 성인은 "당신의 생각은 기도로 정화될 것이고, 기도는 당신에게 깨달음을 가져다줄 것이며, 모든 잘못된 생각들을 없애 버릴 것입니다."라고 말했습니다. 또한 성인은 "당신이 잘못된 생각들을 떨쳐 버리고 마음을 정결하게 하고 싶다면, 기도로 그 생각을 떨쳐 버리십시오." 하고 충고했습니다. 왜냐하면 어떤 것도 기도만큼 생각을 조절할 수는 없기 때문입니다. 요한 클리마코 성인도 "예수님의 이름으로 당신의 마음속에 있는 적을 이겨 내십시오. 마음의 적과 싸우는 데 이보다 더 좋은 무기는 없습니다."라고 말했습니다.

2. 기도하십시오. 그리고 당신이 하고자 하는 것을 하십시오.

당신의 행동은 하느님을 기쁘게 해 드리고, 또한 자신에게도 유익할 것입니다. 쉬지 않고 드리는 기도는 어떤 형태로든 결실을 맺습니다. 성경에도 "주님의 이름을 받들어 부르는 이는 모두 구원을 받으리라."(사도 2,21)라고 나온 것처럼 기도에는 은총의 힘이 있기 때문입니다.

3. 기도하십시오. 그리고 당신 혼자서 당신의 죄를 극복하려고 애쓰지 않도록 하십시오.

기도는 당신 마음속의 죄들을 없애 버릴 것입니다. "왜냐하면 여러분 안에 계시는 그분께서 세상에 있는 그자보다 더 위대하시기 때문입니다."(1요한 4,4 참조) 또한 요한 카르파티스키 성인은 "만약 당신에게 자기 절제의 능력이 없다면 낙담할 것이 아니라, 당신이 열심히 기도하기를 하느님이 원하신다는 것을 깨닫고 기도하십시오. 그러면 그 기도가 당신을 구원할 것입니다."라고 가르쳤습니다.

《교부들의 삶》이란 책에는 어느 수도원의 장상 신부가 죄에 빠졌지만 절망하지 않고, 더욱 기도에 전념하여 기도로 다시 평정을 되찾는 이야기가 나옵니다. 이는 우리가 왜 계속 기도해야 하는지 알려 주는 이야기입니다.

4. 기도하십시오. 그리고 아무것도 두려워하지 마십시오.

어떠한 불행이나 어려움도 두려워하지 마십시오. 기도는 당신을 보호해 주고, 불행과 어려움을 막아 줄 것입니다. 믿음이 없어서 물에 빠졌던 베드로 사도와 감옥에서 기도했던 바오로 사도, 그 밖의 이와 비슷한 경우를 떠올려 보십시오. 그것은 '예수 그리스도'의 이름으로 하는 기도의 힘과 능력을 보여 주는 좋은 예들입니다.

5. 어떠한 형태로든지 기도하십시오.

항상 기도하고 그 어떤 것에 의해서도 방해받지 마십시오. 영적으로 활기차고 평화로운 마음을 갖도록 하십시오. 기도는 모든 것을 정화시키고 당신을 인도할 것입니다. 요한 크리소스토모 성인과 은수자 마르코 성인이 기도의 힘에 대해 하신 말씀처럼 비록 죄로 가득한 우리가 올리는 기도일지라도, 그 기도는 우리를 그 즉시 깨끗하게 합니다.

마르코 성인은 이렇게 말했습니다. "어떻게든 기도하는 것은 우리의 능력에 달린 것이고, 순수하게 기도하는 것은 하느님 은총의 선물입니다." 그러므로 당신은 당신이 할 수 있는 어떤 형태로든지 기도드리면 됩니다. 처음에는 당신의 능력 안에 있는 것을 하느님께 드리십시오. 그러면 하느님은 당신의 약함에 힘을 부어 주실 것입니다. "메마르고 산만한 기도라도 쉬지 않고 계속하면 하나의 습관이 되며, 제2의 본성이 되어 순수하고 눈부시게 빛나고, 가치 있는 기도로 변화될 것입니다."

장상 신부 자, 이제는 현자들의 심오한 생각을 아시겠습니까? "사랑하십시오. 그리고 여러분이 하고자 하는 것을 하십시오." 이 얼마나 나약함과 욕망의 짐을 지고 신음하는 모든 죄인에게 편안함과 위안을 주는 말씀입니까!

기도는 우리의 구원을 위한 방법이며, 우리 영혼을 성장시켜 완성으로 나아가기 위해 필요한 도구입니다. 끊임없는 기도는 하느님의 명령입니다. 기도를 쉬지 않고 계속하면 효과적인 결실을 보게 됩니다. 자주 기도하려고 노력하는 것은 우리의 의지에 달려 있지만, 정결한 마음, 기도에 대한 열정, 기도의 완성은 하느님 은총의 선물입니다.

그러므로 우리는 할 수 있는 한 자주 기도해야 합니다. 비록 처음엔 산만할지라도, 꾸준히 기도하면 더 깊은 신앙생활을 하게 될 것입니다. 또한 우리가 쉬지 않고 기도하면 집중력을 갖게 됩니다. 이처럼 기도의 양적인 면의 확대는 기도의 질적인 면의 확대로 이어질 것입니다. 한 영성 작가가 한 말을 기도에 빗대어 생각해 보면 좋을 것입니다. "당신이 만약 무엇인가 배우려고 한다면 그것을 가능한 한 자주 해야 합니다."

순례 동반자 진정으로 기도하는 것은 위대한 일이며, 쉬지 않고 열심히 기도하는 것은 은총의 보물 창고를 여는 열쇠입니다. 그러나 저는 열정과 태만 사이에서 자주 갈등합니다. 저의 열정이 승리하고, 끊임없는 기도로 제 자신을 일깨우는 길을 찾는다면 저는 너무도 행복할 것입니다.

장상 신부 그래서 많은 영성 작가들은 쉬지 않고 기도하도록 돕기 위해 이렇게 조언합니다.

첫째, 영혼의 구원을 위해 기도의 필요성, 기도의 위대함, 기도의 결실에 대한 생각들로 여러분의 머리가 가득 차게 하십시오.

둘째, 하느님은 여러분의 기도를 원하시고, 여러분이 어디에서나 기도하기를 바라신다는 것을 확신하십시오.

셋째, 여러분이 기도에 태만하고 부주의하다면, 다른 헌신적인 행동을 한다고 해도 아무런 발전을 할 수 없고, 평화와 구원도 달성할 수 없다는 점을 항상 기억하십시오.

넷째, 성인들은 끊임없는 기도를 통해 성스러워지고 구원을 이루었습니다. 그분들을 보면서 여러분도 그렇게 되리라 굳게 결심하십시오.

그러나 여전히 나태함에 병들고 쾌락을 따르는 영혼은, 이러한 여러 가지 방법을 알게 되더라도 좀처럼 결실을 보기 힘듭니다.

그리스도인으로서 자주, 열심히 기도해야 한다는 것, 하느님은 우리가 기도하기를 바라신다는 것, 우리가 기도에 태만하다면 마땅히 벌을 받아야 한다는 것, 마지막으로 모든 성인이 열심히, 끊임없이 기도해 온 것을 모른다면 그리스도인답지 못한 사람입니다. 하지만 이 모든 지식을 안다고 하더라도 좋은 결과를 얻기가 얼마나 힘듭니까? 모든 사람은 자기 이성의 방향과 의식에 따라 살지 못하기 때문에 태만한 삶을 살게 되는 것입니다.

그래서 의지가 약하고 즐거움을 좋아하는 인간의 본성을 잘 아는 교부들은 마치 의사가 쓴 약에 꿀을 타서 주는 것처럼 그들의 지혜로 가르침을 주었습니다. 교부들은 기도를 완성시키고 하느님의 사랑을 얻기를 바라는 이들에게 기도에 대한 무관심과 게으름을 없애는 가장 쉽고 효과적인 방법들을 가르쳐 주었습니다.

교부들은 가능한 한 자주 자기 영혼의 상태에 대해서 명상하기를, 또한 자신들의 가르침을 주의 깊게 듣기를 충고합니다. 또 내적 기도에서 기쁨을 얻는 것이 얼마나 쉬운지, 그리고 얼마나 위대한지에 대해 분명하게 설명합니다. 마음에서 우러나오는 기쁨, 따뜻함, 넘치는 빛, 형언할 수 없는 열정, 편안함, 심오한 평화, 축복의 결정, 행복한 만족 등은 모두 내적 기도의 결과입니다.

내적 기도로 자신을 가득 채우면, 약하고 차가운 영혼에 불이 붙고 강해집니다. 그래서 기도의 성공을 목표로 기도를 실천하게 되는 것입니다. 니네베의 이사악 성인은 이렇게 말했습니다. "기쁨은 영혼에 대한 매력이고 마음에 피어나는 희망이며, 그러한 희망으로 명상하면 행복해진다. 이러한 기도 훈련에는 기도의 방법을 익히려는 열정과 기도의 완성을 향한 희망이 전제된다. 이 두 가지는 기도할 수 있도록 기초를 다져 주고, 기도의 목표를 이루도록 노력하게 하므로, 기도 훈련에 도움이 된다."

이와 유사한 방식으로, 이시키 성인은 기도 생활을 방해하는 나태를 극복하고, 기도 생활을 새롭게 하기 위해 잘못된 인식을 없애야 한다면서 이렇게 말했습니다. "우리는 영혼의 즐거움과 기쁨을 위해서 마음의 고요함을 추구합니다." 이 말을 통해 이시키 성인은 기도의 열정에 대한 보상으로 즐거움과 기쁨이 주어진다고 생각했다는 것을 알 수 있습니다.

이집트의 마카리오 성인은 우리의 영적인 노력, 즉 기도는 반드시 열매를 맺는 데 그 목적과 희망을 두어야 한다고 가르쳤습니다. 그 열매는 바로 우리 마음의 기쁨입니다. 이러한 기도의 기쁨에 대해 《자애록》에서는 여러 부분에서 자세히 다루고 있습니다. 따라서 기도의 나태함이나 메마름과 싸우고 있는 사람이라면 가능한 한 자주 《자애록》을 읽어야 합니다. 동시에 자신은 이러한 즐거움을 누리기에는 부족하다는 겸손한 자세로, 소홀히 기도했던 지난날을 반성해야 합니다.

사제 혹시 자기 영혼 상태에 대해서 자주 명상하면, 경험이 없는 사람들은 '영적인 자만'으로 빠지지 않을까요? 몇몇 신학자가 말한 것처럼, 저는 우리의 영혼이 지나친 위안과 은총의 달콤함을 탐욕스럽게 추구하는 것 같다고 봅니다. 특히 보상을 바라지 않고서 자신의 의무와 책임을 수행하려는 마음이 없는 듯합니다.

순례 동반자 저는 신학자들의 그러한 말이 영적 행복에 대한 지나친 탐욕을 경고하는 말이라고 생각합니다. 하지만 기도를 통해 얻는 덕에서 기쁨과 위로를 완전히 배제한 것은 아니라고 생각합니다. 왜냐하면 하느님께서도 사람들이 보상과 위안에 대해 생각하는 것을 금지하지 않으셨고, 도리어 사람들이 당신의 계명을 이행하고 완전하게 달성하도록 자극하는 데에 보상의 개념을 사용하셨기 때문입니다.

"네 부모를 공경하라."라는 명령은 그 명령의 수행을 자극하기 위해 다음과 같은 보상을 전제로 합니다. "그러면 너는 잘될 것이다. 네가 완전하고 싶다면 가서 네가 가진 모든 것을 버리고 나를 따르라." 여기에서 하느님은 완전을 요구하셨고, 즉시 주어질 보상을 말씀하시면서, 완전을 성취하도록 유도하셨습니다.

또한 특별한 힘과 흔들리지 않는 영적 완성을 얻기 위해 어떤 일을 해야 하는지를 알려 줍니다. "그러므로 하늘에 보물을 쌓아라."(마태 6,20), "사람들이 너희를 미워하면, 그리고 사람의 아들 때문에 너희를 쫓아내고 모욕하고 중상하면, 너희는 행복하다!"(루카 6,22) 그리고 이를 유도하기 위해서 커다란 보상과 위로가 마련되어 있음도 알려 줍니다. "너희가 하늘에서 받을 상이 크다."(루카 6,23) 이 말은 영혼에 특별한 힘을 일으키고 유지하게 합니다.

이러한 이유에서 저는 '마음의 기도'를 할 때 기쁨을 얻고자 하는 바람이 있다면, 그러한 바람은 끊임없는 기도를 하도록, 나아가 기도를 통해 성공을 얻는 도구로 쓰일 수 있다고 생각합니다. 따라서 저는 이 주제에 대한 장상 신부님의 실용적인 가르침에 동의합니다.

장상 신부 위대한 신학자 이집트의 마카리오 성인은 이에 대해서 아주 명료하게 말했습니다. "당신이 포도나무를 심을 때는 포도 수확을 목적으로 일을 한 것이다. 그렇지 않다면 그 노동은 쓸모가 없다. 마찬가지로 당신이 기도에서 사랑, 평화, 기쁨 등의 영적 열매를 찾지 못한다면 당신의 노력은 쓸모가 없다. 그러므로 영적 노력, 곧 기도는 우리 마음의 위로와 기쁨이라는 열매를 얻으려는 목적과 희망 속에서 행해야만 한다."

이제 교부들이 기도의 즐거움이 왜 필요한지에 대해 얼마나 명료하게 대답해 주는지 아시겠지요?

사실 최고의 기도는 자연스러운 기도입니다. 그 자연스러움으로 향하는 것이 기도의 주된 목적이기 때문이지요. 따라서 제 생각에, 이러한 자연스러움에 대한 연구는 끊임없이 기도하기 위한 강력한 동기가 될 수 있고, 이것이 바로 형제님이 열렬히 찾는 것이 아닌가 합니다. 이에 대해 제가 얼마 전에 읽은 영성에 관한 글이 생각나는군요. 제가 그 책에서 주의 깊게 보았던 몇 가지를 정리해 보겠습니다.

예를 들면, 그 책의 저자는 이성과 본성이 하느님을 알게 하는 지식으로 인도한다고 말했습니다. 이성은 원인이 없이는 어떤 작용도 하지 않습니다. 따라서 이성은 만질 수 있는

낮은 곳에서 점점 높은 곳으로 가는 사다리를 올라가서 마침내 제일 처음의 원인, 즉 하느님을 찾습니다. 본성은 하느님의 경탄할 만한 지혜, 조화, 질서, 단계 등을 보여 주어, 사다리를 통해 유한에서 무한으로 갈 수 있음을 깨닫게 해 줍니다. 이를 통해 인간은 자연스럽게 하느님을 알게 되는 것입니다.

사실 인간이라면 누구나, 심지어 원시 인류조차도 하느님을 느끼고 생각합니다. 그 결과, 외부의 영향을 받지 않는 외딴 섬의 주민이라도 자연스럽게 하늘을 응시하며 무릎을 꿇고, 자신을 위로 당기는 어떤 존재에 대한 느낌을 받습니다. 바로 이러한 경험을 토대로 모든 자연 종교(자연 발생의 원시 종교)가 생깁니다. 이와 관련하여 매우 주목할 만한 것은 자연스러운 기도가 모든 종교의 핵심이라는 것입니다. 이러한 기도는 다소 거칠고 다듬어지지 않아서, 이방인들의 몰이해로 인해 왜곡되기도 하지만, 영성의 한 형태를 잘 보여 줍니다.

이처럼 우리가 자연스러운 기도를 향하게 되는 이유는 무엇일까요? 심리학에서는 인간이 본질적으로 자아를 사랑한다는 점을 바탕으로 인간의 모든 열정과 행동이 자아에 뿌리를 두고 있기 때문이라고 봅니다. 인간이 하는 모든 일과 행동, 갖고 있는 소망들은 자신의 행복을 추구하고, 그로써 자아 사랑을 채우려는 목적을 이루기 위함이라는 것이지요. 그 목적을 이루고 만족에 다다르기 위해 인간은 평생을 노력합니다.

그러나 인간은 쉽게 만족하지 않습니다. 오히려 욕망은 계속 커져만 가고, 그에 따라 행복을 성취하기 위한 더 많은 노력이 요구됩니다. 그런데 이러한 내적 감정과 욕망이 커질수록 인간은 오히려 자연스럽게 기도하게 됩니다. 어려움을 이기고 원하는 것을 얻고자 하는 마음으로 인해 저절로 기도하게 되는 것입니다. 인간이 작은 행복을 얻게 되면, 그다음에는 더 큰 행복을 추구하게 되어 더욱더 기도하게 됩니다. 그러므로 본질적인 자아 사랑은 행복한 인생을 만들어 가는 주된 요소이자, 기도하게 만드는 강력한 원동력인 것입니다. 이를 두고 교부들은 전지전능한 창조주가 인간이 자아를 사랑하도록 만드신 것은, 타락한 인간을 천상으로 끌어올리는 '자극제'로 쓰시기 위한 것이라고 말했습니다.

아! 우리 인간이 그 능력을 망가뜨리지만 않았어도, 아니면 그 탁월함을 그대로 하기만 했더라면, 우리의 영적 본성은 우리를 높은 경지에 올려 도덕적으로 완성시키는 강력한 동기이자 효과적인 수단이 되었을 것입니다. 하지만 인간은 이 고귀한 능력을 동물적 본성의 도구로 전락시켜 버리는 일을 수없이 저질렀습니다.

마지막 대담

그 후로도 우리는 많은 대화를 나누며 영적 성숙을 위해 노력했고, 하느님 안에서 친교를 맺었습니다. 그리고 다시 떠날 시간이 되었습니다.

순례자 이제 더 이상 여행을 지체할 수 없습니다. 그래서 떠나기 전 마지막 인사를 드리려 합니다. 그리고 여러분께서 저희를 위해 기도를 많이 해 주시길 부탁드립니다.

순례 동반자 장상 신부님과의 만남은 저희에게 대단한 선물이었고, 수사님들과의 영적 대화는 너무나도 즐거운 시간이었습니다. 그리스도의 사랑 안에서 그동안의 우정과 이 모든 일을 가슴속에 간직하며 이만 떠나겠습니다.

장상 신부 앞으로도 저를 기억해 주신다니 정말 감사합니다. 형제님들이 저희 수도원에 오신 시기가 마침 좋았습니다. 오늘 평소에 저와 알고 지내던 수사님과 숲속에서 25년간 침묵하며 산 은수자님도 오셨는데, 좋은 만남을 위해 그분들도 이 자리에 모셨습니다.

순례자 고요한 삶은 얼마나 큰 축복입니까! 하느님과 단절되지 않은 일치감 속에 영혼을 두는 것은 또 얼마나 좋은 일인지요! 고요한 숲속은, 기도하는 은수자의 마음에서 자라는 기쁜 생명나무가 있는 에덴 동산입니다.

순례 동반자 저희는 어느 정도 떨어져서 보기 때문에 모든 것이 좋아 보입니다. 그러나 모든 일에는 장점과 함께 단점도 있기 마련입니다. 만약에 어떤 사람이 우울하고 침묵하는 것을 좋아한다면 은수자의 삶은 그에겐 편안함을 줄 것입니다. 물론 그 길에 많은 위험도 있겠지요. 예를 들면 자기기만이나 유혹 같은 것들 말입니다.

은수자 저는 신앙심이 깊은 가정뿐만 아니라 하느님을 두려워하는 신자까지도 은수 생활과 내적 기도를 잘못하면 유혹에 빠지게 될 것이라는 잘못된 생각을 하는 이들이 많다는 것을 알고 정말 놀랐습니다. 이러한 생각을 하는 사람들은 그들 자신뿐만 아니라 다른 사람들까지 내적 생활을 하지 못하도록 방해하는 것입니다.

제가 생각하기에 그런 경향이 생기는 것은 두 가지 원인 때문입니다. 첫째로 영적인 깨달음의 부재로 기도의 임무를 이해하지 못하기 때문입니다. 둘째로 자신이 명상으로 얻는 것에 대해서는 무관심하면서, 다른 사람들이 명상으로 무엇인가를 얻는 것은 질투하기 때문입니다. 이와 관련하여 교부들은 하느님의 부르심에 대해 어떤 두려움이나 의심을 갖지 말아야 한다고 가르치는데도, 사람들이 그러한 가르침을 새겨듣지 않는 것은 대단히 안타까운 일입니다.

만약 어떤 사람이 정말로 자기기만과 유혹에 빠졌다면 그것은 자만심, 스승의 부재, 현실적 의지의 부족과 공상의 결과입니다. 물론 시험은 있겠지만, 계속해서 노력한다면 영광을 경험하고 왕관을 받게 될 것입니다. 왜냐하면 시험의 때에 하느님께서 즉시 우리를 보호하실 것이기 때문입니다. 예수님은 "내가 언제나 너와 함께 있겠다." 하고 말씀하셨습니다 (마태 28,20 참조). 그러므로 영적 생활이 자기기만의 위험성이 있다는 핑계로 두려워하고 경계하는 것은 잘못된 행동입니다. 오히려 자기 죄를 인식하고, 영혼의 인도자 앞에서 자신을 열며, '무無형식'의 기도를 드리는 것은 사람들이 두려워하는 유혹에 대한 가장 강력하고 안전한 방어를 실천하는 것입니다.

그러나 시나이의 필로테오 성인의 말씀처럼 명상을 두려워하는 사람은 종종 자기기만에 빠집니다. 이에 대해 성인은

"많은 수도자들이 악마의 손에서 고통받으며 자기 마음속의 환상을 알지 못한다. 그들은 이를 깨닫지 못하며 관상 기도에 대해 제대로 알지 못하기 때문에 '외적인 선행'에만 집중하고 '내적인 명상'에는 소홀히 한다."라고 말했습니다.

순례 동반자 질문 한 가지만 더 드리겠습니다. 자신의 죄를 의식하는 것은 자신의 영적 생활에 도움이 됩니다. 하지만 경험으로 이끌어 주고, 내적인 생활에 대한 고백을 들어 주는, 명확하고 신뢰할 만한 영적 스승이 없다면 어떻게 명상을 계속해 나갈 수 있을까요? 그런 상황이라면, 가르침 없는 명상을 계속하기보다는 하지 않는 편이 낫지 않을까요? 게다가 저는 어떻게 하느님의 현존 앞에서 완전한 '무형식'의 기도를 발견할 수 있는지 도무지 모르겠습니다. 그런 것은 자연스럽지 못한 것 같습니다. 왜냐하면 우리의 영혼은 형태가 없이는 아무것도 생각할 수 없기 때문입니다.

은수자 침묵 속에서 마음의 기도를 수행하려면 영성에 대한 경험과 지식을 가진 스승이나 장상의 지도가 필요합니다. 스승에게 자신의 마음을 열고, 내적인 훈련에서 얻은 체험과 생각들을 자주 말하면 영적 성장에 도움이 되기 때문이지요.

하지만 그러한 스승을 만나기 어려울 때는 어떻게 해야 할까요? 교부들은 다음과 같이 조언합니다.

"마음의 훈련을 할 때는 진정으로 여기에 대해서 잘 아는 스승이 필요하다. 그런 스승이 가까이 없다면, 열심히 찾아 나서야 한다. 그래도 찾지 못한다면, 하느님께 회개하는 마음으로 도움을 청하고, 교부들의 말씀에서 가르침을 찾아내고, 성경에 있는 하느님의 말씀에서 그러한 가르침을 다시 확인해야 한다."

그런데 여기서 반드시 짚고 넘어가야 할 것은, 선한 지향과 열정을 추구하는 사람은 평범한 사람들의 가르침에서도 유익한 교훈을 얻을 수 있다는 사실입니다. 믿음과 올바른 지향을 가진 사람은 이교도에게도 가치 있는 교훈을 얻을 수 있으나, 믿음과 올바른 지향이 없는 사람은 예언자에게 가르침을 구해도 결코 만족하지 못할 것이라고 교부들은 말했습니다. 이집트의 마카리오 성인의 일화에서 그 예를 볼 수 있습니다. 성인은 우연히 평범한 마을 사람에게 어떤 말을 듣게 되었는데, 그 말을 듣고 그동안 고민하던 고통스러운 문제가 말끔히 해결되었다고 합니다.

이제 형식이 없는 기도에 대한 형제님의 질문에 대해 생각해 봅시다. 형식이 없는 기도는 무엇이며 왜 교부들이 이것을 옹호했는지 생각해 보십시오. 관상 기도 혹은 침묵 기도 중에 모든 종류의 환영과 빛, 성인, 천사, 그리스도의 환시 등을 보는 것을 피해야 합니다. 교부들은 이러한 환영이 마음속의 생각을 개인화하기 때문에, 경험이 없는 사람들은 그것들을 은총으로 보고 자기기만에 빠지게 된다고 강력하게 경고했습니다. 성경에서도 악마가 빛의 천사처럼 나타날 수 있다고 경고했습니다.

우리는 주님의 현존 안에서, 쉽고 자연스럽게 형식이 없는 기도를 계속할 수 있습니다. 우리의 마음에는 형상이 없는 것을 이해하고 집중할 수 있는 능력이 있기 때문입니다. 예를 들면, 형제님은 마음을 통해 자신의 영혼, 공기, 따뜻함, 차가움 등을 인식할 수 있고, 하느님의 보이지 않는 현존 또한 인식할 수 있는 것입니다.

순례자 저는 순례의 길에서 환영에 빠지는 것이 두려워 내적인 기도를 시도하지 못한다는 사람들을 만난 적이 있습니다. 저는 그들에게 도움을 주려고 《자애록》에 나온 시나이의 그레고리오 성인의 이러한 교훈을 읽어 주었습니다. "심장의 활동은 우리 마음의 따뜻함을 맹렬히 타는 불로 바꾸려 하거나, 마음의 기쁨을 육체적 쾌락으로 바꾸려는 적의 교활함을 눈치채게 한다. 이는 적의 속임수에 익숙하지 않은 사람들까지도 포함한다."

물론 불행히도 침묵과 심장의 기도에 대해서 알고 난 후, 오히려 장애물을 만나거나 침체에 빠진 사람들도 보았고, 그로 인해 내적인 활동을 포기한 사람들도 보았습니다.

순례 동반자 네, 제 주변에도 그런 사람들이 많았습니다. 심지어 저도 제가 산만해지거나 어떤 죄의식에 사로잡혔을 때 그러한 느낌을 경험합니다. 그래서 내적인 기도는 먼저 침묵 속에서 마음을 깨끗이 하고, 회개하는 등 충분한 준비를 한 후에 하도록 해야 합니다. 저는 하느님께 어둡고 분산된 마음에서 나오는 부주의한 기도를 드리는 것보다는 차라리 침묵하는 것이 낫다고 생각합니다.

수사 형제님이 그러한 결론에 이르셨다니 참으로 안타깝습니다. 낙담이나 실의는 어떠한 죄보다도 나쁘며, 어둠의 세력이 우리에게 사용하는 가장 강력한 수단입니다. 교부들의 생각은 형제님의 생각과 상당히 상반됩니다. 그들의 풍성한 경험을 통해 나온 가르침을 새겨들어 보세요.

스타테투스의 니키타 성인은 "당신이 지독한 악에 빠지더라도 절망하지 말고 빨리 하느님께 돌아오십시오. 그러면 하느님이 당신의 마음을 어루만져 주시고 전보다 더 강하게 해 주실 것입니다." 하고 말했습니다. 이것은 강한 태양의 빛으로 세균을 소독하고 냄새를 제거하는 일에 비유할 수 있습니다.

우리는 우리의 구원을 방해하는 적과의 싸움에서 우리 마음에 계시고 우리에게 생명을 주시는 주 예수님의 이름을 부르는 것을 결코 포기해서는 안 됩니다. 실의와 슬픔을 일으키는 우리의 죄스러운 행동들이 하느님의 현존과 내적인 기도에 다가가는 것을 막아서는 안 되고, 오히려 하느님께 신속하게 다가갈 수 있게 해야 합니다. 예를 들어, 막 걸음마를 배운 아기가 넘어졌다가 일어난다면, 곧바로 엄마에게 다가가 엄마를 더욱 세게 안을 것입니다.

은수자 저는 실의와 슬픔을 일으키는 산만한 생각들이 고요함에 집중하지 못한 마음에서 나온다고 생각합니다. 교부들은 하느님에 대한 신뢰와 고요함에서 실의를 이길 힘을 얻었으며, 그를 통해 실의를 이겨 내고 깨달음을 얻었습니다. 그들은 다음과 같은 현명한 조언을 합니다. "당신의 방에 조용히 앉아 있으십시오. 그러면 침묵이 모든 것을 가르쳐 줄 것입니다."

순례 동반자 저는 수사님(은수자)의 의견을 존중합니다. 또한 제 생각을 잘 분석해 주셔서 대단히 감사합니다. 수사님의 의견을 듣고, 수사님이 강조하신 침묵과 은수 생활의 유익함에 대해 말씀드리고 싶은 것이 있습니다.

하느님은 인간이 자연의 순리를 따르며, 서로 의지하고 도우며 함께 살아가도록 만드셨습니다. 인류의 공영과 이웃 사랑은 이런 사회적 관점에 기초합니다. 그런데 자신을 다른 사람들로부터 격리한 은수자는 어떻게 이웃에게 봉사하며, 나아가 인간 사회의 공동 이익에 기여할 수 있을까요? 오히려 은수자는 이웃 사랑에 대한 하느님의 순리에 어긋나는 것은 아닐까요?

은수자 형제님의 말씀은 잘 들었습니다. 하지만 침묵에 대한 형제님의 생각이 그릇되었기 때문에 그 결론 또한 맞지 않습니다. 그릇된 점을 하나하나 말씀드리겠습니다.

첫째, 고독 속에서 사는 사람은 게으르지 않습니다. 오히려 사회에서 사는 사람들보다 더 활동적입니다. 단지 고차원적인 활동을 하는 것이지요. 그는 지치지 않고 더 높은 도덕적인 존재가 되기 위해 노력합니다. 이것이 그들이 침묵을 지키는 진정한 목적입니다.

침묵은 은수자가 자신을 완성하는 데에도 도움이 되고, 도덕적 성장에 관심은 있으나 수도 생활을 할 기회가 없는 사람에게도 도움이 됩니다. 진정한 은수자는 자신의 내적 경험을 글을 통해서 또는 드물기는 하지만 말로써 동료나 이웃과 공유하여 그들의 영적 구원을 돕습니다.

은수자의 공헌은 소수의 사람에게만 도움이 되는 자선가의 자선보다 더 가치가 있습니다. 왜냐하면 도덕적 가치를 가르치고 영적인 풍성함을 공유하는 사람은 국가 전체를 위해 일하는 것이기 때문입니다. 우리가 《자애록》에서 볼 수 있듯이, 교부들의 경험과 교훈은 한 세대에서 다음 세대로 전해집니다. 그리고 그리스도의 사랑은 모든 것을 초월하기에, 그리스도를 위한 이러한 자선과 자비의 행동은 가장 높은 수준의 봉사입니다.

둘째, 은수자가 이웃에 미치는 유익하고 긍정적인 영향은 그가 내적 생활에 대한 지혜와 경험을 나누는 것에서 두드러집니다. 그뿐만 아니라, 은수자의 금욕적인 자기 부정의 삶 자체가 신앙심 깊은 평신도에게 모범이 되고, 그로써 헌신과 내적 성장의 삶에 대한 영감을 불러일으킵니다. 한 사람이 헌신적인 은수자에 대해서 듣거나 은수자가 사는 수도원을 지날 때, 그는 헌신적인 삶에 대해 생각하고, 또 인간이 어떻게 창조주의 손에 창조된 원래의 상태로 돌아갈 수 있을지를 생각하게 되는 것이지요.

침묵의 은수자는 침묵으로 가르침을 주고, 그의 삶 자체가 다른 이들에게 교훈이 되며, 사람들이 하느님을 찾도록 교화시키고 그들의 용기를 북돋아 줍니다.

셋째, 위에서 말한 유익한 점들은 깨달음을 얻고 하느님의 빛으로 반짝이는 진정한 은수자에게서 나옵니다. 그러나 만약 은수자가 세상의 빛이 될 수 있는 은총의 선물을 받지 못했거나, 그저 세상 사람들과의 관계에 관심이 없어서 은수 생활을 하는 것이라 할지라도, 다른 이들에게 나쁜 예가 되거나, 그로써 그들을 유혹으로 이끈 것이 아닙니다. 따라서 결국은 사회에 위대한 봉사를 하는 셈입니다.

니네베의 이사악 성인은 "우리가 저울의 한편에 우리 생애의 모든 행동을 올리고 다른 편에 침묵을 올린다면, 침묵이 훨씬 무겁다는 것을 알게 된다."라고 말하며, 은수하는 삶의 중요성을 강조했습니다.

세상에서 기적을 행하는 것은 침묵의 탁월성과 비교될 수가 없습니다. 세상의 굶주림을 해결하기 위해 노력하거나 하느님께 이끌기 위해 애쓰는 것보다 침묵의 고요함을 사랑하십시오. 형제님 자신을 죄의 굴레에서 자유롭게 하는 것이 노예에게 자유를 주는 것보다 형제님에게 좋은 결과를 줄 것입니다.

고대의 철학자들도 침묵의 가치를 알았습니다. 플로티노스가 이끄는 신플라톤주의 학파는 침묵으로 실현될 수 있는 관상의 내적 생활을 강조했습니다. 한 국가의 교육과 도덕이 가장 발전된 상태까지 도달했다 하더라도, 국민에게는 진실된 영성을 보존하고 또 다음 세대로 전해 주는 사람이 필요합니다. 바로 그런 사람들이 교회에서는 은수자와 수도자입니다.

순례자 저는 요한 클리마코 성인보다 침묵의 가치를 높이 평가한 분은 없다고 생각합니다. 성인은 "침묵은 기도의 어머니입니다. 침묵은 죄의 굴레에서 죄인을 풀어 주고 어느새 덕의 완성과 천국에 더 가깝게 인도합니다."라고 했습니다. 예수 그리스도 또한 자주 군중들을 떠나 고요히 기도하시며 고독의 가치를 우리에게 보여 주셨습니다. 명상하는 은수자는 끊임없는 기도로 교회의 경건함을 지탱하는 기둥입니다. 옛날에도 헌신적인 신자나 왕족, 또는 귀족이 은수자를 찾아가 기도와 가르침을 구했습니다. 그러므로 침묵 속의 은수자는 기도의 삶을 통해서 이웃과 사회에 유익한 봉사를 하는 것입니다.

순례 동반자 이해하기 어려운 것이 한 가지 더 있습니다. 그리스도인들은 종종 다른 이들에게, 특히 신심이 깊은 사람들에게 자신을 위해 기도해 달라고 부탁합니다. 그러나 이것은 자기만을 사랑하는 행동이거나 혹은 오래 생각하지 않고 그저 습관적으로 하는 행동이 아닐까요? 하느님은 인간의 중재 기도가 정말로 필요하실까요? 하느님은 우리가 바라는 대로가 아니라 당신의 섭리에 따라 모든 것을 다스리지 않으셨습니까? 성경에도 나와 있듯이 우리가 기도하기 전에 하느님은 이미 모든 것을 정하지 않으셨나요? 또한 많은 사람들의 기도가 한 사람의 기도보다 하느님의 뜻을 더 잘 바꿀 수 있을까요? 만일 그렇다면 하느님이 공정하지 않으신 것 아닐까요? 그리고 모든 사람이 저의 행동을 비난하더라도 몇몇 사람들이 저를 위해 한 기도가 저의 구원에 도움이 될까요? 제 생각으로는 다른 사람에게 기도를 부탁하는 것은 그저 종교적인 예의 때문에 하는 것으로, 서로를 기쁘게 해 주거나 존경심을 보여 주는 행위에 지나지 않는다고 봅니다.

수사 피상적으로 따져 보거나 혹은 세상의 철학으로만 생각한다면, 그러한 결론에 도달할 수 있습니다. 하지만 영적으로 보고 내적 생활에 의해 가르침을 받으면 더욱 깊이 있는 진정한 빛을 볼 수 있습니다. 그러면 형제님의 설명과는 완전히 다른 결론에 도달하게 되지요. 이것을 더 명확하고 빨리 이해할 수 있도록 예를 들어 설명하겠습니다.

한 학생이 선생님에게 가르침을 받는 상황을 생각해 보세요. 그 학생은 게으르고, 공부를 열심히 하지 않아서 학업 성적이 매우 낮았습니다. 그로 인해 그 학생은 불행했지만, 어찌해야 할지를 몰랐고, 어려움을 어떻게 극복해야 할지도 몰랐습니다. 그래서 그는 자신보다 더 유능하고 부지런한 친구에게 고민을 털어놓았습니다. 그러자 그 친구가 "우리 같이 공부하자. 그러면 더 쉽고 즐겁게 공부할 수 있으니 서로에게 좋을 거야." 하고 말했습니다. 그렇게 하여 그들은 같이 공부했고, 각자가 이해한 것이나 모르는 것들을 함께 나누었습니다.

그 결과 어떻게 되었을까요? 어느 정도의 시간이 지난 후에 게을렀던 학생은 부지런해졌고, 공부에도 흥미와 열정이 생겨 공부를 잘하게 되었습니다. 이러한 행동이 그의 성격과 도덕성에도 좋은 영향을 주었습니다. 그리고 그의 유능한 친구는 더 근면해져서 나중에 크게 성공했습니다. 그들은 함께 도와가며 서로 발전한 것이지요.

이것은 아주 자연스러운 일입니다. 왜냐하면 인간은 사회적 존재이며, 다른 이들을 통해 자신의 지적 능력을 발전시키기 때문입니다. 인간의 습관, 태도, 느낌, 열망 등은 다른 사람들과의 관계에서 나온 결과입니다. 이렇게 사람들은 서로에게 큰 영향을 미치기 때문에 어떤 사람들과 함께 산다는 것은 그들의 습관, 행동, 도덕성 등을 닮아 가는 것입니다. 결론적으로 긍정적인 성향의 사람들과 관계를 가짐으로써 무기력한 사람이 열정적인 사람이 되고, 아둔한 사람이 현명한 사람이 되며, 게으른 사람이 부지런한 사람이 되는 것입니다.

한 사람의 정신은 다른 사람에게 전달될 수 있습니다. 한 사람이 낙담했을 때, 다른 사람들이 그를 위해 기도하고 용기를 북돋아 주면, 그는 전보다 더 활달하게 활동할 수 있습니다. 이렇게 서로 도와 가면서, 더 헌신적이고 열정적인 사람이 된다면, 자신의 다른 일들도 더 쉽게 처리할 수 있습니다. 그리스도인들이 서로에게 늘 기도를 부탁하는 이유가 바로 여기에 있습니다.

여기서 우리는 사람의 기도가 하느님을 설득하는 것이 아니라, 기도의 영과 능력이 기도의 대상을 정결하게 하고 그 영혼을 깨우쳐 하느님과 하나 되도록 준비시키는 것을 알 수 있습니다. 살아 있는 사람들이 서로 기도해 주는 것이 이렇게 유익하다면, 이미 세상을 떠난 사람을 위한 기도도 영의 세계와 세상 사이에 연결 고리가 되므로, 서로에게 유익합니다.

기도를 드리면 기도하는 사람의 영혼이 천상의 영혼들과 하나가 됩니다. 즉 살아 있는 자와 죽은 자가 하나가 되는 것입니다.

지금까지 제가 말한 것은 심리학에 근거한 것이지만, 성경을 펼쳐 보면 이것이 사실이라는 것을 알 수 있습니다. 예수님은 베드로 사도에게 "그러나 나는 너의 믿음이 꺼지지 않도록 너를 위하여 기도하였다. 그러니 네가 돌아오거든 네 형제들의 힘을 북돋아 주어라."(루카 22,32) 하고 말씀하셨습니다. 그리하여 예수님의 기도가 베드로의 영혼을 강하게 하여, 그가 유혹을 받을 때에도 믿음을 유지할 수 있는 힘이 되었습니다.

또한 베드로 사도가 감옥에 갇혔을 때 그를 위한 기도가 이루어졌습니다. "그리하여 베드로는 감옥에 갇히고 교회는 그를 위하여 끊임없이 기도하였다."(사도 12,5) 우리는 여기서 기도가 불행한 상황에 빠진 사람들을 도울 수 있음을 알 수 있습니다.

하지만 이웃을 위한 기도에 대한 명확한 교훈은 다음과 같은 야고보 사도의 말에서 찾을 수 있습니다. "그러므로 서로 죄를 고백하고 서로 남을 위하여 기도하십시오. …… 의인의 간절한 기도는 큰 힘을 냅니다."(야고 5,16) 이처럼 의인이 하는 기도는 아주 유익합니다. 이제 성경을 바탕으로 위에서 내린 심리학적인 결론을 확실히 입증했습니다.

다른 사람들에게 기도를 부탁하는 예를 보여 준 바오로 사도의 가르침을 우리는 어떻게 생각해야 할까요? 여기에 대해 어떤 영성 작가는 서로를 위해 해 주는 기도가 각자에게 얼마나 필요한지를 바오로 사도가 가르쳐 준 것이라고 이야기합니다. 그리고 성스럽고 용기 있는 금욕 수도자도 다른 사람들의 기도를 통한 영적인 도움이 필요하다는 것을 인정합니다. '히브리인들에게 보낸 서간'에서 바오로 사도는 "우리를 위하여 기도해 주십시오. 우리는 모든 면에서 늘 올바로 처신하려고 하기에 바른 양심을 지니고 있다고 확신합니다."(히브 13,18) 하고 말했습니다.

이러한 바오로 사도의 태도를 볼 때 우리가 우리 자신의 기도와 성취에만 의존하는 것이 얼마나 어리석은 것인지 잘 알 수 있습니다. 그토록 성스러운 분도 겸손하게, 자기 이웃인 히브리인들에게 자신을 위하여 기도해 주기를 부탁했습니다. 바오로 사도의 숭고한 영혼은 모든 이에게 차별을 두지 않고 기도를 간구했습니다. 따라서 그분을 따르는 우리는 겸손함, 단순함, 자애로움을 가지고 믿음이 약한 형제들의 기도를 받아들이며, 그 기도에 감사하는 마음을 가져야 합니다. 왜냐하면 바오로 사도의 숭고한 영혼도 모든 이에게 차별을 두지 않고 기도를 간구했기 때문입니다.

하느님의 능력은 인간의 약함을 통해서, 또한 기도하는 사람을 통해서도 드러납니다. 이렇게 훌륭한 예를 마음속에 간직한 채로 서로 기도해 주는 것이 하느님이 명하신 그리스도의 사랑과 일치를 풍성하게 하는 일이라는 것을 명심해야 합니다. 나아가 상호 간의 기도와 전구가 서로를 발전시켜 준다는 것 또한 깨달아야 합니다.

순례 동반자 수사님의 말씀을 명확히 알았습니다. 그런데 제가 듣고 싶은 것은 기도의 방법이나 형식에 관한 것입니다. 기도의 열매와 효과는 이웃에 대한 진정한 배려에 달려 있다고 봅니다. 기도해 주는 사람이, 기도가 필요한 사람을 위해 지속적으로 기도할 수 있는지에 달린 것이지요. 진정한 배려의 마음으로 기도하는 것이 아니라면, 도리어 하느님의 현존에서 멀어지고, 기도에 전념하는 데 방해가 되지는 않을까요? 다시 말해, 제가 알고 싶은 것은 이웃을 위해 어떻게 기도해야 하는지에 대한 것입니다.

수사 하느님께 드리는 어떠한 기도도, 결코 형제님을 하느님의 현존에서 멀어지게 할 수는 없습니다. 왜냐하면 기도는 하느님의 현존 안에서 하느님께 올리는 것이기 때문입니다. 이웃을 위한 기도는, 이웃에 대한 그리스도 정신에 의존한다는 것을 명심하십시오. 형제님이 이웃을 위해 기도하려고 마음먹었다면 이렇게 기도를 드릴 수 있습니다.

"자애로우신 주님, 당신의 뜻대로 모든 것이 이루어지게 하소서. 당신은 모든 사람이 진리를 알고 구원받기를 바라고 계시니, 당신의 종 ○○○에게 자애를 베푸소서. 저의 이 기도를 주님께서 말씀하신 이웃 사랑의 실천으로 받아 주소서."

이런 형태의 기도는 형제님이 하고자 할 때 언제든지 할 수 있습니다. 그리고 저는 지금까지의 여러 경험을 통해 이러한 기도가 우리의 이웃에게 얼마나 좋은 영향을 미치는지 잘 알게 되었습니다.

순례 동반자 수사님의 말씀이 저에게 많은 영향을 주었고, 이로 인해 제 영혼이 충만해졌습니다. 수사님께 진심으로 감사드립니다. 오늘의 대화를 마음속 깊이 간직하겠습니다.

순례자 이제 떠나야 할 시간이 되었습니다. 저희의 순례를 위해서 장상 신부님이 기도해 주시기를 간절히 부탁드립니다.

장상 신부 "영원한 계약의 피로, 양들의 위대한 목자이신 우리 주 예수님을 죽은 이들 가운데에서 끌어올리신 평화의 하느님께서 여러분에게 온갖 좋은 것을 마련해 주시어 여러분이 당신의 뜻을 이루게 해 주시기를 빕니다. 그분께서 예수 그리스도를 통하여 당신 마음에 드는 것을 우리에게 해 주시기를 빕니다. 예수 그리스도께 영광이 영원무궁하기를 빕니다. 아멘."(히브 13,20-21)

부록

주

1   로스토프의 주교로 당시 성직자와 신자들의 해이한 정신을 과감히 바꾸고 교구의 규율을 쇄신하는 데 공이 컸던 성인이다. 다수의 강론집과 논설, 다른 교파에 대한 조사서 등을 남겼으며, 특히 생애 대부분의 시간을 러시아 순교록을 만드는 데 바쳤다. 러시아 정교회의 성무원에서 처음으로 시성한 성인으로 성인의 무덤을 발굴했을 때 시신이 조금도 상하지 않았기 때문에 시성되었다.
2   7세기 말엽의 네스토리우스파의 수덕가요, 신비가다. 아라비아 태생으로 어릴 때 이라크 북부의 마르 마타이 수도원에 들어갔다. 성인은 660~680년에 재직했던 네스토리우스파 총대주교 제오르지오에게 니네베의 주교로 임명받았지만, 타지방에서 온 터라 그 지방 사제단의 질투로 인해 결국 주교직에서 스스로 물러났다. 이후에 랍반 샤보르 수도원에서 지나친 고행과 독서를 하다가 급기야는 맹인이 되어 요절했다. 저서로는 성인의 강론을 모은 《세상을 경시하는 책》이 있다. 후에 이 책이

다른 사람들에게 편집되어 53장의 책으로 엮어졌는데, 그중의 일부는 그리스어와 슬라브어로 번역되어 《자애록》에도 삽입되었다.

3 '마음 기도' 또는 '심장 기도'라고도 하는 이 기도는 침묵과 고요 속에서 마음을 가다듬고 "주 예수 그리스도님, 저에게 자비를 베푸소서."를 반복하는 기도다. 잡념을 없애고 예수 그리스도의 이름만을 되새기며 호흡과 심장의 고동소리에 맞추어서 온 마음과 심장과 영혼이 예수 그리스도와 하나가 되도록 한다. 이러한 기도의 훈련이 어느 정도 단계에 오르면 심장으로 드리는 기도로 변하여, 잘 때나 깨어 있을 때나 말할 때나 활동할 때 끊임없이 심장이 뛰고 호흡을 하는 것처럼 쉬지 않고 기도하는 경지에 이르게 된다.

4 18세기 말에 아토스 산의 수도자 마카리오와 니코데모가 출간한 책으로, 4~15세기 금욕과 기도를 통해서 영성적으로 깊은 깨달음을 얻은 동방 교회의 수도자들과 교부들의 어록을 모았다.

5 14세기 아토스 수도원의 수도자. 《기도의 세 가지 양식론》과 《마음 지킴》이라는 책의 저자로 추정되며, 흔히 신학자 시메온 성인으로 잘못 알려져 있지만, 그와는 다른 인물이다.

6 동방 교회에서 가장 유명한 신비가 중의 한 사람이다. 19세 때 황실에 들어갔다가 후에 스투디오스 수도원에 들어갔고, 그 후 성 마마스 수도원에서 6년간 지낸 뒤, 그 후 25년 동안 원장직을 역임했다. 14세 때 현시顯示의 은혜를 받고 찬미가를 지은 것이 전해지고 있다.

7 14세기 아토스 수도원의 수도자. 시나이에서 아토스로 가서 에지카스트의 전통을 혁신하고 끊임없이 기도했다. 나중에 아토스를 떠나 불가리아로 가게 되었는데, 거기에서 수도원을 세웠다.

8 갈리스토 성인은 1397년부터 잠시 동안 콘스탄티노폴리스의 총대주교

를 지냈으며, 수도자로서 아토스의 수덕 교훈을 받았다. 친구인 이냐시오 성인과 수덕 생활에 대한 글을 썼다.

9   소小러시아의 도시 체르니고프 출신으로, 이르쿠츠크의 첫 번째 주교다. 키예프 학교에서 공부하고 모스크바의 슬라브어·그리스어·라틴어를 가르치는 교수로 있었다. 그러다가 수도 사제가 되어, 페테르부르크에 있는 로러 수도원 원장을 역임했다. 그 후에, 주교의 자격으로 중국에 선교사로 파견되었다가, 1727년에 이르쿠츠크의 주교로 임명되었다.

10 5세기 초 콘스탄티노폴리스의 총대주교이며, 당대의 위대한 교회 학자이자, 사목자다. 성인의 설교는 매우 유명해서 '황금의 입(金口, Golden Mouth)'이라는 별명이 붙었다. 성인이 제정한 '거룩한 성찬 예배 의식'은 동방 정교회에서 1500년 이상 전례에 사용되고 있다. 사후에 동·서방 모든 교회에서 위대한 교회 학자이자 성인으로 공경받고 있다.

11 13세기 말 필라델피아의 대주교로, 많은 책을 지었다고 하나 현재까지 전해지는 책은 없다. 수덕에 관한 책과 이교에 대한 반론을 담은 책, 라틴어역 찬미가 등의 책을 지었다고 전해진다.

12 아토스 산에 자리 잡은 대大 로라 수도원의 창설자로, 920년경에 터기 북동부의 트라브존에서 태어나 수도자가 되어 은수 생활을 했다. 이후에 니체포로 포카스 황제의 부탁으로 성모님께 봉헌할 성당과 수도원을 지었는데, 그것이 바로 로라 수도원이다.

13 1296년에 태어나서 1347년에 선종한 성인으로, '정교회의 아버지'라고 불렸다. 1359년 테살로니카의 대주교가 되었다. 서방에서는 성인의 사상과 글이 오랫동안 비판의 대상이 되었지만, 오늘날에는 많은 이들에게 인정받고 있다.

14 수덕자이며, 저서로는 《에지카즘의 실천에 대하여》가 있다.

15 북부 이집트 출신으로 60년 동안 이집트에서 은수 생활을 했다. 사막에서 살았던 최초의 은수자로서 공경을 받고 있다. 성인의 이름으로 출간된 책 중에 《어느 수도자에게 보낸 편지》가 성인이 직접 저술한 것이라고 알려져 있다.

16 요한 크리소스토모 성인의 제자로, 한때 갈라티아의 앙카라에 있는 어느 수도원의 원장으로 있다가 후에 유다 지방의 사막에 가서 은수 생활을 했다. 훌륭한 수덕서의 저자로 잘 알려져 있는 성인은 자신이 쓴 책에서 아홉 가지 수덕론을 폈다.

17 329년에 태어난 성인은 여러 성인들을 배출하기로 이름 높았던 가문의 출신이다. 성인은 유식하고 성덕이 뛰어났으며, 그리스도교의 위대한 설교가 중의 한 사람으로 손꼽힌다. 많은 글도 남겼는데, 성인의 해박한 저서들과 400여 통의 편지들은 후대에 큰 영향을 미쳤다. 교회 학자이며, 동방 교회 수도자의 아버지로 공경을 받고 있다.

18 7세기의 가장 저명한 신학자 중 한 사람으로, 헤라클리오 황제의 비서로 있다가 후에 크리소폴리스에 있는 수도원의 수사가 되어 원장까지 지냈다. 일성론(一性論, 그리스도 단성설)과 논쟁을 벌이다가 그로 인해 북아프리카와 로마로 귀양을 가기도 했다. 그 후 635년에 체포되어 비잔스로 압송되었다가 어느 수도원에서 선종했다.

19 예루살렘 인근에 있는 사바 수도원의 수도자로서 성화상 파괴 문제를 놓고 논쟁하던 첫 시대에 성화상 옹호자로서 큰 역할을 했다. 1890년에 교회 학자로 선포됐다. 대표적인 저서로는 《성화상 파괴론에 대한 세 가지 반박론》과 《인식의 원천》이 있는데 철학적·신학적 교의의 광범위한 종합서로 이름이 높았다.

20 통상 고대 로마 제국이 동서로 분열된 이후에 동로마 제국의 관할 지역

안에 자리한 교회를 지칭한다. 이 지역 교회들은 내적으로는 1054년의 그리스도교 대분열, 외적으로는 이슬람의 발흥과 확산 등으로 역사적 격변을 거쳤다. 현재까지 각 지역 교회마다 고유하게 전승된 비잔틴 전례(슬라브 교회, 러시아 교회 등), 아르메니아 전례, 서시리아 전례(시리아 교회, 시로 말란카르 교회, 마론파 교회), 동시리아 전례(칼데아 교회, 시로 말라바르 교회), 콥트 전례, 에티오피아 전례를 보존하여 사용하고 있다. 현재 동방 교회는 로마 교황의 수위권을 인정하며 가톨릭 교회 안에 남아 있는 동방 가톨릭 교회Ecclesia orientale catholica와 가톨릭 교회와 일치를 이루고 있지 않은 동방 정교회Ecclesia Orthodoxa로 구분된다.

21 11세기 중엽, 스투디오스 수도원의 수도자로, 신학자인 시메온 성인의 제자였다. 그는 수덕과 신비를 근본으로 책을 썼는데, 이 책에서 시메온 성인과 증거자 막시모 성인의 교설을 통해 영적 생활의 세 단계를 논했다.

22 초대 교회의 음악가, 시인, 설교가, 연설가로 활동했으며, 시리아의 유일한 교회 학자다. 네시보에서 태어나 야고보 주교에게 세례를 받았고, 여러 시와 성경 주해서 등을 남겼다. 성인의 글은 그리스어, 아랍어, 아르메니아어로 번역되어, 성인의 큰 영향력을 짐작할 수 있다. 니사의 그레고리오 성인은 에프렘 성인의 저서와 그 일생을 찬양하는 글도 썼다. 특히 성경 주해자로서 형이상학적인 신학적 이론을 펴는 일은 거의 없었다. 성인이 좋아하던 강론 주제는 최후의 심판이었다. 청중과의 대화를 통해 마지막 심판에 대한 무서운 예고를 기막히고도 생생하게 나타내는 강론을 했고, 여러 가지 질문들도 시원하게 대답해 주었다고 한다.

23 현재 우크라이나 공화국의 수도다. 예수님께 제일 먼저 부르심을 받은 안드레아 사도가 처음으로 복음 선교를 한 지역이라고 전해진다. 또한 러시아 정교회의 발상지이자 성지다.

24 신비 학자로, 시나이 산에 있는 성 가타리나 수도원에서 지도를 맡았던 몇 년을 제외하고는 거의 시나이 산 아래 위치한 은둔처에서 생애를 보냈다. 가장 유명한 저서로는 《천국의 사다리》가 있는데, 확고한 문체로 쓰인 이 책은 금언으로 차 있다. 이 책에서 성인은, 우리가 하느님 나라를 보기 위해서는 영적인 사다리를 타고 올라가야 하며, 이 사다리의 계단을 계속 키워나가는 노력이 필요하다고 말한다. 이러한 성인의 묘사 덕분에 '사다리의 성 요한'이라고도 불리게 되었다. 또한 《천국의 사다리》에서 '예수 기도'를 처음으로 암시하는 구절을 볼 수 있다. "예수 기도는 그대의 호흡과 하나가 되게 할 것이니, 이로써 침묵과 고요의 열매를 맛볼 수 있으리라."

25 13세기 이래로, 이곳에서 성모님이 성인들에게 둘러싸인 영광스러운 모습으로 목동들에게 나타나셨다는 이야기가 전해진다. 성모님이 서 계셨던 바위 위에는 성모님의 발자국이 새겨졌고, 그 후 거기서 치유의 성수가 흘러나왔다. 바로 그 자리에 수도원이 세워졌고, '기적의 발자국'은 아직도 수도원 지하 성당에 보존되어 있다.

26 17세기 러시아 정교회의 옛 예식을 고수한 러시아 정교회의 지파이다. 이 지파는 아바쿰 주교의 주도로 모스크바 총대주교 니콘의 그리스 정교회 성향의 예배 형식 개혁을 반대했다. 개혁파는 정치 권력을 이용하여 아바쿰 주교와 그 지지자들을 광신도로 몰아서 화형에 처했지만, 그들의 후예들은 아직도 러시아 전통의 옛 예식을 지키고 있으며, 러시아 전역에 산재해 있다.

27 그리스에 있는 산으로, 많은 수도자들과 영성이 뛰어난 수도자들로 인해 아토스 성산聖山, 즉 거룩한 산이라고 불린다. 지금도 세계 여러 나라의 사람들이 모여와 수도 생활을 하며, 전 세계 그리스도교에서 가장 큰

수도원 공동체를 이루고 있다.

28 콘스탄티노폴리스의 주교를 역임했으며, 위대한 사상가이자 탁월한 정치가, 외교관으로 이름이 높았다. 니콜라오 1세 성인 교황은 그를 일컬어 '뛰어난 덕행과 놀라운 지식을 지닌 성인'이라고 했다. 말년에는 은퇴하여 수도자로 지내다가 891년에 선종했다.

색인

ㄱ

갈리스토 성인   32, 79, 80, 82, 179, 311
갈리스토 텔리쿠데스 복자   107
그레고리오 팔라마스 성인   107, 204

ㄴ

니네베의 이사악 성인   28, 101, 337, 353
니체타스 스테타토스   175
니체포로 복자   30, 34, 79, 182

ㄷ

다마스쿠스의 요한 성인   161
대 바실리오 성인   155, 251

드미트리 성인 22

ㅁ

막시모 성인 157, 158, 369

ㅂ

바오로 사도 18, 20, 22, 27, 28, 43, 78, 142, 160, 308, 310, 313, 329, 333, 359
베드로 다마스체노 157, 159
베드로 사도 333, 358

ㅅ

스타테투스의 니키타 성인 349
시나이의 그레고리오 성인 32, 79, 82, 182, 312, 331, 348
시나이의 필로테오 성인 345
시리아의 에프렘 성인 177
시메온 성인 31, 79, 82, 92, 119, 306, 366, 369

ㅇ

아토스의 아타나시오 성인 101
안토니오 성인 106, 117
에지키오 복자 75, 176
요사팟 성인 151
요한 카르파티스키 성인 236, 317, 332

요한 크리소스토모 성인　58, 117, 232, 236, 300, 320, 333, 368
이냐시오 성인　32, 79, 82, 311, 367
이시키 성인　311, 337
이집트의 마카리오 성인　117, 268, 311, 337, 340, 347
인노첸시오 성인　45, 125

ㅋ

칼파토스의 요한 복자　106, 188

ㅌ

테올렙토 성인　62

ㅍ

포시오 성인　320

옮긴이 **최익철**

천주교 서울대교구 사제로, 1923년 황해도 안악에서 태어나, 1950년 사제품을 받았다. 이후 1963~1998년까지 9개 본당에서 사목했다. 1965~1981년에는 경희대학교와 한국외국어대학교에 출강했고, 1983년부터 한국번역가협회 종신회원으로 활동했다. 1976년부터 가톨릭 관련 우표를 수집하여, 1985년부터 월간 〈오늘의 말씀〉에 우표와 글을 기고했으며, 70여 개 본당에 성인 우표를 전시·보급하는 등 가톨릭 관련 우표를 수집하고 이를 통해 복음을 전하는 일에 노력을 많이 기울였다. 1998년부터 원로 사목자로서 활발하게 집필 활동을 하였고 1995년에 저서인 《우표로 보는 성인전》으로 한국 우취회에서 대은상, 2003년에 대한민국 세계 우표전시회에서 대은상, 2008년에는 루마니아 세계 우표전시회에서 대은상을 수상했다. 저서로는 《우표로 보는 성인전》, 《우표로 보는 교황전》, 《우표로 보는 구세사》, 《예수의 한평생》, 《성모 마리아의 한평생》, 《교회를 빛낸 분들》 등이 있고, 역서로는 《요한 서간 강해》 등이 있다. 2020년 8월 22일 선종하였다.

옮긴이 **강태용**

한국 러시아 정교회 주관 사제로, 1939년 강원도 삼척에서 태어나, 20대에 천주교 한국 순교복자 성직수도회에서 수도 생활을 했다. 삼척 사직동 성당 선교사를 거쳐, 가톨릭농민회 강원지구 연합회 창립 회원, 수해대책사업위원으로 활동했으며, 1983년 원주교구 성령쇄신봉사회 초대 회장을 역임했다. 그 후 그리스 정교회 신학원과 한국기독교장로회 선교신학대학원을 이수한 뒤, 1989년 정교회 사제가 되어 서울과 부산에서 사목했다. 1992년 러시아 상트페테르부르크 신학 아카데미에서 수학했고, 1994년 한국 러시아 정교회 주관 사제로 임명되어 1949년 이래 단절된 러시아 정교회 한국 선교부의 맥을 다시 이었다. '정교 명상의 집'과 '신학자 성요한 정교회 신학원'을 운영하면서 정교회 전례, 신학 및 영성 서적을 집필했다. 2003년 대사제직에 올랐고, 2009년 수도 서원을 하면서 수사 사제가 되었다. 사단법인 한러협력연구소의 이사장으로서 동북아시아의 평화와 발전을 도모하는 연구 활동을 수행했다. 2014년 4월 삼척 용화 소재 성삼위일체 수도원에서 선종했다. 저서로는 《동방정교회—역사와 신학》, 《'한' 사상과 그리스도 정교영성》 등이 있고, 역서로는 《정교회 입문—신앙과 생활》, 《이상적인 아버지》 등이 있다.